"十三五"高职高专跨境电商专业系列规划教材

# 跨境
# 客户关系管理

◎ 罗　俊　黄　毅　主编
◎ 夏凌霜　朱秀敏　韦世雷　邹其君　仝　玺　副主编

Management for
Cross Border Customer
Relationship

电子工业出版社·

**Publishing House of Electronics Industry**

北京·BEIJING

**图书在版编目（CIP）数据**

跨境客户关系管理 / 罗俊，黄毅主编. —北京：电子工业出版社，2018.12
"十三五"高职高专跨境电商专业系列规划教材
ISBN 978-7-121-35410-6

Ⅰ. ①跨… Ⅱ. ①罗… ②黄… Ⅲ. ①企业管理－供销管理－高等职业教育－教材 Ⅳ. ①F274

中国版本图书馆 CIP 数据核字(2018)第 253356 号

策划编辑：刘淑丽
责任编辑：杨振英
印　　刷：三河市君旺印务有限公司
装　　订：三河市君旺印务有限公司
出版发行：电子工业出版社
　　　　　北京市海淀区万寿路 173 信箱　　邮编 100036
开　　本：787×1092　1/16　印张：18.25　字数：422 千字
版　　次：2018 年 12 月第 1 版
印　　次：2018 年 12 月第 1 次印刷
定　　价：49.00 元

凡所购买电子工业出版社图书有缺损问题，请向购买书店调换。若书店售缺，请与本社发行部联系，联系及邮购电话：（010）88254888，88258888。

质量投诉请发邮件至 zlts@phei.com.cn，盗版侵权举报请发邮件至 dbqq@phei.com.cn。

本书咨询联系方式：（010）88254199，sjb@phei.com.cn。

# 前言

当前，跨境电子商务这一国际贸易新模式正在如火如荼地发展，近几年在我国的对外贸易额中的占比增长迅速。根据我国跨境电子商务行业的发展需求及环境需要，为了培养集理论和实践于一身，既具有系统性知识又具有较强操作能力的技能型人才，我们组织编写了这本《跨境客户关系管理》。本书可以作为国际商务、国际贸易、商务英语等专业的教材使用，也可以作为企业跨境客服岗位培训的教材使用。

本书以跨境电商客服应知应会的内容为主，围绕跨境电商客服工作，帮助读者掌握跨境客服必备技能、了解必备知识。本书在结构安排上强调实用性，以跨境客服主要工作过程为核心内容，充分兼顾了跨境电商客服工作所要求的知识与能力和未来发展的需要，重点和难点明确。

本书严格按照教育部的教学要求，根据教育与教学改革实际需要，审慎地对教材内容进行了反复的推敲和修改。本书分为 10 个情景，以学习者的应用能力培养为主线，结合实际，突出实践操作，其内容包括跨境客户关系管理概述、跨境客户的概况分析、跨境客户的开发、跨境客户信息的收集与管理、跨境客户的分级分类管理、跨境客户的满意度管理、跨境客户的忠诚度管理、跨境客户的沟通、跨境客户纠纷的预防、跨境客户流失管理与挽回。

本书由嘉兴职业技术学院罗俊、浙江东方职业技术学院黄毅担任主编并统稿，浙江东方职业技术学院夏凌霜、嘉兴职业技术学院朱秀敏、韦世雷、邹其君、天津商务职业学院全玺担任副主编。具体分工如下：情景一由邹其君编写，情景二、情景八由夏凌霜编写，情景三由韦世雷编写，情景四子情景一和子情景二、情景九由罗俊编写，情景四子情景三、情景十由朱秀敏编写，情景五、情景七由黄毅编写，情景六由全玺编写。本教材属于系列教材，参与该系列教材编写的院校有：嘉兴职业技术学院、杭州万向职业技术学院、嘉兴南洋职业技术学院、浙江东方职业技术学院、广东科贸职业学院、河南经贸职业学院、浙江经济职业技术学院、威海职业学院、河北能源职业技术学院、安徽国际商务职业学院、漳州科技学院、天津商务职业学院。

在本书的编写过程中，我们借鉴、引用了大量国内外有关跨境电商、客户关系管理等方面的书刊资料和业界内的研究成果，并得到了跨境电商行业有关专家和领导的具体指导，在此一并致谢。特别感谢浙江英卡顿网络科技有限公司为本教材提供了翔实的案例并进行了大量的指导工作。由于作者水平有限，书中难免存在疏漏和不足之处，恳请同行和读者批评指正，以便再版时修改。

# 目录

# 情景一

## 跨境客户关系管理概述

**子情景一** 认识跨境客服管理岗位的工作

 **学习目标**

### 知识目标

- 能明确描述跨境客服管理岗位的工作目标、工作原则和工作职责。

### 能力目标

- 在实践中能明确跨境客服管理岗位的工作目标。
- 在实践中能遵循跨境客服管理岗位的工作原则。
- 在实践中能履行跨境客服管理岗位的工作职责。

### 素质目标

- 对跨境客服管理岗位工作具有全方位认识。
- 具备成为跨境客服管理人员的基本素养。

 **项目背景**

　　跨境客服的工作是一个窗口，通过该窗口客户能够了解店铺所卖产品的特性、功能，获得更完善的解答、更快速的反馈、更优质的服务。开展跨境客服工作并不难，难的是把跨境客服工作从普通做到优秀，从优秀做到卓越。提供卓越的跨境客服工作，前提是要对跨境客服管理岗位的工作有全方位的认识。职场菜鸟 Allen 想要面试浙江英卡顿网络科技有限公司的跨境客服管理岗位，面试前他应从哪些方面认识跨境客服管理岗位的工作呢？

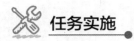 **任务实施**

步骤1：认识跨境客服管理岗位的工作目标。
步骤2：认识跨境客服管理岗位的工作原则。
步骤3：认识跨境客服管理岗位的工作职责。

**知识铺垫**

### 一、跨境客服管理岗位的工作目标

#### 1．塑造店铺形象

对于线上店铺来说，客户看到的商品往往是一张张的图片。客户既看不到卖家本人，也看不到产品，无法通过亲身体验来了解产品的各种实际情况，因此在购买时往往会产生顾虑。此时，跨境客服的工作就显得尤为重要，客服的一言一行都关系着客户对店铺的理解和感受。客服要通过与客户在网上的交流，为客户提供人性化的服务，与客户真情互动，让客户可以逐步了解产品和服务，给予店铺信任，从而塑造良好的店铺形象。

#### 2．增加店铺成交量

在客户选购产品的过程中，跨境客服要礼貌、专业地接待客户，热情地解答客户对产品、支付方式、售后服务和物流的咨询，让客户充分了解产品的基本信息，并根据客户的实际需要，站在客户的立场为客户着想，当好客户的参谋，解决客户的实际问题，引导客户成功下单。在客户购买产品后，跨境客服要及时、高效地跟进物流，为其提供产品的安装、使用、维护等方面的服务，主动为客户消除各种后顾之忧，让客户满意，从而增加店铺的成交量。

#### 3．提高客户回头率

在跨境客服热心的服务下，完成第一次交易后，客户已知晓店铺的服务态度，同时也对店铺的商品、物流相关情况有了一定的了解，对卖家的信任感显著增强。特别是当卖家专业的服务态度能够感动国外的客户时，这种人与人之间的相互信任关系会促使客户在未来几年中稳定地回购下单。如果客户再需要同类商品时，就会第一时间选择所熟悉的店铺，这样可以提高客户回头率。

#### 4．降低售后成本

跨境客服在解决客户各种投诉的过程中，所能使用的方法与国内电商使用的方法是完全不同的。由于运输距离远、时间长、国外退货成本高，跨境电商的卖家会比国内电商的卖家更多地使用"免费重发"或"买家不退货，卖家退款"的"高成本"处理方式。实际上，一个好的客服人员在处理国外卖家投诉时，所使用的方法是多元的。同时，富有经验且精于沟通的客服人员会使用各种技巧，让我们的客户尽量接受对卖家来讲损失最小的解决方案。因此，降低售后成本是跨境客服管理岗位的一项重要工作目标。

## 二、跨境客服管理岗位的工作原则

### 1．积极主动

跨境客服不只是机械地应对客户提问。当客户提出一个问题时，作为跨境客服应尝试理解客户问题背后的动机。例如，当客户提出"这件衣服除白色以外有黑色吗"这个问题时，跨境客服可以尝试着去了解客户为什么想要黑色的衣服。客户提出这个问题背后的原因可能有：客户不喜欢白色；客户体型丰满，穿黑色显瘦；客户所处的地区排斥白色的衣服；客户因要参加某活动，需要黑色衣服；等等。

如果跨境客服机械地回答客户没有黑色，这个客户很可能就流失了。但是如果跨境客服积极主动地去了解客户问题背后的动机，则完全可以针对客户需求推荐其他商品供其选择。

跨境客服应尽量做到以下几点：

（1）提供解决方案，让客户可以选择。无论是售前推荐商品，还是售后解决问题，跨境客服都应主动为客户尽可能提供一套以上的解决方案供其选择。

（2）话语柔和，善解人意。语气柔和亲切，让客户感觉到是在与人沟通，而不是在与机器沟通。网络沟通因没有语气、语调和面部表情，信息传达会有部分缺失，跨境客服可以用笑脸表情和英文流行网络用语来弥补，拉近和客户的距离。

（3）多做一些，让客户安心。如果物流延迟了，跨境客服可以主动告知客户运输情况。客服主动提供必要的信息可以让客户在购物和等待的过程中更有安全感，一方面降低了纠纷率，另一方面也提高了好评率。

### 2．换位思考

在与客户沟通的过程中，我们常常要讲究换位思考的原则。简而言之，就是站在客户的角度去思考问题，将心比心来理解和认同客户的感受。回答问题时，处处为客户着想，理解其意愿。当有不同意见时，跨境客服也应该尊重对方的立场和观点，对其看法和观点表示赞同，争取用诚心打动客户，最终达成交易。换句话说，即使交易不成，但人情还在。融洽的沟通也可能增加客户的回头机会。

### 3．实事求是

在商品买卖的过程中，我们要做一个专业卖家，给客户实事求是地介绍商品的优点与缺点。商品的缺点是任何卖家都无法避免的，坦诚地介绍、合理地解释、适当地描述更能够让客户理解与赞同。尽量避免在介绍商品的优点时滔滔不绝、在被问及缺点时避而不答，这种做法只会给客户留下不好的印象。

### 4．勇于担责

客户发起售后咨询通常是因为某些原因造成这次交易不愉快，跨境客服在接待售后咨询时应以安抚客户情绪为第一要素。客户提出的理由可能是卖家的责任，也可能是物流的责任，甚至可能是客户自己的责任。跨境客服面对客户的提问时应第一时间安抚其情绪，再分辨责任。如果是卖家的责任，客服应第一时间承担责任，补偿客户损失；如果不是卖家的责任，客服可以表示对客户困扰的理解，并且积极主动地帮助客户解决问题。

### 5．诚实守信

诚实守信是长久经营店铺的一个重要理念，跨境客服始终坚持诚实守信的原则很有必要。对待客户的咨询要诚实地解读和回答，不能为了达到销售目的做出过度营销，也不能为了暂时敷衍客户的提问做出过度承诺。跨境客服应以诚实守信为原则，对客户的承诺做到一诺千金，说到就要做到。不要妄想网络经营付款成交就万事大吉，于是信口开河地承诺，然后又将承诺搁置一旁。

### 6．主次分明

在与客户交流的过程中，要注意交流和服务的重点，并围绕这个重点开展工作。切忌在沟通时主次不分、偏离重点，这样不仅达不到服务和交流的效果，而且会浪费客户的宝贵时间，更加不利于问题的解决。

### 7．投其所好

跨境电商购物者的需求、情绪、态度等都有较大差异，对待不同的客户要善于投其所好、善于赞美。一般而言，热情、自信的客户往往乐于在购物的过程中与人沟通。只要我们抓住客户的特点，了解客户的需求，恰到好处地赞美，对方都会乐于接受，并且可能成为店铺的忠实客户。

### 8．善于检讨

在与客户沟通的过程中，难免会遇到很多无理的客户。此时，一定不能责怪、抱怨他人，要首先检讨自己，并虚心请教，倾听客户的声音，避免因自己的语言、情绪而影响了交易的达成。遇到问题多检讨自己，不要将责任推给对方。

## 三、跨境客服管理岗位的工作职责

### 1．熟悉产品信息

一般情况下，跨境客户大多数都习惯采用"静默下单"的方式来购买产品，但这并非意味着跨境客服就不用熟悉自己店铺的产品。如果客户购买的是高科技产品，一般还是会在下单前联系客服询问技术层面的问题。如果跨境客服连自己的产品都不了解，就无法为客户提供服务。客服是联系店铺和客户之间的桥梁，一旦这个桥没搭好，也许就永远失去了这个客户。因此，跨境客服首先要做的就是熟悉店铺的产品信息，对于产品的特征、功能、注意事项等基本信息要做到了如指掌，这样才能流利地解答客户提出的各种关于产品信息的问题。

### 2．接待来访客户

跨境电商平台接待来访客户的渠道分为三种。一是以站内信或订单留言为主，即买卖双方关于订单的沟通都放在订单留言里完成。一方面，这样可以减少买卖双方沟通渠道的选择，避免错失重要信息；另一方面，订单留言是纠纷判责中参考证据的重要组成部分，可以保证订单沟通信息的完整性。二是以邮件为辅，通过邮件与客户联系，发推广信、营销邮件、节假日祝福或通知邮件。三是采用电话或短信的方式联系客户。由于费用与时差等因素，这种方式在跨境购物上使用相对较少。当遇到需要客户紧急确认的事情，或者对方为订单金额相对较大的客户时，卖家也会通过电话等通信工具与客户联系。

### 3. 查询产品数量

在应对客户询盘的过程中，有时会发现客户看上的某款产品库存显示为零，这种情况可能导致订单损失或延迟发货，最终影响店铺口碑。一般来说，店铺页面上的库存跟实际库存可能是有出入的。因此，跨境客服应当经常性地查询产品数量，看看实际库存是否充足。一旦发现缺货，要及时补货，多清点、多核对、多记录，尽量保证店铺库存与实际库存的一致性，这样才不会出现缺货接不了订单的情况。

### 4. 核对订单信息

大部分客户在购买产品时收件信息填写是正确的，但是也有一部分粗心的客户由于收件地址发生变动而忘记修改，还是默认原来的地址，导致收件信息填写错误，客户无法及时收到货物，从而引发一系列售后问题。因此，在客户付款之后，跨境客服需要与客户核对订单信息，包括购买产品的颜色、大小、数量、收件地址、物流方式等基本信息。这一做法不仅能降低店铺纠纷率，还可以让客户感受到贴心服务，提高客户满意度。

### 5. 填写订单备注

如果客户的订单信息填写是正确无误的，且无特殊要求在备注中说明，跨境客服就可以省去这一部分的工作。但如果客户订单信息有变化，那么跨境客服就有责任和义务将变动反馈出来，按照客户要求分拆或合并订单、修改价格，或者为客户填写订单备注信息。只有这样，负责后续工作的同事才会知道这个订单信息有变动，从而采取相应的措施。

### 6. 安排订单发货

跨境客服务必仔细检查包装的商品与客户下单的商品是否一致，包括商品的颜色、大小、数量、物流方式，以及是否有赠品。注意提供包裹中产品的清单，提高专业度，避免错发、漏发或将有瑕疵的货物发给客户。国际物流的包装不一定要美观，但必须保证牢固，因为包装一直是引发客户投诉的重要原因。对数量较多、金额较大的易碎品可以将包装发货过程拍照或录像，留作纠纷处理时的证据。

### 7. 发送发货通知

由于跨境网购流程多、距离远、时间长，大部分国外客户都非常关注物流问题。无论发货快慢，在货物发出去之后，以站内信、订单留言或电子邮件的方式给客户发条信息，告诉客户包裹已经发出，在一定程度上可以增加客户对店铺的好感度。

### 8. 追踪物流信息

在包裹发出之后，要及时跟踪物流信息。在有效期快到而货物还在运输途中的时候，主动更新收货时间。当遇到客户咨询包裹的物流信息时，要及时回复客户留言，同时提供以下三个信息点：可跟踪的包裹单号、可以追踪到包裹信息的网站、最新的追踪信息。如果能提供客户所在国的本土追踪网站，并且能够找到客户母语所展示的追踪信息，这对增加客户对店铺的信任、让客户对日后的国际包裹运输时间有信心是非常重要的。

### 9. 关注客户评价

在客户收到货物并已确认收货之后，我们要及时发送催评邮件，提醒客户对于此次交易做出评价。对于客户的好评，跨境客服要给予回复并表示感谢；对于客户的中差评，跨境客服应当向客户表示歉意，积极与客户沟通，了解客户给差评的原因，针对问题给出解决方案，最大限度地让客户满意，争取让客户更改评价。

### 10. 解决售后问题

在跨境电商行业中，当客户联系跨境客服时，往往是发现产品、物流运输或其他服务方面出现了较大的问题。许多跨境电商卖家每天收到的邮件中有将近七成是关于产品和服务的。由于跨境电商的行业特点，当遇到产品或服务问题时，售后处理的方案成本往往会高于国内电商的处理，因此退换货处理模式在跨境电商中不再广泛适用，跨境电商最常见的处理方式是免费重发或退款。跨境客服在解决售后问题时，要引导客户选择对卖家而言成本最低的处理方案，尽量在保证客户满意的基础上将损失降到最低。

### 11. 做好客户维护

相比国内客户，海外客户在店铺成交之后，一旦拥有良好的购物体验会产生更高的依赖性，从而再次购买该店铺的产品，因此做好客户的维护也是跨境客服的重要工作内容之一。例如，对客户进行分类管理，根据每个客户的购买金额、采购周期长短、评价情况、所在国家等维度来识别出具有购买潜力的大客户，为后期获取大订单打下基础；通过给好评客户发放优惠券、满立减、特别折扣等方式，刺激客户再次消费；关注客户所在国家的节假日情况，有针对性地发送节日问候，给客户留下美好印象；通过站内信或邮件向客户发送上新通知，快速实现新品破冰。以上这些维护方式可以让客户感受到卖家的服务态度，加强客户的满意度，呵护双方的感情，赢得客户的信任，使得客户不易流失。

 **案例解析**

### 一、案例背景

2018 年 1 月 6 日，Allen 来到浙江英卡顿网络科技有限公司参加跨境客服人员面试。为了能顺利通过面试，Allen 早就做好了充分的准备。他在网上查询了该公司的基本信息，对跨境客服岗位的工作有了初步的认识与了解，对考官可能问到的问题也做到了胸中有数。在面试时，Allen 对于考官的大部分提问都能对答如流，但唯独一个问题却把 Allen 难住了："你认为跨境客服与国内淘宝客服在工作职责上有哪些不同？"如果你是 Allen，你该如何回答这个问题？

## 二、操作步骤

如果我是 Allen，我会做出如下回答。

（1）客服工作侧重点不同：国内淘宝客服侧重于售前工作，国内客户在下单前，会与卖家就是否有货、能否提供折扣、物流方式与时间等进行交流；跨境客服侧重于售后工作，因为大部分跨境客户都习惯采用"静默下单"的方式，一般联系客服都会集中在售后环节。

（2）接待客户的渠道不同：国内淘宝客服习惯用旺旺与客户进行沟通，偶尔使用电话和短信，较少使用站内信和邮件；跨境客服习惯通过站内信、订单留言或邮件与客户联系，较少使用电话和短信，基本不用旺旺。

（3）客服服务对象不同：国内淘宝客服的服务对象以中国人为主，可能有极少的外国人；跨境客服的服务对象以外国人为主，可能有极少的国外华人。

（4）提供物流信息的内容不同：国内淘宝客服基本不会提供可跟踪的包裹单号给客户，由客户自行查询；跨境客服会同时提供三个信息点给客户，即可跟踪的包裹单号、可以追踪到包裹信息的网站、最新的追踪信息。

（5）售后问题解决方式不同：国内淘宝客服习惯采用"退货—换货"模式处理售后问题；跨境客服常见的处理方式是免费重发或退款。

## 三、案例总结

Allen 面试回答时不必拘泥于所给答案，可以根据自己对于国内淘宝客服和跨境客服的理解来进一步完善。虽然国内淘宝客服和跨境客服的工作职责有诸多不同，但我们相信，客服人员只要秉持认真负责、诚信专业的态度提供服务，就一定能赢得客户的满意与信任。

## 子情景二　跨境客服的职业素养

 **学习目标**

**知识目标**

- 能具体描述跨境客服的品格素质要求、心理素质要求、技能素质要求和综合素质要求。

**能力目标**

- 能良好运用跨境客服的职业素养提供客户服务。

**素质目标**

- 养成良好的个人品质与职业道德。
- 培养良好的心理调节能力。
- 善于学习和运用职业技能。

## 项目背景

跨境店铺的盈利能力在很大程度上取决于跨境客服的服务水平，而跨境客服的服务水平又与其职业素养密切相关。一名优秀的跨境客服应当具有超前的服务意识，具备积极的服务心态，这样才能够与客户进行良好的沟通，为客户提供细致入微的服务。职场菜鸟 Allen 在面试浙江英卡顿网络科技有限公司的跨境客服岗位时，被考官提问："作为一名跨境客服，应当具备哪些职业素养？"Allen 该如何回答考官的这个问题呢？

## 任务实施

步骤 1：了解跨境客服的品格素质要求。
步骤 2：了解跨境客服的心理素质要求。
步骤 3：了解跨境客服的技能素质要求。
步骤 4：了解跨境客服的综合素质要求。

## 知识铺垫

### 一、品格素质要求

#### 1．集体荣誉感

集体荣誉感要求跨境客服所做的工作，不是为了表现自己，而是为了能把整个店铺的客户服务工作做好，提升店铺的业绩和形象。集体荣誉感是一个团队的灵魂，它是振奋精神、激励斗志、团结一心的强大动力。客户服务强调的是一种合作意识、团队精神。只有具备强烈的集体荣誉感，一个团队才会有凝聚力，有进取心，有向上的朝气，这样跨境客服才能在工作中无时无刻感受到家的温暖。

#### 2．乐观包容

乐观包容是一种博大胸襟的体现，是退一步海阔天空的悠然。跨境客服在工作中常常因为一件小事、一句不注意的话，让客户不理解或不信任，特别是面对无理客户时，要以律人之心律己，以恕己之心恕人。跨境客服要有乐观包容的心态，包容客户的一些无理，包容客户的一些小家子气，要有足够的耐心去跟客户解释和沟通，打消客户的疑虑，尽量满足客户的需要。

#### 3．责任意识

责任意识是一种自觉意识，也是一种传统美德；是一种精神，更是一种品格。跨境客服在工作中难免会犯错，然而只有能够承担责任、善于承担责任、勇于承担责任的客服才能得到客户的信赖。当不慎出现问题时，跨境客服之间不应相互推诿，逃避责任，而是要直面错误，尽力化解与客户的矛盾，挽救给客户带来的损失，挽回店铺形象，并在工作过

8

程中不断反思与总结，积累经验教训。

### 4．信守承诺

"人而无信，不知其可"，没有人愿意和不讲信用的人打交道。在日常交往中尚且如此，更何况是对待我们的"上帝"。诺言就是责任，要把每一个承诺当成自己必须要履行的责任去践行。跨境客服在对客户做出承诺前一定要三思而后行，慎重考虑事情的各个方面，不盲目，不夸张。对客户慎重而又郑重地做出承诺，既是对别人的尊重，也是对自己的负责。跨境客服一旦承诺，就必须兑现自己的诺言；一旦答应客户，就要尽心尽力地去做到。

### 5．谦虚诚实

拥有一颗谦虚诚实之心是人的美德。如果跨境客服不具备谦虚的态度，只会在客户面前炫耀自己的专业知识，而揭客户的短，很容易引起客户的不满与抱怨。跨境客服要求有较高的服务技巧和专业知识，但不能去卖弄，要谦虚低调。谦虚的态度很重要，对待客户诚实更重要，一个人的谎言可能侥幸维持，但谎言迟早会被戳穿，这样只会激怒你的客户。在与客户交流时应该秉持诚实的工作态度，诚实做人，诚实待客，诚实地对待失误和不足。

### 6．将心比心

当接受客户的投诉和抱怨时，跨境客服不能一味埋怨客户。要把自己想象成客户：如果自己遇到这种情况，会怎么想，怎么做。将心比心就是要有同理心，要时刻站在客户的角度去思考问题，这样才能真正地理解客户的想法和处境，了解客户最需要的和最不想要的是什么，在处理问题的过程中，最大限度地满足客户的要求，挽回整个店铺在客户心中的不良形象，将损失降到最低。

### 7．积极热情

良好的精神状态是跨境客服责任心和上进心的外在表现，积极热情的态度是保证跨境客服工作效果的前提和基础。永不枯竭的热忱会传递给周围每一个人，从而营造出一种温馨融洽的氛围，令客户顿生好感，促使客户在未来几年中稳定地回购下单，促进再次交易。跨境客服必须牢记：客户永远喜欢与能够给他带来快乐的人交往。

### 8．服务导向

服务导向是一种乐于为别人提供帮助的意愿。如果你是一个有着很强服务导向的人，你会发现服务是一件非常快乐的事情。因为你每次都能够通过帮助别人而感到快乐，你会把别人的快乐当成自己的快乐，把消除别人的烦恼当作自己更大的快乐。跨境客服只有具备乐于助人的品格，才能在工作中收获满足感和幸福感。

## 二、心理素质要求

### 1．积极进取的良好心态

所谓积极进取的心态，就是把事情好的、正确的一面扩张开来，并在第一时间就投入地去做。作为跨境客服，需要时刻保持积极进取的良好心态来对待自己的工作，遇到困难与挫折不能轻言放弃，要以不屈不挠、坚韧不拔的精神面对困难，积极进取、永不服输，并在工作过程中学会自我适应与调整。积极进取的良好心态不但能使自己充满奋斗的阳光，也会使身边的人感到信心百倍。

**2．对挫折打击的承受能力**

跨境客服每天要面对来自世界各地的不同客户，由于国家和地区之间的地域文化差异，以及客户的价值观念、思维方式、性格特点的不同，在沟通时难免遇到被客户误解的情况。有的客户甚至会因对产品不满而迁怒于客服人员。这就需要跨境客服具备对挫折打击的承受能力。在面对客户的误解甚至辱骂时，保持良好的心态，与客户耐心沟通，缓解客户的愤怒情绪，以积极向上的服务态度去感染客户。

**3．自我情绪的调节能力**

跨境客服心情的好坏会间接影响到客户。例如，每天接待 100 个客户，可能第一个客户因为误解就把作为客服的你臭骂一顿，这时你的心情会变得很不好，情绪很低落，但是后面 99 个客户依然在等着你。面对这种情况，你不能把第一个客户带给你的不愉快转移给后面的客户，你需要对每一个客户都保持同样的热情度，这就需要你掌控和调节自己的情绪，耐心地与客户沟通解答。如果遇到实在不能招架的客户，跨境客服也要有技巧地应对，一定不能让对方的情绪影响了你的工作。

**4．处变不惊的应变能力**

所谓应变能力，是指对一些突发事件有效处理的能力。作为跨境客服，有时会遇到一些蛮不讲理的客户来找碴，用差评或投诉来威胁客服人员。这个时候，跨境客服要处变不惊、保持冷静，一方面安抚客户的激动情绪，另一方面思考解决问题的对策，争取稳妥有效地处理这类突发事件，把对店铺的不良影响降到最低。对于客户所提出的问题，除了要真实客观地回答之外，有时候也需要客服思路清晰、灵活应对。在长期与客户的对话中，可以不断积累与不同类型的客户打交道的经验，并在实际工作中灵活运用。

**5．细致敏锐的洞察能力**

在跨境电商平台会遇到各种各样的客户，任何事情都有可能发生，没有一个良好的心理素质很难胜任跨境客服这份工作。这里所说的心理素质不仅仅是指自己的心理状态，还要具备细致敏锐的洞察能力。洞察力是对客户的心理状态、消费行为，以及人性的观察和思考，通俗地讲，就是去了解清楚为什么客户喜欢这个而不喜欢那个的能力。细致敏锐的洞察力能够帮助客服找到客户需求与满足的结合点，了解客户的想法和动机，随时抓住客户的心，从而引导交易成功。

**6．满负荷情感付出的支持能力**

所谓满负荷情感付出，是指跨境客服需要对每一个客户都提供最贴心、最周到的服务，对待第一个客户和对待最后一个客户，需要付出同样饱满的热情，不能有所保留。只有满负荷的情感付出，时刻保持高涨的服务热情去对待每一个客户，为客户提供高品质、多元化服务，才能获得客户的理解与好感，提高客户的信任度和依赖感。一般来说，每个客服人员满负荷情感的支持能力是不同的，工作时间越长的跨境客服，满负荷情感付出的支持能力就越强。

### 三、技能素质要求

#### 1．跨境电商行业知识的掌握能力

一名优秀的跨境客服不仅仅要学会与客户在线沟通，也需要精通跨境电商行业相关知识及基本流程。一方面，应当熟悉跨境电商平台的规章制度，如支付方式、物流，各国的海关清关、关税等相关政策，以及最新一年的平台招商门槛、平台最新优惠活动等，了解平台才可以顺应平台发展，提升自己的业务水平；另一方面，应当对跨境电商的整套流程都非常熟悉，如产品、采购、物流、通关等，只有在客服人员对行业熟悉的情况下面临客户询问时才会临危不乱。

#### 2．目的消费国的了解能力

跨境客服的服务对象范围较广，一般涉及全世界多个国家和地区，由于世界不同国家和地区之间历史传统、政治制度、经济状况、文化背景、风格习惯等存在明显的差别，买卖活动常常会表现出显著的文化差异与强烈的文化冲突。因此，了解并掌握目的消费国的基本情况，有利于提供更优质的服务。例如，速卖通平台客服应该熟悉俄罗斯和巴西人的性格，与俄罗斯人避免聊政治、苏联等问题；而巴西人比较爽快、幽默，但是性格上比较直率。掌握这些特点就可以更好地与客户沟通交流，避免产生不必要的误会。除此之外，因为涉及跨境交易，各个国家和地区与我国常常存在时差，所以在回复站内信及订单留言的时候需要注意时差问题。

#### 3．产品供应链的理解能力

无论是传统外贸还是跨境电商，要想把生意做好，就应当有特色且优质的产品。作为一名跨境客服，应该对自己所经营的产品非常熟悉，对于产品供应链有全方位的了解，这样才能在交易过程中实现与客户的有效沟通，引导客户下单交易。对于产品供应链的理解可以让客服在后期的运营中更多体现自己的核心竞争力。

#### 4．良好的外语交流能力

要做好跨境客服工作，外语交流能力非常重要，特别是学好英语尤为关键。良好的外语交流能力是实现与客户有效沟通的必要条件。跨境客服必须不断加强对语言的学习，尤其需要准确并熟练地掌握所售产品的专业词汇。在处理客户消费纠纷时，有语言优势的客服人员，沟通效率更高，更容易解决客户的问题。在回复订单留言及站内信时，如果跨境客服能使用同一种语言回复，客户会备感亲切，更能拉近与客户之间的关系，从而促进交易成功。

#### 5．一流的销售能力

跨境电商平台的客户一般分为几个类别，有的是单纯零售买家，有的是小额批发商，有的是潜力无限的大客户。作为跨境客服，应当利用与客户沟通交流的机会，及时判断分

析这些客户，对不同类别的客户差异化对待，洞察客户的心理活动，倾听客户的想法，利用自己的专业判断，以及对于跨境流程的理解，引导客户下单。如果客户迟迟不下单，跨境客服还应该通过持续的订单跟进能力，持之以恒，最终让订单成交。

### 6. 引导客户二次下单的能力

跨境电商的成功运营，其核心是客户的下单"黏合度"。一位老客户重复下单次数的多少真正决定了店铺的成功与否，而客户会二次或多次下单的前提是对第一次订单产品与服务高度满意，这跟跨境客服的专业度和耐心都是分不开的。专业的跨境电商卖家会在第一次销售过程中真正解决客户的争议，如产品问题、物流问题、售后问题等。客户的二次开发还包括打折、建立客户关怀档案等，这些措施都有助于引导客户二次下单。

## 四、综合素质要求

### 1. 客户至上的服务理念

跨境客服要将"客户至上"的服务理念，贯穿于客户服务工作中。要始终以客户为中心，站在客户的立场上去考虑问题，给客户以充分的尊重，了解客户的需求，然后根据客户的需求和消费能力给予最合适的产品，合理引导其消费和解答客户疑虑。与此同时，跨境客服要把自己始终置于客户的严厉挑剔和审察之下，虚心接受来自各方面的意见和建议，从善如流，不断改进服务，使自己的服务工作达到尽善尽美。

### 2. 人际关系的协调能力

同事之间关系紧张、不愉快，会直接影响客户服务的工作效果。跨境客服要善于协调与同事、领导之间的关系，以达到提高工作效率的目的。人际关系的协调能力关键在于以尊重他人为前提，学会理解、学会宽容、学会倾听，理解他人的感受，宽容他人的不足，倾听他人的想法，用真诚的心对待他人。

### 3. 工作的独立处理能力

跨境客服必须具备工作的独立处理能力。虽然在实际工作中，每个跨境客服都有明确的分工，但是企业仍然要求客服人员能够独当一面，可以独立处理更多客户服务中的棘手问题。这不仅是对跨境客服的综合能力提出的巨大挑战，而且进一步体现了跨境电商平台对客服人员的高标准、高要求。

### 4. 不同问题的分析解决能力

跨境客服不但要能做好客户服务工作，还要善于思考，能够提出工作的合理化建议，具备分析解决问题的能力，遇到问题能够差别化处理。例如，回答客户询盘、处理产品售后、解决客户投诉与纠纷，对于不同的问题制定不同的应对策略，利用专业知识和工作经验帮助客户分析解决一些实际问题。

**案例解析**

## 一、案例背景

请大家根据自己的实际情况在表 1-1 中描述的各项潜能对应的合适的分值上打"√"，填写时需要注意：

（1）把自己当作一个普通人，不要把自己当作一个跨境客服人员来看待。

（2）尽量填写自己的真实状况与想法，切勿为了追求好的测试结果而虚假填写。

（3）填完表格后把各项分数加总。

表 1-1　跨境客服服务潜能测试

| | | |
|---|---|---|
| 我多数情况下能够控制自己的情绪 | 10 9 8 7 6 5 4 3 2 1 | 我很难控制自己的情绪 |
| 我能热情地对待对我冷淡的人 | 10 9 8 7 6 5 4 3 2 1 | 如果别人对我不好，我当然不高兴 |
| 我很乐意与别人相处 | 10 9 8 7 6 5 4 3 2 1 | 我很难与别人相处 |
| 我乐意为别人服务 | 10 9 8 7 6 5 4 3 2 1 | 每个人都应该自力更生 |
| 即使我没错，我也不介意道歉 | 10 9 8 7 6 5 4 3 2 1 | 我没有错，就不应该道歉 |
| 我对自己善于与别人沟通感到自豪 | 10 9 8 7 6 5 4 3 2 1 | 我情愿以书面形式与别人交往 |
| 我的微笑是自然流露的 | 10 9 8 7 6 5 4 3 2 1 | 不苟言笑是我的性格 |
| 我喜欢看到别人因为我而心情愉快 | 10 9 8 7 6 5 4 3 2 1 | 我没有取悦他人的天性，特别是那些我不认识的人 |
| 我总能以积极的心态面对挫折 | 10 9 8 7 6 5 4 3 2 1 | 遇到失败我会一蹶不振 |
| 遇到问题我能勇于承担责任 | 10 9 8 7 6 5 4 3 2 1 | 这些问题都与我无关 |

## 二、测试结果

（1）如果你的自我评分在 80 分以上，那么对于跨境客服工作来说你是一个优秀的人才。面对挫折，你有积极进取的良好心态，有一定的承受挫折的能力；面对抱怨，你能够忍耐与宽容，懂得适当控制自己的情绪；面对投诉，你能够勇于承担责任，敢于说抱歉；面对客户，你能热情沟通，谦虚诚实。有了这些特质，你在跨境客服工作中一定会如鱼得水。

（2）如果你的自我评分在 60~80 分，那么你较为适合跨境客服工作。你可能具备最基本的跨境客服的职业素养，但是仍然不够综合全面，还需要通过日后的工作与学习，加强人际关系沟通技巧，从品格、心理、技能和综合四个方面提高自己的职业素养。

（3）如果你的自我评分在 60 分以下，那么跨境客服工作对于你来说，也许不是一个合适的职业选择，你可以根据自己的其他优势另行选择适合自己的职业。

### 三、案例总结

跨境客服的服务潜能测试，目的在于让测试者对于自己所具备的基本素养与跨境客服岗位是否匹配有一个更加清晰、全面的认识。对于自己不具备或欠缺的部分，从品格素质、心理素质、技能素质和综合素质这四个方面加以培养或改进。只有充分了解职业要求的基本素质和技能，才有可能在工作中不断提升自我，自觉学习职业素质方面的服务技巧，从而做好跨境客户服务工作。

## 子情景三 跨境客户关系管理的新思路

 **学习目标**

**知识目标**

● 了解改善跨境客户关系的思路与方法。

**能力目标**

● 能良好运用沟通策略与技巧以改善跨境客户关系。

**素质目标**

● 善于突破既定思维以寻求改善跨境客户关系的思路和策略。

**项目背景**

没有优质的服务，客户将离你而去。面对客户对服务的期望和要求越来越高的现实，跨境客服要不断地创新服务模式，创造性地运用各种有效的服务理念、服务方式和服务策略，把分内的服务做精、把额外的服务做足、把超乎想象的服务做好，运用沟通策略与技巧以改善客户关系，让客户感受最优质的服务。Allen 在工作中不断总结与思考，想要探索如何创新跨境客户关系管理的新思路。

**任务实施**

步骤 1：换位思考，引导客户认知与情绪。
步骤 2：以诚相待，主动承担交易责任。
步骤 3：巧妙沟通，熟练掌握语言技巧。
步骤 4：积极互动，着力构建客户忠诚度。

## 知识铺垫

### 一、换位思考，引导客户认知与情绪

跨境电商与国内零售电商的显著区别在于，国内零售电商客服的工作往往集中在售前，客户在下单前，会与卖家就是否有货、是否提供折扣、物流方式与到货时间等一系列问题进行交流；而跨境客户更倾向于选择"静默下单"的方式，即在下单购买之前几乎不会与卖家联系，大部分联系卖家的客户邮件或留言都出现在售后环节。

这就意味着，在跨境电商中，当客户联系客服时，往往是带着各式各样的问题而来的。一方面，客户作为不专业的一方，不熟悉复杂的国际物流，可能也很难清晰地理解某些中国卖家所写的不甚清楚的英文产品说明；另一方面，由于物流路径长、客户等待时间久、语言与文化存在差异，客户很容易产生不满与抱怨，并且出现焦躁情绪。

针对上述问题，跨境客服需要换位思考、推己及人，理解客户的不满与抱怨，并运用一系列方法与技巧，主动引导客户的认知与情绪，为进一步双向沟通与问题解决打下良好的基础。

#### 1．给客户吃定心丸

跨境客服首先需要做到的就是在沟通过程中，特别是在与客户第一次的接触中，就要想办法淡化事件的严重性，将事件导致的不良后果降到最低。第一时间向客户保证能够帮助其顺利解决问题，从而稳定客户的焦躁情绪，这就是所谓的"给客户吃定心丸"的技巧。

#### 2．对客户怀抱感恩之心

在欧美文化背景下，"感恩"一直是欧美社会普遍认可的一种美德。美国、加拿大、希腊、埃及等国的感恩节就是这种社会认知的集中体现。跨境电商的销量、利润，甚至事业，都来自客户。因此，跨境客服理应对客户怀抱感恩之心。

在实际的跨境客服工作中，要从字里行间的细节里向客户呈现这样一种感恩的态度，这对顺利解决投诉或其他问题、说服客户接受提出的解决方案，甚至降低解决问题的成本，都是非常有效的。

#### 3．用专业的角度解决问题

在跨境电商的实现过程中，客户往往不专业或缺乏相关的知识，这恰恰要求跨境客服在面对客户时，需要从更专业的角度来解决问题。

一方面，在明确问题发生的原因时，需要清楚明了地向客户解释问题产生的真实原因；另一方面，针对无论是物流还是产品中涉及的一些专业术语或行业专用的概念，需要适当地简化，用通俗易懂的方式简洁地向客户进行说明；最后，在提出解决方案时，需要基于问题产生的真实原因，提出负责而有效的解决方案。

从长远看，客户就所遇到的问题提出投诉，对客服而言并非坏事，而且当问题能够得到顺利而彻底的解决时，能够有效地增加客户对卖家的信任感，进而形成"客户黏性"。也

就是说，在心态上，跨境客服应把每一次客户反映的问题都作为展示自己专业能力的一个机会，用专业的方法与态度来解决问题，将偶然下单的客户转化为自己的长期客户。

### 4．重视最后一次邮件回复

在与客户沟通的过程中，绝大部分情况下，跨境客服都使用站内信、电子邮件或订单留言的方式。从商务礼仪的角度讲，作为卖家，双方文字沟通过程中的最后一封邮件理应由跨境客服来发出，这对增加客户对卖家的好感有一定的积极作用。从技术的角度讲，许多跨境电商平台都会在后台系统中做出一个自动设置，来扫描所有站内信或订单留言的平均回复时间。平均回复时间越短，时效越高，从这个小小的细节也能反映出商家的服务水平。

但是在实际操作过程中，跨境客服往往会遇到这种情况：经过沟通后，顺利帮助客户解决了问题，而客户往往会回复一封简单的如"Thanks"或"OK"的信息。许多跨境客服在操作时不甚精细，这种邮件可能就不做任何回复了。但正如刚才所讲，由于各个跨境电商平台的后台系统无法真正识别客户发出的信息内容是否需要回复，这些简短的客户信息如果没有得到及时回复，仍可能影响系统对"卖家回复信息时效"的判断。从长期来讲，这对跨境客服来说是没有好处的。

因此，这往往要求跨境客服做到，无论在何种情况下，在与客户进行的互动中，最后一封邮件一定出自跨境客服。这既是出于礼貌，也是出于技术角度的考虑。

---

✏ **案例**

客户向跨境客服反映她收到产品时，产品有明显被打开过的痕迹，外包装及内部的销售包装是破损的。

**案例回复示例与分析：**

Dear friend,

Thanks for shopping with us!

Really sorry to hear that and surely we will help you solve this problem.

（在邮件的开头展示感恩的心态，并明确地表明将会帮客户解决问题，以便安抚客户，让客户有耐心继续看下面给出的解释与方案。）

You know, when parcels are sent to the Customs, it will be opened to finish the "Customs Inspection". That's be the reason why your parcel opened and the retail package damaged.

（通过向客户解释当包裹通过海关时有可能面临开包查验，为包装的破损找到合理的原因。）

As sellers, we really don't want to give you an unpleasant shopping experience.

Thus, if you need, we would like to resend you a new retail package. And you don't have to afford extra shipping cost.

（给客户提供合理的解决方案，提出重新给客户寄一个新的包裹，并且不需要客户承担额外的运费。）

What's your opinion?

Sincerely apologize for causing you any inconvenience.

And thanks for your kindness and tolerance for this problem.

（再次向客户致以歉意，并感谢客户理解与宽容。）

Looking forward to hearing from you.

Yours sincerely,

×××

## 二、以诚相待，主动承担交易责任

在面对客户抱怨时，跨境客服首先要用真诚的态度对客户表示歉意，了解具体情况后，对事件快速做出反应，主动承担交易责任，并给予有效处理。处理售后问题动作迅速，可以让客户感觉到应有的尊重，以此来表明卖家要解决问题的诚意，这样也可以有效遏制客户对产品的负面信息传播，防止对店铺信誉造成更大的伤害。

### 1．了解问题的来龙去脉

当客户提出售后问题时，跨境客服应第一时间联系客户，了解问题的来龙去脉，这样客户就有被重视的感觉，还有可能放下心中的偏见，愿意给你一个解释的机会。在弄清问题的事实及本质后，要主动真诚地向客户道歉，因为一个小小的道歉行为不仅仅能表明卖家勇于承担责任的态度与解决问题的决心，而且能够给客户留下专业、负责任的形象，有利于缓解客户的不满情绪，强化客户对卖家的信任，最大限度地降低处理问题的成本和难度。

### 2．寻找合适的解释理由

面对客户投诉，跨境客服需要为客户找到一个合理的、能够接受的理由，并且这个理由最好是由第三方（客户和卖家之外）或不可抗力引起的。找理由的目的不是推卸责任，而是从照顾客户心理的角度出发。一个合适的理由可以让客户寻求心理上的平衡，从而更容易接受跨境客服提出的解决方案，最终能够更加快速地解决纠纷和争议。

### 3．真诚地承担问题的责任

需要注意的是，跨境客服为自己寻找一个合理的理由，并不是说不去承担责任，只是为了让客户更容易接受其提出的方案，其出发点也一定是为了服务客户。也就是说，把错误合理地推诿到第三方身上，并表明"即使错误不在我们，我们仍然愿意为客户解决问题"，往往能平息客户的怒气，使其更顺利地接受解决方案。在提出方案时，一定要对客户的问题进行客观分析，找准问题，对症下药，切不可随意提供解决方案，以免出现新的问题，导致客户更加不满意。建议一次性提供多个方案供客户选择，让客户能够充分体会到对他们的尊重，也让客户更有安全感。

从长远来讲，只有卖家把客户当成自己的朋友，以诚意相待，以最快捷、最彻底地方式帮助客户解决问题，才有可能在一次次的实践中积累客户对卖家的信任。俗话说"不打不相识"，有了矛盾不要紧，只要客服能够让客户感受到卖家的诚意，完美地为他们解决一个又一个的问题，这些客户就更容易成为卖家的长期客户，这种买卖双方的经历和感情才更加珍贵。

> **⚲ 案例**
>
> 客户反映长时间未收到快递，出现不满情绪，向跨境客服询问快递投递状态。
>
> **案例回复示例与分析：**
>
> Dear friend,
>
> The information shows the parcel didn't arrive your country. Don't worry, surely we will try our best to help you solve this problem.
>
> （在邮件的开头解释发生的事情，并向客户表明将会帮客户解决问题，以便安抚客户，给客户吃定心丸。）
>
> International shipping requires more complicated logistic procedures, that make the post time between two countries always longer than domestic shipping.
>
> （寻找合适的理由向客户解释包裹迟迟未到的原因，告诉客户现在一切是正常的。）
>
> If you haven't received your item and this situation lasts to the 30th day, please do contact us. We will help you refund all money and cancel the delivery. But if you receive it, we sincerely hope you can leave us a positive comment if you like it and appreciate our customer services.
>
> （给客户提供解决方案，为其安排退款或取消投递，最后请求客户能够给我们一个正面的评价。）
>
> Thanks once more for your purchase.
>
> Yours sincerely,
>
> ×××

### 三、巧妙沟通，熟练掌握语言技巧

在跨境电商行业中，虽然并不要求每一个岗位的工作人员都需要具备高超的外语技能，但是对跨境客服岗位而言，学会巧妙地沟通，熟练掌握最主要客户的语言却是必需的。

#### 1. 扎实语言基本功

跨境客服在工作技巧上，需要不断加深对语言的学习，扎实语言功底，特别需要准确并熟悉地掌握所售产品的专业词汇；在工作态度上，务求扎实肯干、注重细节，尽量避免低级的拼写与语法错误。正确使用客户的母语，一方面展示了卖家对客户的尊重，另一方面也可以有效地提高客户对卖家的信任感。

#### 2. 避免成段的大写

我们时常会见到这种情况：某些卖家为了在较多的邮件文字中突出展示重点信息（如促销、打折等优惠信息）而采用成段的大写。这样做虽然可以有效地突出重点，让客户一眼就看到卖家所要表达的核心内容，但也会产生一些副作用。在英语世界里，文本中成段的大写表达的往往是愤怒、暴躁等激动的情绪，是一种缺乏礼貌的书写方式。因此，跨境客服需要在日常工作中注意这一细节。

### 3．简化语言表述

在与客户沟通的过程中，考虑到为了方便绝大部分客户的阅读，应当鼓励使用结构简单、用词平实的短句。语言尽量通俗化，少用专业术语。因为通俗性的语言可以在最短时间内让客户充分理解所要表达的内容。

当前在跨境电商平台中使用最多的语种是英语，但跨境电商的客户来自全球 220 多个国家和地区，其中绝大部分国家和地区的客户并没有使用英语作为自己的母语。很常见的情况是，许多客户仍需通过在线翻译工具来阅读跨境电商的产品页面与邮件。针对这种情况，跨境电商更需要简化自身的书面语言，提高沟通效率。

### 4．巧用分段与空行

通过观察大部分人的阅读习惯，我们发现，多数人在阅读卖家邮件、促销信息等文字资料时，都会采取"略读"的习惯。所谓略读，是指快速阅读文章以了解其内容大意的阅读方法。换句话说，"略读"是指读者有选择地进行阅读，可跳过某些细节，以求抓住文章的大概，从而加快阅读速度。

针对这种情况，跨境客服在撰写邮件时，需要特别注意按照文章的逻辑将整篇邮件进行自然分段，并在段与段之间添加空行。这样做有利于客户简单地浏览不重要的段落，快速跳至重点信息。

采用这个技巧，一方面，可以有效地节省客户的阅读时间，增加客户与客服沟通的耐心；另一方面，清晰地按逻辑进行分段，可以给客户以专业、有条理的印象，增加客户对卖家的信任感。

### 案例

为了说明"巧用分段与空行"这一技巧所带来的阅读上的效果，下面以同一封邮件为例，采用不同的分段排版方式给大家做一个演示。

（1）没有自然分段和换行的效果。

Dear friend,

We are glad to tell you that actually your parcel arrived at your country on Oct-06. Your tracking number is RA250500415CN, and now you can track it on this website: http://www.track-trace.com/post. The newest information from Australia post is: "RA250500415CN Status: arrival at inward office of exchange, Location: SYDNEY, Time: 2018-09-28." Since the parcel has arrived at your country and now it is being handled by Australian post office, we believe you will get it very soon. Thus, is that OK for you to give a little more time for the post system? Or, you can also try to connect with your local post office for faster "Customs Clearance" and dispatching. If you need any further help, please feel free to connect with us again.

Best regards!

Sincerely,

×××

（2）采用逻辑分段并插入空行的效果。

Dear friend,

We are glad to tell you that actually your parcel arrived at your country on Oct-06.

Your tracking number is RA250500415CN, and now you can track it on this website: http://www.track-trace.com/post

The newest information from Australia post is:

RA250500415CN

Status: arrival at inward office of exchange

Location: SYDNEY

Time: 2018-09-28

Since the parcel has arrived at your country and now it is being handled by Australian post office, we believe you will get it very soon.

Thus, is that OK for you to give a little more time for the post system?

Or, you can also try to connect with your local post office for faster "Customs Clearance" and dispatching.

If you need any further help, please feel free to connect with us again.

Best regards!

Sincerely,

×××

通过这两个例子可以发现，在第一个实例的排版中，所有的文字全部都挤在一个自然段中。在阅读时，客户被迫按顺序一个词一个词地读下来，在阅读之前看不出任何重点，这自然容易使客户在阅读时感到疲倦和烦躁。

在第二个实例中，排版按照"提供单号—追踪地址—追踪信息—解决方式—结尾"的逻辑结构进行自然分段，并在段与段之间插入清晰的空行。客户在阅读时，可以方便地进行略读，快速跳过非重点信息。在这种情况下，卖家所要表达的重点信息可以高效地传达给客户，而客户的阅读与沟通体验也会得到明显提升。

## 四、积极互动，着力构建客户忠诚度

作为卖家，通常希望每个客户都成为店铺的回头客，但是在跨境电商平台有如此多的同类店铺，客户为什么要选择在你的店铺长期购买呢？这不仅与产品的专业性、跨境客服的努力程度密切相关，还要求卖家与客户形成互动，增强与客户之间的黏性。当客户下次有需求时，第一个想起的就是该卖家，这就是构建客户的忠诚度。具体可以从以下三个方面入手。

### 1．加强互动性沟通

加强互动性沟通，要注意沟通方式尽量与客户保持一致。在初始阶段，卖家与客户一般通过站内信、订单留言建立联系，当普通客户成长为重点客户时，卖家需要与客户保持及时畅通的联系，势必运用邮件、短信、电话或其他辅助软件（如 Skype、What's App、VK、Facebook、Twitter）等一切工具。

### 2．重视客户反馈

在经营店铺时，卖家通常比较关注客户评价，其主要原因是中差评会影响产品的质量得分和卖家服务等级，从而影响产品的排名和销量。中差评产生后，与客户协商更改中差评也会备感吃力。由于各种因素，卖家往往很难让客户百分之百满意，但是卖家一定要重视重点客户的反馈。当客户收到货后，卖家应积极主动地征求客户的意见，如包装是否变形、产品设计是否有缺陷、客户是否满意等，收集这些信息也是为了让客户有更好的购物体验。

### 3．预测客户需求

卖家应对客户的风俗习惯、地理概况、气候状况等耳熟能详，根据客户的隐性信息获取其经常购买的产品类别和购买能力。卖家还应通过日常沟通了解大客户的销售渠道、销售对象，以及当前的流行趋势和元素，并且主动提供定制或相匹配的产品营销及精细化的服务，以提升客户的忠诚度。

 **案例解析**

### 一、案例背景

2017 年 9 月 6 日，一位法国客户 Tony 在速卖通平台的某跨境电商店铺，下单购买了100 顶帽子，分装 3 箱，采用 EMS 的物流渠道发货。经过一周的等待，9 月 13 日客户成功收到货，但在货物清点过程中，发现少了 15 顶帽子。客户立即通过邮件联系到该店铺的售后客服，要求店铺对该问题做出解释。最后，店铺查明短缺原因，是由于购买旺季，员工短缺，未能仔细清点货物数量造成的。请根据上述问题，以客服的身份拟写一封回复邮件。

### 二、邮件内容

Hi Tony,

Sorry for the inconveniences caused and surely we will try our best to help you solve this problem.

（在邮件的开头先向客户表示抱歉，并明确地表明将会帮客户解决问题，以便安抚客户情绪，给客户吃定心丸。）

Through investigation, the mistake is entirely our own.

（通过调查，失误完全是我方造成的。向客户真诚地表示将承担问题的责任。）

It occurred as a result of staff shortage during the busy season and the number of goods was not counted carefully.

（向客户简单说明缘由，因为旺季，员工短缺，未能仔细清点货物数量。）

We'll make the payment for USD 1500, the amount of claim, or we would like to resend you the lack of the number of that part of the shipment，and you don't have to afford extra shipping cost.

（给客户提供合理的解决方案，提出会在客户同意后返回缺少数量的那部分货物的钱，或者重新将缺少的货物发出，并且不需要客户承担额外的运费。）

More strict inspection will be taken in the next orders.

（向客户保证接下来的订单会更加严格检验。）

What's your opinion?

（询问客户的意见，表示对客户的尊重。）

Sincerely apologize for causing you any inconvenience.

And thanks for your kindness and tolerance for this problem.

（再次向客户致以歉意，并感谢客户的理解与宽容。）

Look forward to hearing from you soon.

Yours sincerely,

×××

## 三、案例总结

跨境客服在回复客户的投诉邮件时，首先要做的就是向客户表示歉意，明确表示帮客户解决问题的态度与决心，给客户吃定心丸。然后待客户情绪稳定后，了解清楚事情的来龙去脉，针对调查的结果，寻找一个合适的理由向客户解释事情发生的原因。不论事情的发生责任归属于哪一方，解决方案都应由卖家积极提供，并且询问客户的意见，让客户自行选择。这种做法既能给客户留下专业、负责的印象，又能最大限度地降低处理问题的成本和难度。最后在邮件的结尾再次向客户表示歉意，并感谢客户的理解与宽容。

### 习题演练

### 一、单选题

1．下列不属于跨境客服管理岗位工作目标的是（　　　）。

A．解答客户咨询　　　　　　　　　B．提高店铺回头率

C．降低售后成本　　　　　　　　　D．塑造店铺形象

2．作为跨境客服，应当站在客户的角度去思考问题，将心比心来理解和认同客户的感

受，处处为客户着想，理解其意愿，以上体现了跨境客服管理岗位（　　）的工作原则。

A．实事求是　　　　　　　　　　B．换位思考

C．积极主动　　　　　　　　　　D．诚实守信

3．在与客户交流的过程中，要注意交流和服务的重点，并围绕重点主题开展工作，以上体现了跨境客服管理岗位（　　）的工作原则。

A．积极主动　　　　　　　　　　B．主次分明

C．投其所好　　　　　　　　　　D．善于检讨

4．下列不属于跨境客服管理岗位工作职责的是（　　）。

A．核对订单信息　　　　　　　　B．安排订单发货

C．及时追踪物流信息　　　　　　D．评估客户信用等级

5．下列属于跨境客户最常见的下单形式的是（　　）。

A．先询问，后下单　　　　　　　B．先下单，后询问

C．静默式下单　　　　　　　　　D．以上都不是

6．下列不属于跨境电商平台接待来访客户的渠道的是（　　）。

A．站内信或订单留言　　　　　　B．电子邮件

C．电话或短信　　　　　　　　　D．上门接待

7．下列表述错误的一项是（　　）。

A．在发货时，跨境客服务必仔细检查包装的商品与客户下单的商品是否一致，包括商品的颜色、大小、数量、物流方式

B．相比国内客户而言，跨境客户在购买前更加倾向于向客服询问产品的基本信息

C．由于跨境网购流程多、距离远、时间长，大部分国外客户都非常关注物流问题

D．跨境电商最常见的售后处理方式是免费重发或退款

8．跨境客服需要具有洞察买家心理的本领，随时抓住买家的心，了解买家的想法和动机，以上体现了跨境客服必须具备（　　）。

A．一流的销售能力　　　　　　　B．对挫折打击的承受能力

C．细致敏锐的洞察能力　　　　　D．处变不惊的应变能力

## 二、多选题

1．跨境电商最常见的售后处理方式有（　　）。

A．免费重发　　　B．退款　　　C．换货　　　D．退货

2．下列属于跨境客服管理岗位的工作原则的是（　　）。

A．积极主动的原则　　　　　　　B．勇于担责的原则

C．投其所好的原则　　　　　　　D．善于检讨的原则

3．当遇到客户咨询包裹的物流信息时，要及时回复客户留言，同时提供三个信息点，分别是（　　）。

A．可跟踪的包裹单号　　　　　　B．可以追踪到包裹信息的网站

C．最新的追踪信息　　　　　　　　　D．发出包裹时间

4．下列能体现跨境客服做好客户维护工作的是（　　　）。

A．给好评客户发放优惠券、满立减、特别折扣

B．向客户发送节日问候

C．向客户发送上新通知

D．给客户赠送小礼品

5．跨境客服的职业素养主要包括（　　　）。

A．品格素质要求　　　　　　　　　　B．心理素质要求

C．技能素质要求　　　　　　　　　　D．综合素质要求

6．跨境客服的综合素质要求主要包括（　　　）。

A．客户至上的服务理念　　　　　　　B．不同问题的分析解决能力

C．人际关系的协调能力　　　　　　　D．工作的独立处理能力

## 三、判断题

1．（　　　）跨境客服的工作往往集中在售前。

2．（　　　）在与客户沟通时，我们需要将专业术语或行业专用的概念适当地简化，用通俗易懂的方式向客户进行说明。

3．（　　　）降低售后成本是考核跨境客服的一项重要工作目标。

4．（　　　）跨境客服只需要熟悉店铺经营产品的基本信息。

5．（　　　）跨境电商的成功运营，其核心是用户的下单"黏合度"。

6．（　　　）跨境客户更倾向于选择"静默下单"的方式。

7．（　　　）跨境客服通常采用电话和短信的方式联系客户。

8．（　　　）跨境客服在给客户发送邮件时，要巧用分段与空行，让客户尽快找准重点。

## 四、简答题

1．跨境客服管理岗位的工作职责有哪些？

2．跨境客服要求的职业素养有哪些？

# 情景二

# 跨境客户的概况分析

## 子情景一　跨境客户的特点

### 学习目标

**知识目标**

- 能够描述跨境客户的消费心理特点、消费行为特点和消费需求特点。

**能力目标**

- 能抓住跨境客户的消费心理、消费行为和消费需求特点，采取有效的跨境客户关系管理策略。

**素质目标**

- 培养良好的服务意识，为跨境客户服务。
- 培养"客户是上帝"的意识，站在客户的角度分析跨境客户行为。

 **项目背景**

客户是企业的衣食父母，是企业的命脉，是企业永恒的宝藏，给企业带来了巨大的利益。市场竞争其实就是企业争夺客户的竞争。企业要实现盈利，必须依赖客户。客户的存在是企业存在的前提，没有客户，企业就会垮台。为此，企业要想获得持续的竞争优势，就必须转型为客户导向型的企业。怎样吸引客户、留住客户就成为企业越来越关注的问题。

"知己知彼，百战不殆。"因此，想要吸引客户、留住客户，首先就需要了解客户的特点。通过进行客户关系管理，掌握客户的第一手资料，就可以在第一时间发现客户消费心理、需求或潜在需求的变化，从而使企业可以及时推出深受广大客户喜爱的新产品，缩短新产品的开发周期。更重要的是，企业甚至可以在客户明确自己的需求之前理解、发掘和满足他们的需求。

传统国际贸易的客户主体通常是企业，即 B 类买家。跨境电商借助互联网，其客户主体更加广泛，具有更为多样的商业身份，包括跨境 B2B 中的进口商、零售商以及 B2C 中的个人消费者。由于客户主体的差异，以及互联网的影响，跨境客户的特点也有别于传统国际贸易客户。本情景主要以 B2C 中的个人客户作为研究对象，分析跨境 C 端客户作为个人消费者区别于传统国际贸易客户的独有特点，包括跨境客户的消费心理、消费行为和消费需求。浙江英卡顿网络科技有限公司的跨境客服专员 Allen 开始了解并分析跨境客户的消费心理、消费行为和消费需求的特点。

 **任务实施**

步骤 1：把握跨境客户爱分享、爱炫耀的消费心理特点。
步骤 2：认识跨境客户移动购物的消费行为特点。
步骤 3：了解跨境客户"吐槽""参与"及"个性化"的消费需求特点。

 **知识铺垫**

## 一、跨境客户的消费心理特点

古人云："上兵伐谋，攻心为上。"意思就是最高的兵法在于谋略，攻心为上，攻城为下，兵战为下。事实上，对于任何形式的营销来说，关键也在于攻心。这里所谓的"攻心"就是要读懂客户的心理。

从品牌、定位到差异化，从定价、促销到整合营销，任何企业的销售活动，其实都是针对客户的心理而采取的行动。尤其是在互联网时代，跨境客户的需求更是多种多样并具有个性。因此把握和迎合跨境客户的心理才更能吸引他们，最终达成产品的销售。在互联网大趋势时代的跨境电商们更要读懂客户的心理，依据其心理特征展开客户关系管理。

### （一）跨境客户的分享心理

传统国际贸易中，客户是 B 端的企业，它们购买是为了实现商品的二次销售以达到营利的目的，因而无法实现像个人买家一样，经常"晒"出自己买到的产品。在互联网时代，人们越来越喜欢将自己买到的产品"晒"出来。这种"晒"，就是分享。无论是在国外的社交媒体上，如 Facebook、Twitter、Instagram、YouTube、Pinterest 等，还是在国内的社交网络上，如微博、微信、QQ、博客、豆瓣、人人网等，我们经常可以看到客户买到一款产品或服务后，就会晒出来，与好朋友一起分享（见图 2-1）。

此外，消费者的分享心理还体现在征求意见方面。用户在看好了一款产品之后，却拿不定主意，不知道是不是值得购买。于是，他会通过社交平台分享给好友，然后征求对方的意见。当小伙伴之间对这款产品"评头论足"时，那么这款产品也就自然而然地被分享出去了。

图 2-1　Instagram 上的客户分享图

基于这样的社交分享心理，就需要有社交圈子。当社交网络进入我们的生活时，陌生人之间的隔阂也被打破了。理论上，我们可以通过社交平台来认识任何一个我们想认识的人，每个人的社交关系也会得到重组，于是就出现了以兴趣爱好或专业为分类的社区和论坛等。这时候，社区、论坛里的好友会要求客户分享产品的购买链接或网址。从这一层面来讲，客户由消费者变成了网络传播的主角，即消费商。

"互联网+外贸"的发展，使跨境电商进入了社交电商时代，跨境客户对于社交网站的运用轻车熟路。因此，跨境电商们应该有效抓住客户在社交网络传播中的这种习性，加以运用，多一些迎合客户的营销之法和策略，这样也有利于产品被分享出去，从而得到某种口碑传播。

### （二）跨境客户的炫耀心理

从心理学的角度来说，每个人的潜意识里都有自我炫耀的因子，很多人也称之为自恋。人们常常会不自觉地将自己的信息展现在一些社交平台上。例如，Instagram 创立伊始就是一群摄影爱好者将自己认为比较好的照片上传，作为发烧友的分享。后来，越来越多的文艺青年登录该网站，分享购买的产品、享受的美食、旅游的点滴等生活状态，希望可以得到他人的羡慕和崇拜。

也正是这种炫耀心理，导致了高端市场的出现。同时，很多跨境商家为了获取市场也利用客户的这种炫耀心理，抓住消费者的黏度，舍弃了低价劣质的价格战和同质化的策略，采用高品质、个性化设计来吸引客户。例如，PC 端照片社交的王者渠道 Pinterest 上的跨境企业走的就是高端、小资的路线，来吸引这个社交网站上的女性中产阶级客户群体。

## 二、跨境客户的消费行为特点

不知道从什么时候开始，人类的生活与互联网变得密不可分。尤其是随着移动互联网和智能手机的逐渐普及，人类生活更是与移动互联网息息相关。人们只需要轻轻动一下指尖，就能随时随地获取想要的信息，获得更多服务和产品。人类的生活正在被移动互联网所改变着，在跨境电子商务领域则体现在跨境客户的消费行为出现以移动购物为主流的特点。

2017 年，Facebook IQ 发布的一份《旺季移动端营销》报告惊人地向世人揭示：节日季移动端销售的时代已经到来。报告称，2016 年整个节日季期间，Facebook 在全球市场的移动端转化量首次超过电脑端转化量。与此同时，在调查涵盖的国家、地区内，2016 年"首选移动端"的购物者年同比增长率平均达 29%。

谷歌官方 2018 年 1 月最新数据显示，全球超过 50%的搜索查询来自移动设备。在美国，移动设备贡献了 71%的互联网使用量。在印度尼西亚，这一比例甚至更高，达 91%。美国人平均每月花费 87 小时在智能手机上浏览网页，而花在台式电脑上的平均时长为 34 小时。

以上数据表明跨境客户的消费行为发生了重大的改变：原来的 PC 端购物主宰多年的状态已经一去不复返，移动端购物成为新宠和主流。

### 案例

下面是几个在生活中出现的移动端购物行为。

在纽约，大学生 Helen 在《纽约时报》上看到了一本一直想买的书，看完了相关书评之后，Helen 决定购买这本书。于是她拿起手机，扫描了上面的二维码。在手机页面上很快出现了购买该书的网店信息和价格，于是她马上就下了订单。

在上海，作为外企高管的小苏，每天都十分忙碌，甚至没有时间去逛商场，也没有时间去超市购买日用品。她在办公室喝的怡保速溶咖啡、家里煮饭用的韩国原装进口无烟不粘锅、厕所用的日本马桶圈、喝水用的德国净水器、出门经常背的美国蔻驰包，都是通过天猫、亚马逊等各种跨境电商平台购买的。她利用早晚乘坐地铁的时间，打开手机中购物网站的 App，然后在各个网站上看评价、下订单。接着，她只要等待派送员将商品送货上门就行了。

在俄罗斯的一个小镇上，再过一个多月圣诞季就要到来了，恰逢"双十一"，Ira 想给他的姥姥买一条围巾。虽然家里没有电脑，但是她直接打开手机，在手机上打开了速卖通 App，在上面精心挑选了一条羊绒围巾。

从某种意义上来说，这是购物行为的巨大改变。人们购物已经摆脱了时间、地点的局限，不需要前往实体店或守候在电脑前，只需要一部能上网的手机就可以了。这在过去是不可想象的。在今天，只要你有购物需求，就可以通过平板电脑、手机下单购买。

移动端购物热潮方兴未艾，而跨境电商们想要牢牢地抓住跨境客户，就必须采取顺应移动购物发展的策略，以满足客户快捷、便利的需求。

### 三、跨境客户的消费需求特点

"互联网+"给跨境电子商务插上了腾飞的翅膀。这种腾飞最主要的表现在于，企业可以与客户更加亲密无间。

在过去传统的国际贸易中，营销关系十分简单。买家和卖家的关系简单到只在发生贸易关系时才有联系。一旦一笔订单完成，买家似乎就与卖家脱离了关系。这种僵硬、陌生、短暂的商客关系也让许多传统国际贸易企业，特别是中小型企业在"互联网+"大潮的来临下变得十分艰难，它们纷纷寻求转型。

在"互联网+"的风潮下，很多跨境电商企业在对待与客户的关系方面与传统国际贸易企业截然不同。这些企业不但通过网站中的客服与客户联络，还搭建了社交媒体平台，如官方 Facebook 账号、Instagram 账号，甚至还有一些粉丝群、社区等。在这里，粉丝与企业之间亲密无间，共同形成了一个和谐的圈子。在这个圈子里，企业会将更多的产品信息、促销内容，甚至上市、好玩有趣的活动，都会随时随地推送给消费者。而消费者在看到一些好玩的信息时，也会将这些信息上传分享到朋友圈或微博中，让更多的好友、客户看到。这样，不但使企业的品牌、产品得到了广泛传播，还会获得大量忠实的粉丝和客户。

这样一来，企业不仅为客户带去了了解产品的机会和渠道，同时也为客户建立了互相聊天、畅所欲言的平台，从而满足客户自由"吐槽"、参与及购买个性化产品的需求。

### （一）"吐槽"的需求

在互联网时代，客户在购买行为完成之后，还有可能通过购物平台和社交平台发表自己对产品的看法与评价，因此客户需要自由"吐槽"的权利。

对于优质的产品或服务，客户不会吝啬自己的肯定。他们会在购物平台的评价栏或社交平台中大加褒奖，同时也给其他的消费者带去了参考和借鉴。对于劣质的产品或较差的服务，客户同样会大胆地给出差评，并在自媒体平台上大加"吐槽"，督促商家改进产品或服务。

以下是亚马逊平台客户对购买的佩奇猪的评价。可以看出，对于优质产品，客户是不吝于褒奖好评的（见图 2-2）。

图 2-2　跨境客户好评

同样，对于下面这款咖啡机，客户不满意，也会毫不客气地"吐槽"，给予差评（见图2-3）。

图 2-3　跨境客户差评

因此，在客户主导的时代中，客户希望拥有更多自由"吐槽"的权利，这样才能显示出客户的主导地位，也能给商家带去警醒，促使商家深层了解消费者的需求，从而做出更好的产品或提供更好的服务。

针对这种情况，很多国内外跨境电商企业往往会设立一些 Facebook 账号、微博账号或社区等，勇于接纳消费者的"吐槽"。不管是好的评价还是恶性"吐槽"，企业都要及时与消费者互动，并且做出改变。

### （二）参与的需求

事实上，上述"吐槽"就是客户参与企业经营的一种方式。这一点，在品牌营销活动中表现得最为突出。过去，客户买一款产品时，只是追求功能或刚需消费，而在现代的客户心目中，消费是为了追求品牌体验。

让客户参与其中，不但能够给客户带去更深入的体验，还能让他们对企业的产品和服务，乃至运作过程有一个更深入的了解，从而使其对企业产生很深的品牌认同感，在潜意识里给他们带去企业的品牌烙印。

让客户参与进来，实际上是满足了客户"参与、影响和改变"的心理需求。这也有助于实现一些潜在客户向忠实客户关系的进化，可以让企业和客户之间共同成长。

当然，所有的跨境电商要注重一点，让客户获得参与感的核心应该是以客户为中心，而不是以企业为中心。如今，在经济社会中，客户是中心。同时，随着自媒体的日益发达，客户或消费者已经在网络中形成了一种不可忽视的强大力量。他们可以在自媒体上对任何一个品牌、产品"评头论足"，可以各种"吐槽"，甚至可以让企业一夜爆红，也可以让企业一夜溃败。因此，企业必须要"放权"给客户，给他们参与的机会，如推出"免费试用""客户参与设计"等方式。

给客户参与的权利，让客户从内到外地感觉到自己的分量和影响力，会提升他们对企业的好感。同时，有了客户的加入，这些产品自然不愁销路。

### （三）个性化的需求

在互联网时代，年轻的客户群体特立独行，他们不喜欢和身边的朋友有同样的东西。2014 年，甲骨文软件系统有限公司在全球范围内进行了一项调查，调查的主题是"体验式零售演变"。调研结果显示，消费者的个性化需求逐渐被放大，有超过 50% 的受访者认为个性化非常重要。跨境电商雨果网 2017 年 6 月的调查数据显示，近 2/3（59%）的客户对个性化购物感兴趣。

基于客户这种个性化的需求和希望自己"独一无二"的心理，那么作为卖家，就应该满足客户的这种心理需求，给他们独一无二的感觉。

> **案例**
>
> 亚马逊的做法是，在会员日根据会员客户过往采购历史来预测他们喜欢和想要的产品，从而推送个性化的营销内容，使消费者眼中有清晰的采购产品类和目标，从而有效地激发购买动作。例如，调查显示，51% 的客户希望收到价格范围为 51~100 美元的产品信息；42% 的客户希望收到 11~50 美元和 101~200 美元的产品信息。那么就向这些不同的人群发送根据他们个人的定位的优惠券、图片和广告。这种个人定制信息最能给客户带去惊喜，而惊喜所带来的忠诚还是非常值得期待的。
>
> 在这一点上，网上零售品牌 Combatant Gentlemen 也做得非常好。该品牌创建了一个名为 Combat Gent 的购物 App，能为用户搭配各种场合的服饰，而且如果用户看到喜欢的产品，还可以直接购买并包邮！
>
> App 由 Combatant Gentlemen 内部建立起来，灵感来自 Netflix 公司的算法，它能够照顾到每个细节，从品位到场合，再到所在区域的天气。
>
> 那么如何使用 App 呢？首先，你要先设置着装场合（见图 2-4）。然后，App 会给你几个选择，你可以调整位置和日期（App 以此按你所在地区当时的天气进行搭配），还可以调肤色，还可以按意愿改变场合。该应用允许添加尺码，因此购买是无缝的。

图 2-4　着装场合

最后，不管你是否使用该 App 来购买衣服，它都能帮助你整合现有资源。每个人可能都需要这么一个 App。Combat Gent 首席技术官兼联合创始人 Scott Raio 说："对我们来说，移动设备端不只是卖产品，我们相信它是促使公司进步的重要途径之一，我们想利用设计团队的知识，结合当前数据库中现有的数据，给终端用户提供无缝体验，创造更多的价值。"而这种无缝体验就是根据客户的个性化需求提供的。

总之，电商行业的竞争非常激烈，尽管所有电商都希望客户去网站购买商品，然而客户浏览网站时不一定会产生购买行为，很多时候他们只是浏览商品，比较不同商店的产品价格或研究商品。因此，在这种消费需求个性化的时代背景下，为每一位客户量身打造个性化的服务和体验，是每个跨境电商企业都应该思考的问题。

 **案例解析**

### 一、案例背景

亚马逊最初的定位与 Wish 不同。大多数卖家都把 PC 端的引流和优化作为重点，然而亚马逊全美移动端流量占比已悄然上升至 75%。2017 年，亚马逊"黑五""网一"大促再创高峰。数据统计，手机端流量占据 46%，将近一半。

显然，海外买家手机端购物俨然已经成为趋势，这与国内淘宝衍生到目前的移动端下单大于 PC 端的现象如出一辙。

就目前 PC 端与移动端流量几乎各占一半的情况下，亚马逊卖家在注重 PC 端页面优化的同时，应如何优化移动端的展示效果，使双方平衡做到最好，从而赢取更大流量呢？

### 二、操作步骤

卖家可以从以下五个方面优化亚马逊移动端（主要是手机端）页面，给客户带去良好的购物体验，从而促进流量的转化。

#### 1．标题方面

鉴于手机端客户体验问题，建议标题优化 50 个字符以内。如果你的品牌毫无名气，Title 开头可以选择不放产品标题。

卖家在上架产品的时候可以通过手机端去搜索自己的产品进行查看。目前有软件、插件在电脑端模拟手机端效果。

#### 2．图片方面

图片主题要清晰，附加适当的文字进行说明，一般副图都是"10~20 个单词+图片"进行描述，也可以采用 PS 技术对产品进行渲染，这样更加有吸引力。图片的动图功能对于手机端转化更具有优势。

#### 3．五点（产品的五点描述）方面

Bullet Point（产品要点）排序要好好斟酌一番，争取前三条可以把产品亮点都展示出来。

### 4．listing（展示）页面

手机端先展示描述，后展示五点，所以产品描述第一、第二句话很重要，同样 A+页面对于手机端而言，更能提高产品转化率。

### 5．广告优化

购物车下方的广告是转化率最高的，在手机端广告优化方面，要想方设法让广告投放在购物车下方。

## 三、案例总结

目前，移动购物在国内不仅越来越多，国外同样如此。Wish 曾经抢过移动交易之王，但目前最大的移动交易之王仍然是亚马逊。跨境电商们想要牢牢地抓住跨境客户，就必须采取顺应移动购物发展的策略，以满足客户快捷、便利的需求。所以卖家在以后的运营计划中必须重视这一点。

## 子情景二　主要国家跨境客户特点分析

 **学习目标**

**知识目标**

- 了解俄罗斯、巴西、西班牙、英国和美国客户的跨境网购情况、生活习惯和购买行为。

**能力目标**

- 能根据不同国家的生活习惯分析该国的网购情况和购买行为并处理好该国的客户关系。

**素质目标**

- 尊重每个国家的生活习惯，养成良好的跨文化交际沟通技能。

**项目背景**

跨境客户来自全球不同的国家和地区，而不同国家、民族和地区有其传统的风俗和习惯，因而产生的购买需求和心理、购买行为偏好各异。只有了解跨境客户所在国家的风土人情，才能了解不同国家人们的喜好和需求，从而更好地进行客户关系管理，最终促进销售业绩的增长。Allen 开始对俄罗斯、巴西、西班牙、英国和美国五个国家跨境客户的网购情况、生活习惯及购买行为进行分析。

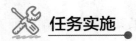

## 任务实施

步骤 1：了解俄罗斯客户的网购情况、生活习惯和购买行为。
步骤 2：了解巴西客户的网购情况、生活习惯和购买行为。
步骤 3：了解西班牙客户的网购情况、生活习惯和购买行为。
步骤 4：了解英国客户的网购情况、生活习惯和购买行为。
步骤 5：了解美国客户的网购情况、生活习惯和购买行为。

## 知识铺垫

### 一、俄罗斯客户的特点

#### （一）俄罗斯客户的网购情况

俄罗斯的互联网经济起步晚，但发展速度非常快。2015 年，俄罗斯 B2C 电商从市场疲软中恢复过来，并在 2016 年销售额有了较大增长。据 2017 年俄罗斯 B2C 电商报告显示，俄罗斯保持了欧洲第四大电商市场的地位，成为欧洲发展最快的电商市场之一。

俄罗斯有 1.46 亿人口，到 2017 年，俄罗斯网民约为 8 400 万人，并且有越来越多的俄罗斯人正在加入网购大军。俄罗斯网购人群中，60.8% 是青年人，且女性多于男性。俄罗斯人基本上没有买房和供养孩子等后顾之忧，他们有相当富余的资金用于购物消费。并且俄罗斯的线上购物习惯已经养成，各联邦区的线上消费人群占人口的比重都在 64% 以上。另外，俄罗斯的人口增长趋势明显。庞大的年轻消费群体必然带来巨大的购买力。

2010 年前，35% 的俄罗斯消费者喜欢把钱花在欧洲的网店。而到 2016 年，51% 的俄罗斯消费者喜欢在中国网店购物。其中，速卖通已经成为俄罗斯客户最喜欢的国外购物网站之一。在 2017 年的"双十一"大促中，俄罗斯市场的中国网购零售商销售总量增长了 25 倍。与 2016 年的销量相比，2017 年中国网上商店"双十一"的营收翻了 5 倍，采购总数增长了 4 倍，花钱的客户增长了 4.5 倍。与平日相比，本购物节的客户数量要多出 20 倍，采购中国零售商商品的总额增至 39 倍。购物狂欢节期间，俄罗斯客户中国网上商店购物件数少了，但金额却多了。比起 2016 年"双十一"，2017 年的"双十一"平均发票额增长了 23%，达到 953 卢布（16 美元），这个数字要比平日高 1.5 倍，而且本次的人均付款次数较去年同期下降了 9%。因此，了解俄罗斯客户的网购情况及其电商发展概况将有利于中国的跨境电商们对症下药。

#### （二）俄罗斯客户的生活习惯

速卖通俄罗斯分站的火爆，让越来越多的卖家看到了俄罗斯市场的潜力。对于俄罗斯市场的具体情况，是每个俄罗斯分站的卖家都想要了解的内容。本节将从穿衣风格、饮食习惯、礼节和文化习俗等方面帮助大家更进一步了解俄罗斯当地人们的生活习惯。

### 1. 穿衣风格

首先，向大家介绍的是俄罗斯人的穿衣风格。在俄罗斯，女士们对裙子情有独钟。俄罗斯女性有一年四季穿裙子的传统，夏天通常是一身"布拉基"（俄语），冬天则无论多冷，也会穿裙子。俄罗斯女性对着裙装有自己的一套认识，她们认为冬季穿裙子不仅不冷，反而暖和。因为裙子里面能套护膝、护腿、厚袜、厚毛裤，而裙子恰好又遮一层寒，所以比穿裤子更暖和。年龄大一些的女性一般会选择长裙，而年轻的姑娘除了长裙以外，还会选择超短裙。甚至在气温达到-20℃时，她们依然会将大腿几乎全部裸露，皮肤与空气间只隔着一层薄薄的长筒丝袜。尽管如此，俄罗斯姑娘仍然不会改变这样的穿衣习惯，因为美在俄罗斯女性心中是无比重要的。除此之外，在交际、应酬场合，女性都要穿裙子，因为穿长裤会被认为是对客人的不尊重。也正是因为这一穿衣习惯，俄罗斯女性在中老年时期患关节病者较多。由于俄罗斯女性偏爱裙装，所以平日的服装市场以裙装居多，长裙、短裙、连衣裙、西服裙应有尽有。女装中西服套裙较多，而西服加裤则明显供应不足。这种现象，也无不与俄罗斯女性喜欢穿裙装的传统有关。

除了裙装外，俄罗斯人还崇尚皮装。皮装也是俄罗斯人在冬季御寒的主要服饰。那么，在冬装种类繁多的今天，俄罗斯人为什么还是对皮装情有独钟呢？俄罗斯人对皮装的喜爱和追求实际上也反映出了他们对美的理解。皮衣具有高贵、华丽、时髦之美，这正是俄罗斯人所看重的特点。皮装既能满足御寒的需要，又体现了华贵，所以一直深受俄罗斯人的钟爱。在市场经济蓬勃发展的今天，皮衣市场也发生了巨大的变化。国外优秀品牌源源不断地打入俄罗斯市场，其新潮的设计、入时的款式，让俄罗斯人更加坚定了对皮装的钟爱，他们也穿上了来自法国、意大利、土耳其的时装化皮衣。不少俄罗斯人甚至不远万里，风尘仆仆地跑到土耳其，亲自选购皮货。甚至由此还曾经引发了俄罗斯人去土耳其的旅游热。经过不断地引进、挑选，俄罗斯人将最喜欢的皮衣款式穿在了自己身上。现在，五颜六色的皮衣，款式新颖特别，彼此争奇斗艳，在冬日里装扮着都市的风光，成为俄罗斯特有的景致。在穿皮衣的同时还须配相应的皮帽、皮围巾、皮手套，这样才算置齐了"行头"。俄罗斯人认为，如果没有这样的"伴侣"匹配，再好的皮衣也会黯然失色。

同时，随着俄罗斯与各国贸易的增多，俄罗斯人的穿着也开始与世界时装潮流接轨，他们对高级消费品的需求也与日俱增，Dolce&Gabbana、Giorgio Armani、CoCo Chanel、Versace、John Galliano 等都是俄罗斯人钟爱的品牌。据统计，近几年来，莫斯科奢侈品和服务的市场空间增大了两倍，莫斯科人花在高档消费品上的费用每年增加 40 亿美元，甚至超过了美国。这也体现了俄罗斯人在服装上对品牌的认可和追求。也正因如此，越来越多的欧洲知名品牌看准了俄罗斯这个极具发展潜力的市场，纷纷到此开设分店。未来，俄罗斯将成为世界名牌的集中地。

### 2. 饮食习惯

俗话说"民以食为天"。不同的国家有不一样的饮食习惯，而往往饮食习惯可以反映出一个民族人民的性格特点，俄罗斯也不例外。夏短冬长的气候特点使俄罗斯人形成了自己独特的饮食喜好和习惯，同时，这些饮食习惯也总能让我们联想到他们豪放、热情的性格特点。

（1）在饮食方面，俄罗斯人以面食为主，他们很爱吃用黑麦烤制的黑面包。肉类以牛肉为主。除此之外，还有羊肉、猪肉、牛奶、蔬菜、黄油、奶酪等。俄罗斯人用餐的特点是肉、奶量多，蔬菜量少。这是因为俄罗斯夏短冬长，日照不足，所以新鲜的时令蔬菜和水果较少，并且很难储存。

（2）在正式的宴席上，除了上述食材，还会有鱼子酱，它是菜肴中的上等品。一般分为黑鱼子酱和红鱼子酱两种。吃法是：先在白面包上抹一层黄油，然后把鱼子酱蘸在黄油上。

（3）俄罗斯人的进餐方式一般是一道一道地吃。进餐的顺序一般为：凉菜、汤、肉、菜和甜食。

（4）在饮料方面，俄罗斯人喜欢具有俄罗斯特色的烈酒伏特加。除此之外，还有啤酒、葡萄酒、香槟酒。不含酒精的饮料当属"格瓦斯"，这是一种由薄荷、面粉或黑面包干、葡萄干、浆果和其他水果加上白糖发酵制成的清凉饮料。

（5）除了酒和格瓦斯，俄罗斯人还有饮茶的嗜好。俄罗斯人偏爱红茶，由于俄罗斯能够出产茶叶的地方较少，因此主要依靠进口。中国的茉莉花茶、印度的红茶深受俄罗斯人喜爱。每天下午 5:00—6:00 便是俄罗斯人的饮茶时间。俄罗斯人喜欢用茶饮煮茶，茶饮是俄罗斯特有的烧开水用的水壶。传统的由铜制成，现在常见的则是不锈钢的。壶的下部配有一个空心圆筒，用来烧木炭，也可烧松果。在俄罗斯，几乎每个家庭都会有一个茶饮，这也正体现了俄罗斯人对茶的喜爱。

### 3．礼节

俄罗斯是一个注重礼节的民族，在日常生活和待人接物上都保持着该民族特有的传统礼节。接下来，我们会通过了解俄罗斯人不同的礼节对他们的生活习惯做进一步了解。

（1）亲吻是俄罗斯的一种传统礼节。在隆重的场合，为表示尊重和友好，俄罗斯人一般会拥抱和亲吻。吻对方的脸颊 3 次，顺序是先左、后右、再左。有时男士弯腰亲吻女士的右手背，表示尊重。

（2）在迎接贵宾之时，俄罗斯人通常会向对方献上"面包和盐"。这是给予对方的一种极高的礼遇，来宾必须对其欣然笑纳。

（3）在称呼方面，在正式场合，他们也采用"先生""小姐""夫人"之类的称呼。在俄罗斯，人们非常看重人的社会地位。因此对有职务、学衔、军衔的人，最好以其职务、学衔、军衔相称。

（4）在公众场合，俄罗斯人通常会保持安静，或者低声交谈，对于那些在公众场合大声喧哗或大笑的人，他们也会投来提醒的目光。

（5）在俄罗斯民间，已婚妇女必须戴头巾，并以白色为主；未婚姑娘则不戴头巾但常戴帽子。

（6）逢年过节或喜庆日时，俄罗斯人讲究向亲朋好友赠送礼物。礼物可因人而异，他们认为最好的礼物是鲜花，常送的花有康乃馨和郁金香。

（7）俄罗斯人善讲祝酒词，祝愿相会、祝愿健康、祝福孩子、祝福幸福、祝福友谊等。喝酒的时候，通常第一杯要喝完，然后各人随意，不会有人劝酒。第三杯酒通常要为在座的女士而干，通常男士要起身喝酒，女士则不用。如果在别人家做客，最后一杯要敬主人，感谢他的辛苦。

（8）在俄罗斯，尊重女士是一种很重要的美德。上下公共汽车、上下楼梯、出入房间时，男士要让女士先行，并为其开门，即使对不认识的女士也要如此。在剧院的衣帽间，男士要为女士脱穿大衣；入场时为女士开路并找座位；女士不落座，男士也不能落座。

（9）俄罗斯男人在吸烟前，都会询问身边的女士会不会介意，以表示尊重。

（10）在俄罗斯上厕所的代语是"对不起，请等一下"，或者"对不起，我去打个电话，请稍等"。如果在洗手间遇到认识的人，一般会点头示意。俄罗斯人不会在洗手间进行交谈，他们认为这种行为很不好。

（11）被别人邀请到家里吃饭，可以迟到几分钟，但是提前超过十分钟到达是不礼貌的，这可能会给正在准备迎客的主人带来不便。

### 4．文化习俗

想要了解俄罗斯，就不能不知道当地的文化习俗。在俄罗斯有很多事物具有特殊的寓意，同时，俄罗斯人也有很多忌讳。让我们一起来了解俄罗斯独特的文化习俗。

（1）俄罗斯人认为不同的颜色都有其独特的寓意。在俄罗斯，红色象征美丽、吉祥和喜庆，因此常把红色和自己喜欢的人或事联系在一起；绿色象征和平和希望；蓝色象征忠诚和信任；紫色象征威严和高贵；黄色则象征忧伤、离别和背叛，所以年轻的情侣间忌讳送黄色的礼物；黑色象征肃穆和不祥，因此俄罗斯人讨厌黑猫，他们认为，如果有黑猫从你的眼前经过，你就会遇到不吉利的事情。

（2）俄罗斯人把马视为能驱除邪恶，给人带来好运气的动物。他们认为马掌有降妖的能力，要是在地上发现一块马掌，他们一定会把它拾起并带回家，钉在大门口或墙上。

（3）俄罗斯人把兔子看成胆小、无能的动物，如遇到兔子从面前跑过是不祥之兆。

（4）俄罗斯人认为公鸡有巨大的魔力，它的叫声能赶走凶神、夜鬼和幽灵。因此，在一些农村里，农民们会用木雕的公鸡装饰房梁，用以辟邪。俄罗斯人认为梦到公鸡是吉兆。

（5）熊在俄罗斯被认为是吉祥物，它被称为"森林之王"。

（6）俄罗斯人和其他西方人一样，忌讳"13"这个数字。因为在基督教的传说中背叛耶稣的犹大正好排在第 13 位。他们认为数字"7"象征着幸福和成功。有些新婚夫妇在婚礼后乘坐彩车要经过 7 座桥才心满意足，数字"7"也经常被用来形容好的事情。

（7）他们厌恶数字"666"，因为在圣经中这是魔鬼的代号。

（8）俄罗斯人忌讳打翻盐罐，把这看作家庭不和的预兆。如果有人打翻盐罐，就预示着会受到责骂，发生争吵，只有将打翻的盐撒在头上才能解除争吵和不幸。

（9）俄罗斯人奉镜子为神圣之物，把镜子中的映像看成自己灵魂的化身，如家中有人不幸去世，为了使死者的灵魂得到安息，要将所有的镜子都用黑布蒙上。

（10）俄罗斯人笃信这样一种迷信：每个人的身边都有两个神灵，左边的是魔鬼，右边的是善良的守护神，因此，他们认为左主凶，右主吉。所以俄罗斯人至今仍有这样的习惯：不能同别人用左手问好，学生在考场上不用左手抽签。

（11）在让烟的时候，要递上烟盒让对方自取，不能只给一支烟。特别注意，不能用一根火柴点三个人的烟。

（12）当俄罗斯人在寒暄、交谈的时候，对人的外表、装束、身段和风度都可以夸奖，但是不能对人的身体状况进行恭维，这一点正好与中国人不同。在俄罗斯，几乎听不到诸如"你身体真好""你真健康"这些恭维的话，因为在俄罗斯人的习惯中，这类话是不准说的，人们觉得说了就会产生相反的效果。

（13）俄罗斯人认为，如果你在路上看见有人手提空桶，或者挑着两只空桶，是不祥之兆。如果遇见桶里盛满了水，就是好兆头。

（14）在俄罗斯，刀和手绢不能当作礼物送给别人。因为俄罗斯人认为刀意味着交情断绝或彼此将会打架、产生争执；手绢则象征着离别。

（15）在俄罗斯，忌讳妇女不戴头巾进教堂。

本节我们从穿衣风格、饮食习惯、礼节和文化习俗四个方面对俄罗斯当地的生活习惯进行了了解。通过本节的学习，可以帮助大家更好地与俄罗斯客户进行沟通并且赢得他们的好感，让他们在对我们的产品表示肯定的同时，也为我们的服务加分。

**（三）俄罗斯客户的购买行为**

在速卖通成为俄罗斯人最喜欢的购物网站的同时，俄罗斯市场也成为速卖通卖家最看好的消费市场。在未来对俄罗斯跨境电商的发展中，对于速卖通的卖家来说，谁能把握俄罗斯客户的需求，谁就把握住了俄罗斯市场的脉搏。本小节我们将对俄罗斯客户网购的行为习惯进行了解，希望通过本小节的学习，速卖通的卖家们能够更好地"取悦"俄罗斯客户，也希望对大家的选品和关键词的设定有所帮助。

最近几年，俄罗斯消费者在跨境网店首先购买服装与鞋类产品、儿童用品、化妆品、家具与园艺产品。不过 2018 年俄罗斯网店中"手机与平板电脑"的产品种类订单量有所下降，而跨境网店同类产品的订单量并没有改变。

除了上述这些热销的产品外，俄罗斯买家还有哪些购物习惯呢？接下来的内容会告诉我们答案。

**1．俄罗斯人购物季节性强**

俄罗斯季节温差较大，冬天很冷，所以人在室外非常注重保暖。帽子、围巾、手套是必备品；女性还特别热衷于购买动物皮毛的外套。所以，在冬季热销的商品有帽子、手套（包括五指分开的手套）、围巾、皮草长大衣、皮草短大衣等。卖家在发布信息时可以在标题关键词中突出当季热卖。

**2．俄罗斯人比较注重室内和室外服饰的区分**

每一个消费阶层的俄罗斯人都会追求高品质的生活质量。他们在家的时候一定会换上家居服，洗澡后会披上浴袍，睡觉的时候又会穿上薄一点、舒服一点的睡衣。所以，在家居服类目中热销的有家居鞋、家居衣和睡衣等产品。

### 3．运动产品热销

俄罗斯人热爱运动，运动是他们生活中不可缺少的一部分。他们会经常购买专门的运动服、运动鞋及配件。因此，运动产品也是俄罗斯人热衷的类目。

### 4．俄罗斯人迷恋度假

俄罗斯人（特别是年轻人和孩子）有度假的习惯。一般情况下，海滩会是他们度假地点的首选，所以他们会购买很多在海滩上所需的用品，如泳装、在海滩上穿的衣服及沙滩鞋等产品。

### 5．俄罗斯女性注重仪表和妆容

俄罗斯女性，无论在哪一个年龄段，在任何时候都会注重自己的着装和妆容。她们认为，这是对别人的尊重，更是她们自信的表现。所以，饰品和美容类产品也是俄罗斯人乐于购买的产品类目。在选择产品的时候，品牌类产品会成为她们的首选。

### 6．正装热销

一般情况下，很多政府及公司的员工都会穿西装（正装）。很多节日和正式场合也要穿西装，同时，有些男装还会配上袖扣。因此，西服套装及其配饰（如袖扣）也是卖家们在选品时可以参考的类目之一。

### 7．节日送礼很频繁

每年新年、妇女节、男人节、情人节，俄罗斯人都要互送礼物，这时候如果能提供创意性较强的礼物，则会非常对他们的胃口。同时，俄罗斯人对初生的婴儿也十分重视，如果有新的生命降生，他们通常会在第一时间送去祝福。因此，他们常常会购买婴儿用品作为礼物送给别人。

### 8．热爱时尚，追赶潮流

俄罗斯女性时刻关注着新款的服装、鞋和包。一些当季热门的、热卖的、新奇的和创意性十足的商品比较受追捧。俄罗斯的成年女性不喜欢太过可爱的穿衣风格，她们更喜欢欧洲的性感风格。

### 9．大码服装更适合俄罗斯人

俄罗斯人的身材一般比较高大，而且也有较多肥胖的人，所以他们对大码的衣服有特殊的偏好。也可以说大码的衣服更适合他们。所以，在网购的时候，欧美模特展示的服装更能取得他们的好感和信任，他们认为这样的衣服会更合身。

### 10．价格因素很重要

价格在俄罗斯人的网购决策中占很大的比重，但并不是价格便宜的产品就能受到他们的青睐，产品的质量和品牌对于他们来说也同样重要。如果这些都能够得到他们的认可，他们也会愿意为此埋单。所以，一味的低价对于卖家来说并不是一个好的选择。价格合理、质量有保证、产品丰富才是正确的经营之道。

### 11. 看得懂俄式英语有助于交流

除了对产品的选择有所偏好外，俄罗斯人在沟通交流上也有自己的特点。俄罗斯客户的询盘最大的特色就是俄式英语。很多卖家第一次看到这种"俄式英语"会很吃力，因此建议卖家们使用靠谱的语言处理软件来解决这一问题。如果能够直接使用俄语与对方交流则更好，这样会提升客户的兴趣度，也会为客户带来更好的购物体验。在交流工具的选择上，俄罗斯人更习惯于 Skype 和 SMS（相当于中国的短信）。

最后，值得注意的是，俄罗斯网购用户中60%为女性，而且这些女性的年龄一般在25~38岁，她们通常都受过高等教育。在网购时间上，消费的高峰期一般出现在周五，特别是中午。在支付方式上，俄罗斯买家习惯货到付款。不过，随着俄罗斯电商的发展及网络的普及，人们的消费习惯也一定会发生改变。

## 二、巴西客户的特点

### （一）巴西客户的网购情况

2012 年，在跨境电商刚开始崛起的时候，巴西就像市场上的黑马，令人惊讶。它有 2.1 亿人口，是拉丁美洲最大的电子商务市场，全球第 10 大电商市场，同时也是巴西国内增长最为活跃的领域之一。38%的巴西客户从国外网购商品。

2017 年，巴西的线上购物只占到零售额的 4%，电子商务市场潜力巨大。根据市场研究公司 Ebit 的数据，巴西电商零售额 2017 年达到约 500 亿雷亚尔（153.6 亿美元），比 2016 年高出 12%。报道中了解到，巴西电商零售额到 2019 年预计将达296.5 亿美元。

Mercado Libre 平台作为拉丁美洲最大的电商平台，在巴西占有 50%以上的市场。其他跨境购物平台如速卖通、eBay、Wish 均在巴西占有一席之地，亚马逊巴西站也已经开放电子产品的市场。

近 5 年来，巴西跨境客户对中国商品的态度有了显著的改善，觉得在跨境平台上购买的商品的质量超乎想象。普遍认为价格上更有优势，设计等也更现代化。而且巴西客户对中国品牌更为熟悉，并将中国视为国际级的强国。

但是，各大跨境平台的市场也在悄然变化。例如，速卖通在 2016 年之前，巴西市场排在前三位，然而在 2016 年之后，巴西市场已退出前五位，很多跨境卖家也关闭了巴西市场。

巴西跨境电商在风口急速成长有其有利的因素，但是巴西国内也有很多制约因素阻滞了巴西跨境电商的发展。了解影响巴西跨境电商发展的有利和不利因素，可以使中国的跨境电商卖家针对巴西跨境客户采取有效的客户关系管理策略。

### 1. 促进巴西跨境电商发展的有利因素

巴西之所以成为跨境电商竞争的新兴市场，除了巴西国内电子商务基础设施良好及物流和支付平台得以快速发展之外，最基础的应该得益于巴西辽阔的领土。巴西国土面积居世界第 5 位，人口总数超过 2 亿，同国土面积一样居世界第 5 位、拉丁美洲第 1 位。同时，巴西为世界第七大经济体，是"金砖国家"之一，也是世界上发展最快的发展中国家之一。

巴西的电子商务基础历来良好，加上这几年政府大力建设电子商务基础设施，使得电商的快速发展有了可能。巴西人口超过 2 亿，而互联网用户已经达到 1.02 亿，超过了人口总数的一半。而有网购习惯的人口达到 5 100 万，移动用户比例更是高达 34%。现在移动客户端购物已逐渐流行，Wish 平台神话般崛起就证明了电商的未来在移动购物上。与此同时，巴西在线购物客户数量一直在增长。巴西的电子商务的整体业务规模一直在膨胀。

**2. 制约巴西跨境电商发展的不利因素**

（1）巴西清关非常难，查验率高。发往巴西的大包、快递，有 30% 卡在清关上，连客户的面都没见到，就被退回中国。原因可能多种多样：资料不全，证书缺少，没有税号，或者超过了个人的购买数量等。此外，巴西有很多的反倾销产品被限制入境。

巴西海关规定：

① 所有通过快递方式寄到巴西的包裹，收件人在巴西当地的 VAT 号码（纳税人登记号）必须填写在运单（第九栏 Special Delivery Instructions 处）和商业发票上。

当地的 VAT 号码分为 CNPJ（公司：××.×××.×××/××××-××）和 CPF（个人：×××.×××.×××/××）两种类型。

如果快件发出时没有按上述要求在发票和运单上注明 VAT 号码，所有寄给当地的私人物品，同样的货物数量不能超过 3 件，否则海关将拒绝清关而直接安排货件退回发货地（退件前不会有任何通知），所产生的一切运费均由发货人承担。

② 巴西海关对进口包裹进行 100% 的查验。

（2）巴西的关税极高。寄往巴西的包裹不论价值和重量多少，当地海关都要征收关税。

巴西为保护本国的工业生产，对国外进口的货物采取了征税的贸易保护政策。凡是在巴西有生产企业的产品，都会被征很高的税。

每个巴西人每年的境外购物免税额只有 50 美元，因此几乎所有巴西消费者购买跨境产品都需要缴关税。有客户表示，他们通过 UPS 物流快递产品，关税额基本在"货值+快递费"的 100%~200%。有的客户表示，买了价值 60 美元的产品，却支付了 120 美元的关税。

有些卖家认为，只要调低申报价值就能平安无事。但巴西海关除了查看卖家的申报价值外，还会依照该产品在本国的平均售价来判断卖家是否存在低报的嫌疑。如果他们觉得货值不符，则需要购买方提供境外消费的证据，并且提供网址。他们核对无误，并按照网址上的价格缴税后，才可以带走购买的商品。

（3）巴西的物流较慢。最大的问题就是从国内发货的物流时间太长，通常需要 30~60 天，有些地方甚至需要 90 天。客户夏天买的衣服，到那边已经冬天了，都过季了。物流时间长给购物带来了非常不好的体验。

（4）退货率高。综合以上各种原因，如海关被卡，直接退回；关税太高，客户弃货；时间太久，客户不想要了，从而导致了极高的退货率。巴西市场的订单多，但有超过 20% 的退货率，甚至更高，这无疑也给跨境电商的卖家增加了额外的成本，使得商家们对巴西市场又爱又恨。

### （二）巴西客户的生活习惯

（1）民俗、礼仪、社交：直来直去，活泼好动，幽默风趣，爱开玩笑；以拥抱或亲吻作为见面礼，特别正式的活动才会互相握手为礼；还有握拳礼、贴面礼和沐浴礼等独特见面礼。

（2）服饰：主张不同场合着装应当有所区别，对正式场合的穿着十分考究。

（3）餐饮：主要吃欧式西餐，因为畜牧业发达，所以食物中肉类所占比重较大。巴西特产黑豆是巴西人的主食之一。

（4）风俗习惯：巴西的风俗习惯与欧洲差不多。巴西人有时较拘礼，有时又十分随和。初次见面时，人们以握手为礼，然而亲戚朋友彼此问候，也习惯拥抱、亲颊。不仅如此，就是对完全不认识的陌生人也可以拥抱、亲颊。"社交"礼仪的亲颊，是在两颊各亲一下。男女彼此亲颊问候，女人与女人也习惯如此。然而在大多数社交圈中，男人彼此不亲颊，而习惯握手，同时用左手在对方肩上拍一拍。比较亲近的男士彼此习惯拥抱，在对方背上重重拍打。不过，由于社会地位有高低，究竟谁该亲谁，其中有微妙的区别。

（5）巴西人毫不在乎在大众面前表露情感，他们慷慨好客。到巴西人家里做客，酒杯里永远有酒，盘子与咖啡杯永远不空。巴西人勤劳、严肃、认真、自信。他们自知生活不容易，但对前途充满自信和乐观。

### （三）巴西客户的购买行为

巴西的跨境客户群基本属于白领阶层，年龄在 25~36 岁，大学学历以上，英语中等水平，月收入在 5 000~10 000 元，有 3~4 年跨境网购经历。对买家来说，价格便宜是最重要的，但如果款式不流行他们也是不会买的，所以巴西买家都很有个性。他们的品类偏好有服饰、配饰、运动类、鞋包、美容美发、玩具、3C 配件等。风格偏向美国乡村风，简约大方，喜欢比较紧身且秀身材的服装。配饰上喜欢夸张、颜色丰富的。款式一定要跟上潮流，如大牌元素、电视主角同款等。他们追求产品质感，因此需要卖家重视图片效果。需要特别注意的几点有：①巴西人，特别是女士，下身比较宽大；②买家很喜欢包邮；③买家喜欢跟卖家聊，不喜欢卖家不在线，哪怕卖家英语不好；④在购物过程中会看其他买家的评论；⑤会上 Facebook 推荐给身边的朋友；⑥喜欢参与促销活动。

巴西当地人的支付方式还是以信用卡为主，不过需要缴一部分的换汇税费。巴西人最主要的在线支付方式为 EBANX 的 Boleto，这也是当地人缴水电费等生活费用的主要方式。巴西因为信用卡盛行，所以储蓄率相对较低。因此，巴西人手上可以自由支配的现金不多。在需要网购的时候，他们大多选择分期付款。据统计，巴西大约有 75% 的本地在线交易是通过分期付款完成的。另外，有数据表明，如果网站能提供分期付款功能，用户转化率会提高 50% 以上。

巴西人首选的支付方式是 Boleto。Boleto 是巴西本土使用 Bar Code 识别码的一种支付方式，目前在巴西依然占据主导地位，客户可以到任何一家银行或使用网上银行授权银行转账。巴西其他的支付方式有信用卡、网银转账，其中信用卡与众不同地分为国内信用卡

（包括 Visa、Master Card 和 Amex 等）和国际信用卡。

## 三、西班牙客户的特点

### （一）西班牙客户的网购情况

西班牙是欧洲第 5 大电子商务市场。

#### 1．2017 年西班牙客户网购的总体情况

（1）西班牙全国分 17 个自治区，下设 50 个省。每个自治区都有它的地理特点和文化传承。

（2）尽管西班牙的官方语言是西班牙语，但有许多其他官方少数民族语言。西班牙有 9% 的人口说加泰罗尼亚语（又名巴伦西亚语），5% 的人口说加里西亚语，1% 的人口说巴斯克语。另外，71% 的西班牙人拥有智能手机；互联网使用非常普及，有 82% 的西班牙人使用互联网。

（3）西班牙电商普及率达到了 55%，且电商销售额增长平稳。2016 年，西班牙电商销售额为 260 亿美元，2019 年有望增长到 290 亿美元。西班牙网络购物者人均每年网上购物消费为 655 美元。

（4）2017 年，有一半的西班牙网络消费者通过移动设备进行网上购物，比 2016 年增长了 15%。

（5）3 天内收到货物是西班牙消费者的普遍诉求，包邮并不常有，但如果卖家为其支付邮费，买家会非常感激。

西班牙消费者更喜欢在 Privalia 和 Rakuten 上购物，当然亚马逊、101Gigas 和 eBay 也是他们的常用平台。

#### 2．西班牙电商的网购支付情况

跨境电商的快速发展，使移动支付成为最重要的环节之一，不过，西班牙客户貌似相当善于解决这方面的问题。卡支付是西班牙跨境客户的首选支付方式，在西班牙地区，Visa 卡、万事达卡、美国运通卡占据着 97% 的市场份额。并且，西班牙支持信用卡与借记卡之间的转换。同时，西班牙工业部、旅游业贸易部为了进一步推动电子商务的发展和普及，对信用卡和借记卡的最大限度转换费用进行了降低调整，促进了跨境电商的进一步发展。便捷的支付方式为跨境电商市场的发展铺平了道路，而畅通的支付渠道也解决了卖家拓展西班牙语市场的后顾之忧。在国际物流方面，各种小包和快递均可顺利寄往西班牙，清关顺畅，时效稳定，欧洲专线 RPX 的高性价比也可助卖家一臂之力。

目前，西班牙主要的支付方式有信用卡、各种在线支付方式及货到付款三种方式。虽然货到付款是一种较为传统的支付方式，但一直还存在，客户会在交货的日期支付货款。信用卡是首选的网络支付方式。

西班牙主要的信用卡有 Visa 卡和万事达卡，分别占 57.1% 和 39.9% 的市场份额。除此之外，西班牙还有多样化的在线支付渠道，如 Allpass、Domiciliacion Banca、Hipay Wallet、

PayPal、SafetyPay、Teleingreso、Trustly 等。其中，SafetyPay 提供全球网上银行业务解决方案，客户可选用当地银行账户使用当地货币进行支付；Teleingreso 主要提供银行转账服务，在西班牙境内，有 300 个 ATM 机、2 000 家邮局、300 个零售网点可提供此类银行转账服务。此外，国际知名支付平台 PayPal 也已入驻西班牙市场，为在线零售商和企业用户跨境支付提供便利。

### （二）西班牙客户的生活习惯

西班牙是个充满风情的国家，被人们誉为世界上最令人神往的国度。96% 的居民信奉天主教。西班牙人热情、浪漫、奔放、好客，富有幽默感。西班牙人的爱好十分广泛，他们喜欢旅游，酷爱户外活动，对足球、登山及自行车等运动情有独钟。西班牙的斗牛、弗拉门戈舞闻名世界。

由于气候温和，日照时间长，西班牙人的生活习惯比较特殊，喜欢晚睡晚起。一般是早上 8:00—9:00 进早餐，下午 14:00 进午餐，晚上 22:00—23:00 进晚餐。西班牙菜肴融合了地中海和东方烹饪的精华，独具特色，最具代表性的是海鲜饭（Paella）、卡斯提亚汤（Sopa Castellana）、中部烤乳猪（Cochinillo）、烤乳羊（Cordero）、西北部海鲜汤（Sopa de Marisco）、血红鸡尾酒（Sangria）、生火腿（Jamon）等。

绝大多数机关、企业、商店每天分两段办公或营业：上午 9:00 或 9:30 至 12:00 或下午 13:30；下午 14:00 到 16:00 是午休时间；下午 16:30 或 17:00 至晚上 19:30 或 20:30。银行对外营业时间多为 8:00—14:00，下午不对外营业。实行每周 5 天工作制。节假日及周末喜欢家人团聚，不愿接待客人。商店一般周一至周六营业，周日和节假日不营业。

西班牙人十分注重生活质量，喜爱聚会、聊天，对夜生活尤为着迷。晚上 19:00 左右下班后，西班牙人通常都不会赶着回家，而是三三两两钻进小餐吧，边聊天边慢悠悠地咀嚼美食，一直到午夜时分。夜生活则一般在晚上 21:00 之后才开始，即使在深夜，西班牙的街道也通常是拥挤的。商店和酒吧的营业时间跨度也远远大于其他国家。西班牙的夜生活很丰富，酒吧间及迪斯科舞厅后半夜都不关门，夏天经常是凌晨 3:00 或 4:00 后才关门，大城市如马德里或巴塞罗那连冬天都有很多娱乐场所天亮才关门。

西班牙人在圣诞节前有相互送礼的习惯，且赠送的礼品很注重包装，并有当面拆包赞赏的习惯。西班牙人赴约一般喜欢迟到一会儿，尤其是应邀赴宴。餐桌上一般不劝酒，也无相互敬烟的习惯。

给小费是西班牙一个流行的习惯。尽管大部分饭店、酒吧间已收服务费，但是一般客户还是会留一点儿小费。这个习惯也扩展到了旅馆外勤侍者、剧院引座员及出租车司机。付小费不是强制性的，如果不想给小费，对方也不会有意见。

西班牙人在正式社交场合通常穿保守式样的西装，内穿白衬衫，打领带。他们喜欢黑色，因此一般穿黑色的皮鞋。西班牙女性外出有戴耳环的习俗，否则会被视为没有穿衣服一般被人嘲笑。

西班牙人很重视信誉，总是尽可能地履行签订的合同，即便后来发现合同中有对他们不利的地方，也不愿公开承认自己的过失。在这种情况下，如果对方能够善意地帮助他们，则会赢得西班牙人的尊重与友谊。西班牙人只有在参加斗牛比赛活动时才严守时间，但客人应当守时，即便对方晚到，也不要加以责怪。

在西班牙，不要对斗牛活动有非议。如果你对情况不了解，最好不要对斗牛活动发表任何意见。到西班牙人家中做客，可送上鲜花，他们最喜爱石榴花。

### （三）西班牙客户的购买行为

西班牙买家男女比例大约对半分，而买家的年龄集中在 16~34 岁，以学生和上班族为主。他们没有较多的资金供支配，所以对商品价格会有一定要求。

多数西班牙买家习惯使用计算机浏览网页来购物，手机和平板设备也有一定的比例。值得一提的是，有 26.2%的买家不止使用一种设备进行购物。值得关注的是，西班牙人购买商品多通过关键词搜索，在购买之前会进行全站比价并参考好评（西班牙人的评论为主），而朋友和 Facebook 推荐的卖家是他们有限选择的对象。西班牙人的购物风格多以智能、新奇、时尚、运动、年轻、造型为主，除了单价比较高的产品外，能接受两周内到货。卖家要特别注意的是，在西班牙销售产品除了要做到尺码齐全外，服装等产品一定要附公分尺码表。他们的需求类目也因节假日不同而不同。

有些买家比较清楚自己准备购买的产品品类，只需要挑选款式、风格等。而对于对购买的产品品类并不明确或持开放性态度的买家，则需要根据使用场景或产品风格进行挑选。有调查显示，西班牙客户偏好有场景、风格、元素的产品。

## 四、英国客户的特点

### （一）英国客户的网购情况

英国大约有 6 490 万人口，其中 93%是互联网用户，81%的用户能熟练进行网购。另外，英国的电商市场规模排世界第 3 位，仅次于中国和美国；跨境电商市场规模则是世界第 5 位。这样的一个市场是值得关注的，因此为大家介绍英国电商市场的一些情况。

英国的电商非常发达，已经渗透到了各行各业中。2016 年，英国的 B2C 电商市场规模为 1 740 亿欧元（约 1.35 万亿元人民币），同比增长 17.8%，仅次于中国和美国。另外，电商在英国贸易中的占比也在持续增加，电商零售额占英国社会零售总额的 13%，是日本的 3 倍。

根据 2015 年的数据显示，英国人均网购消费额为 1 532 美元，超过了美国的 1 068 美元。而且近年来，以亚马逊为代表的电商企业在英国的销售额迅速增长，百货商店、家电零售店等也在积极参与线上销售，英国电商正在激烈的竞争中快速成长。

同时，英国的移动电商也迎来了重大的机遇。随着智能手机和平板电脑的用户增加，2014 年英国约有 680 亿元人民币的电商销售额是由手机用户贡献的，到 2015 年则变成了 1 210 亿元人民币，几乎翻了一倍。

2016 年英国的跨境电商市场规模仅排在中国、美国、印度、法国之后，约 67 亿英镑

（约586亿元人民币），有38%的英国客户会海淘各国商品，他们最喜欢从美国、中国、德国买东西。

在英国最受欢迎的支付方式有信用卡、PayPal等。使用占比如图2-5所示。

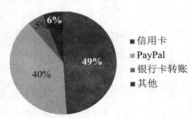

图2-5　英国各支付方式占比

49%的英国用户选择信用卡支付，40%选择Paypal，仅有5%选择银行卡转账支付。

英国在物流方面有很大问题，这导致英国客户对配送服务的满意程度并不高。英国快递配送主要是由英国皇家邮政集团负责的，但因为皇家邮政对快递员的管理松懈，快递配送时间往往不能得到保证。为此，亚马逊和其他运营商都在整备物流系统，通过自己的努力来解决物流问题。

英国电商网站中除了亚马逊、eBay最有名外，Tesco、Argos、John Lewis等也是具有代表性的网站。

### 1．亚马逊英国站

网址：https://www.amazon.co.uk/。

亚马逊最初是通过建立英国站来逐步攻占整个欧洲的，因此亚马逊英国站进驻了许多重量级卖家。

### 2．Tesco

网址：http://www.tesco.com/。

Tesco是英国最大的零售公司，在各个领域都有展开业务，在电商领域也是一大巨头。

### 3．Argos

网址：http://www.argos.co.uk/。

Argos已经在英国经营了40多年，主营玩具、家具、日用品、电子设备、数码产品等，在英国有超过750家商店。

### 4．John Lewis

网址：https://www.johnlewis.com/。

John Lewis是英国有名的百货公司，大部分英国客户都对John Lewis的服务感到满意。该公司的网上下单线下取货服务获得了巨大成功。

总之，英国的电商市场规模较大，影响着整个欧洲的电商市场。英国于2016年退出欧盟。虽然不清楚在2018年后英国经济会出现什么变化，但至少现在，英国作为欧洲年收入水平高、电商发达的国家，仍是一个巨大的市场。

### （二）英国客户的生活习惯

英国是个商业和工业都发达的资本主义国家，商品经济也非常活跃，流通渠道十分畅通。购物环境对商品流通有直接的影响。英国的购物环境有明显的层次结构，因此不同层次的消费者都能各得其所。当前，英国的购物场所主要有 8 种形式：购物中心（Shopping Centre）、拱形商场（Arcade）、步行街商业区（Pedestrian Street）、超级市场（Supermarket）、室内市场（Market）、露天市场（Open Market）、二手货商店（Secondhand Shop）、廉价品市场（Car Boot Sale 和 Jumble Sale）。

据调查发现，目前的英国人已经没有以往的排队习惯，他们排队购物的时间忍耐据调查在两分钟左右，如果需要更长的时间，他们则选择不进去与不购买。尤其是出现网购的时候更是如此，因此网购目前还是他们较为认可的一种购物方式。

Affinova 公司的研究也表明，英国现代男性越来越注重个人形象，男性化妆品市场节节攀升，2017 年市场总额已经突破 39 亿美元。据调查显示，英国男性在购买化妆品时，喜欢选择那些说明文字和标识简洁明了的产品。此外，基于男人们贪图方便的天性，英国男性特别喜欢购买化妆品套装，因为套装里含有各种用途的产品，可以一步到位地完成采购，省时省力。

### （三）英国客户的购买行为

#### 1．网购比价

网站"Give as you Live"的消费者洞察负责人史蒂夫·刘易斯表示："不管是外出度假还是购买新一代视频游戏，人们都会花费大量时间对比价格以达成最令他们满意的交易。"在多数情况下，商品价格是影响消费者行为的决定性因素，89%的网购行为受此影响。目前，90%的英国网购者在下单前会货比三家，只有 7%的人群不屑于对比各商家的售价。价格对比网站"Give as you Live"进行的消费者对比价格所需时间的调研结果如图 2-6 所示。

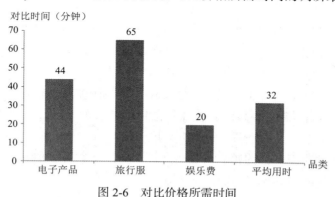

图 2-6　对比价格所需时间

消费者的这些习惯不太可能发生改变，卖家只能设法去迎合这些愿意花时间寻求理想交易的消费者。卖家同时仍需谨记，提供优质服务和打造可信赖的品牌形象仍是赢得客户的关键。因此，卖家在优先考虑提供有竞争力的价格时，还要确保其他方面的工作不掉队。

### 2．网购设备的使用

Conlumn 零售分析师尼尔·桑德斯说："互联网让人们可以随时随地购买东西。网上商店不再像实体店一样有固定的开放时间，因此人们现在越来越喜欢在夜晚购物了。此外，平板电脑越来越短小、便携，人们可以拿着它躺在被窝里使用，这跟笔记本电脑有很大的不同。"

调研机构 Ofcon 的数据表明，2017 年 44% 的英国家庭拥有一台平板电脑，而在一年前，这一比例仅为 24%。英国 70% 的消费者现在都拥有智能手机。2017 年，有 35% 的网上销售在英国通过移动设备产生。

### 3．网购活跃时间

连锁零售公司 John Lewis 曾对大量网购订单进行过研究，结果发现，在午夜时分至凌晨 6:00，英国购物网站内的流量往往会暴增 30% 左右，在凌晨下单购买的行为也非常活跃。每天晚上当邻居们进入梦乡后，很多英国人喜欢躺在床上，慢腾腾地打开手机或平板电脑，悠闲自在地在各类购物网站里选购游戏机、乐高玩具、枕头等商品。

在午夜时分，习惯于夜间活动的游戏玩家们此时往往会下单购买新的游戏机，一些夜不能寐的父母也会兴致勃勃地给孩子购买玩具和电子产品，如凌晨 4:00 是乐高玩具的销售高峰。而在早餐前的一段时间，校服和童鞋是最热卖的商品。

### 4．网购商品潮流

2016 年，John Lewis 的销售额高达 30 亿英镑（约 262 亿元人民币）。John Lewis 的高级管理人员称，如今机顶盒、便携式摄像机、iPod 等商品已经不那么热销了，但是网上商店中的健身设备的销量呈快速增长之势，像 Fitbit 之类的可穿戴跑步设备的销量增长了900%。此外，在环法自行车赛之类的大型赛事举办期间，英国消费者大量购买宽屏电视机及自行车服。出现这种消费行为的消费者一是为了观看赛事，二是跟风式地进行一些体育锻炼。

近年来，在全英国范围内掀起了一股运动热潮。体育用品卖得火热，如耐克牌荧光跑鞋的销量就增长了 400%。此外，随着电影《华尔街之狼》的热播，市场上掀起了精致工作套装、袜子的销售热潮，销量一度增长了 75%。

紧身布裤和牛仔裤也变得非常流行，如 Levi's 的裤子就卖得很好。英国年轻都市男性消费者也掀起了穿印花男装的风尚，这类服装的销量增长了 10 倍，而橙色衬衫的销量增长了 4 倍。

王室成员在推动时尚产品的销售方面也发挥了作用。剑桥公爵夫人凯特（威廉王子的妻子）已经成为引领时尚的先锋，她的穿着让很多英国女性竞相跟随。

产品更新的步伐越来越快，社交媒体和电视时装秀总是能引发新一波的时尚潮流和新的产品需求。

### 五、美国客户的特点

#### （一）美国客户的网购情况

美国是全球电子商务发展最早也是最快的国家，一直走在世界的前列，其应用领域和规模都领先于其他国家，在全球所有的电子交易额中，目前有40%都发生在美国。

美国有96%的人口可以上网，有51%的美国人更喜欢网购。如果按年龄层来划分，有67%的千禧一代（1982—2000年出生的人）消费者更喜欢网购，这一比例在X世代（1966—1980年出生的人）中是56%，在婴儿潮一代（1946—1964年出生的人）中是41%，在老年人中是28%。此外，家长也更喜欢网购。家里有小孩的消费者比没有小孩的网购开支高61%。

美国电商市场正在不断扩大，到2020年美国电商销售额将达5230亿美元，比2015年的3350亿美元增长56%。对美国而言，2017年是电子商务里程碑的一年，因为有超过一半的互联网用户（14岁及以上）会通过智能手机完成购物体验。根据eMarketer的统计，2017年，有9510万的美国客户（14岁及以上年龄，下同）会至少在智能手机上完成一次购买，占整个互联网用户的比重为51.2%。"以前很多消费者只是经常性地在手机上浏览和研究商品，不一定购买。随着移动网站不断得到优化及手机屏幕越来越大，消费者更容易在手机端完成购物体验。这也将驱动未来几年移动商务的发展。"eMarketer的零售业分析师Yory Wurmser说。

从销售额来看，2017年也是一个转折点，因为届时50%的零售业移动商务销售会通过智能手机实现，规模约为755.1亿美元；2016年这一比例为48%。相比而言，平板电脑占移动商务销售额的比重不断下滑，从2016年的50.6%下降为48.7%。如果从整体情况看，2017年移动商务的销售额将占整个电子商务销量的32%，但只占零售业总销售额的2.6%。

虽然智能手机占电子商务销售的比重在不断增加，但依然存在不少挑战。相当多的购物体验是从智能手机开始的，却不是在手机上完成的。2018年有1.66亿美国人将会在智能手机上浏览、研究和对比商品，不过他们不一定在手机上购买，这一人群占美国互联网购物者的78.5%。

"想让人们在手机上下单，零售商就得让整个过程更简单，如移动网站还得优化、支付步骤尽可能变少，以及提供完全个性化的商品。"Wurmser说道。这样的信息给卖家的提醒是，想要处理好美国跨境客户关系，就要重视手机端的商品展示和营销。在上传产品之初，就要考虑到商品图片是否可以在手机端完美展示。在制定营销策略的时候，把移动端列为非常重要的环节，这样会对卖家店铺的销量产生积极的影响。

#### （二）美国客户的生活习惯

美国的市场容量是世界上最大的，美国也是世界上最大的消费品市场。美国市场的接纳性强，因为美国是一个移民国家，又是一个民族大熔炉，需求多样化。美国市场重质量、讲品牌，尤其重视产品安全。美国市场销售的季节性强，销售旺季为2—5月、7—9月、11—12月。美国消费者注重购物体验，对服务要求较高，特别是售后服务，平时购物使用信用卡消费较多。美国的网购人群在逐年增长，网购年龄段也趋于增大。

美国当地的生活习惯有着浓郁的本地特色。

（1）饮食。美国人的饮食很简单和单一，他们不会因为饮食占用自己大量的时间。注重营养而不是口味，食品种类很少。

（2）住房。美国人的房子基本都是自己设计和装修的，个性化十足。一般会把厨房和卧室设计得很宽敞，每家都有小院子作为花园，并进行户外活动。

（3）衣饰装扮。美国人不像英国人那样喜欢仪表堂堂，他们更喜欢宽松舒适的衣服，所以美国人的穿衣风格并不是时尚感十足，而是偏向于休闲风格。

（4）电子通信。美国人很喜欢通过电话、短信和朋友及家人分享自己的心情，他们对手机非常依赖。特别是在社交网络发达的今天，更增加了他们对手机的黏性。而且美国的手机特别便宜，通话费也不高。

（5）运动和户外。运动和户外是美国人非常看重的两种生活方式，他们愿意花大量的金钱去做运动和户外活动。当美国的联邦假日来临的时候，美国的海滩、健身房、旅游山区都人满为患，可见美国人对自己的健康还是非常重视的。

（6）文娱生活。美国每年都有很多的明星演唱会、大型的体育比赛及大制作的电影。很多美国人愿意把这些活动作为生活放松的主要方式，他们也愿意购买一些周边产品留作纪念，如动漫手办和毛绒玩具等。

（7）宠物。很多美国人会养宠物，并且会把宠物当作家人来看待。美国家庭每年会把一笔可观的费用花在给宠物看病上，以及购买宠物食品、营养品和日常用品上等。

### （三）美国客户的购买行为

美国当地人的消费习惯与中国有着本质的不同，以下是美国人的比较典型的购物习惯。

（1）赚 10 块花 20 块。美国人基本不存钱，有多少钱就花多少，甚至喜欢透支消费。美国人这样做的主要原因是，要保持现有的生活品质，不希望因为收入低而降低生活品质。因此，美国的银行都鼓励美国消费者分期付款，并且有些银行提供 45 天的透支免息期。美国人活在当下，享受生活。

（2）注重精神消费，如锻炼、健身、养生、旅游、营养品。美国会把大量的钱投入在健身、户外、养生和营养品上。他们更注重精神方面的投资，他们认为只有健康和享受生活才是生活的真谛。所以美国的健身房总是爆满，户外用品市场火爆，保健品热销。这和美国人的生活习惯息息相关。

（3）喜欢在品牌店里淘便宜的衣服，注重质量和品质。美国人很看重品牌，他们最喜欢的卖场是品牌折扣卖场。美国人认为品牌是质量的保证，他们宁愿选择价格高的品牌，也不会选择没有品牌的便宜货。这点对速卖通卖家的提示是，如果有条件，应尽量注册自己的品牌并且适当地推广。有一定的品牌认知，针对北美市场的开拓会相对容易一些。

（4）对产品的关注是质量第一、包装第二，最后才是价格。包装在美国人心里占有很大的比重。在他们的眼里，包装和产品的品质是等同的，好的产品一定要有好的包装，否则购物体验会有落差。希望速卖通卖家针对美国市场在自己的产品品质和包装上多下功夫。

（5）如果按照一年 12 个月来划分，根据美国的购物习惯，速卖通卖家可以参考以下建议。

1月：冬装促销季（新年，清仓冬装）。

2月：以情人节为主，推荐饰品、珠宝、手表、箱包及春装。

3月：户外产品开始升温，推荐服装、美容化妆品、园艺产品、户外用品。

4月：天气回暖，很多新人开始举办婚礼，推荐婚纱、园艺产品、礼服、女鞋、装饰品。

5月：以母亲节为主，推荐时尚饰品、珠宝、箱包、贺卡。

6月：毕业季节，推荐小电器、手机、消费电子、水上运动用品、户外用品。

7月：家居类会比较热门，推荐家具用品、婚礼用品、夏装和户外用品。

8月：学生返校高峰，推荐鞋服、手机、消费电子、办公用品、运动用品。

9月：户外活动偏多，推荐服装、美容化妆品、户外产品。

10月：以万圣节为主，且适合开展体育用品促销，推荐体育用品、毛绒玩具、Cosplay 服饰。

11月：感恩节和"黑色星期五"，推荐毛绒玩具、礼品、家用电器、美容化妆品和电子产品。

12月：以圣诞节（及超级星期六）、新年为主，推荐鞋服、园艺产品、取暖设备、时尚饰品、珠宝和手表、滑雪设备、消费电子。

## 案例解析

### 一、案例背景

"黑五"是感恩节的后一天，标志着整个圣诞购物季的开端。在美国，绝大多数商店会在清晨就开门，迎接蜂拥而至的消费者。随着电商的盛行，越来越多的美国消费者选择线上购物，而实体商店也变得越来越冷清。根据 Adobe Systems 2016 年的调查分析，美国感恩节及"黑五"的在线购物总额达到了 52.7 亿美元，同比增长近 18%。而相比之下，实体店的销售却在下滑，越来越多的美国人开始通过网购来享受"黑五"的促销低价。

购物旺季如此重要，绝大部分卖家也把这段时间当作一年的重中之重。那么卖家们应该如何最大限度地利用年终旺季完成丰收和满意的一年？

### 二、操作步骤

#### 1. 了解美国人喜欢买什么

根据 Periscope 的调查，美国人最爱买的产品前 3 位分别是电子产品、服装、家居用品，其次分别是玩具、厨房用品、美妆和香水、家具、汽车。

从 Adobe Systems 的数据可以得知，2016 年卖得最好的 5 种玩具类商品是乐高 Creator Sets、Razor 的电动滑板车、NERF 玩具枪、大疆 PHANTOM 无人机和芭比梦想之家。卖得最好的 5 种电子产品分别是 Apple iPad、三星 4k 电视、Apple MacBook Air、LG 电视和微软 Xbox。

美国消费者会冲动消费吗？答案当然是会的。2016 年，最易让消费者冲动消费的商品依次为服装、电子产品和游戏/玩具（根据 *Statista Thanksgiving & Holiday Survey 2016*）。

### 2．了解美国人喜欢怎么买

移动端购物已然成为大趋势，美国也不例外。越来越多的消费者舍弃实体商店，而选择在线购物。在线购物中，移动端购物方便快捷，并且可以随时随地进行，因此也越来越受到消费者的青睐。根据 Adobe Systems 2016 年的统计，在线销售中 55%的流量来自移动设备（45%来自手机，10%来自平板电脑），而 36%的销售是通过移动设备完成的。

### 3．采取有效的促销方式

说了这么多美国人的消费习惯，那么旺季来临之际要怎么做才能进一步促进销量呢？除了像电邮、广告等常见的促销方式，购物引导型网站和社交平台宣传越来越流行。据调查，约 84%的在线消费者购物前会参考至少一个社交媒体网站，美国在线消费者参考的社交网站主要还是 Facebook，其他社交网站依次是 Twitter、LinkedIn、Pinterest 和 Google Plus。因此，想要加大流量和成交量，可以考虑在 Facebook 和其他社交媒体上做广告。

## 三、案例总结

美国作为电子商务最活跃的国家之一，蕴含着很多商机，需要跨境卖家不断通过数据、调研和信息捕捉来了解这个国家的客户的特点。了解他们的生活习惯、购买行为，并采取相应的营销手段来吸引客户，从而提高客户的黏度，才能赢得更大的市场发展空间。

 **习题演练**

### 一、单选题

1．以下不属于跨境客户消费需求特点的是（　　　）。

A．自由"吐槽"的需求　　　　　　　　B．参与的需求

C．购买个性化产品的需求　　　　　　D．购买廉价产品的需求

2．巴西人首选的支付方式是（　　　）。

A．Boleto　　　　B．PayPal　　　　C．信用卡　　　　D．银行卡转账

3．购物风格多以智能、新奇特、时尚、运动、年轻、造型为主的国家是（　　　）。

A．俄罗斯　　　　B．巴西　　　　C．西班牙　　　　D．美国

4．（　　　）是俄罗斯客户最喜欢的国外购物网站之一。

A．亚马逊　　　　B．速卖通　　　　C．eBay　　　　D．Wish

5．（　　　）是全球电子商务发展最早也是最快的国家，一直走在世界的前列，其应用领域和规模都领先于其他国家。

A．俄罗斯　　　　B．英国　　　　C．西班牙　　　　D．美国

6. 俄罗斯人忌讳的动物是（　　　）。

A．黑猫　　　　　　B．马　　　　　　　C．公鸡　　　　　　D．熊

7. 以下不属于巴西跨境客户退货率高的原因的是（　　　）。

A．海关被卡，直接退回　　　　　　　　B．关税太高，客户弃货

C．时间太久，客户不想要了　　　　　　D．商品质量问题

8. 美国有96%的人口可以上网。如果按年龄层来划分，网购人数最多的人群是（　　　）。

A．千禧一代　　　　　　　　　　　　　B．X世代

C．婴儿潮一代　　　　　　　　　　　　D．老年人

## 二、多选题

1. 目前，跨境客户移动购物方兴未艾得益于（　　　）的发展。

A．互联网　　　　　B．手机　　　　　C．电脑　　　　　D．平板电脑

2. 制约巴西跨境电商发展的不利因素有（　　　）。

A．巴西清关非常难，查验率高　　　　　B．巴西的关税极高

C．巴西的物流特别慢　　　　　　　　　D．退货率高

3. 针对美国客户，跨境电商卖家12月的促销应以（　　　）为主题为佳。

A．"黑五"　　　　　B．"双十一"　　　C．圣诞节　　　　　D．新年

4. 以下属于巴西客户的购买行为的特点的是（　　　）。

A．巴西人，特别是女士，下身比较宽大

B．喜欢参与促销活动

C．喜欢跟卖家聊，不喜欢卖家不在线，哪怕卖家英语不好

D．购买商品多通过关键词搜索，在购买之前会进行全站比价并参考好评

5. 在英国，最受欢迎的支付方式有（　　　）。

A．Boleto　　　　　　　　　　　　　　B．PayPal

C．信用卡　　　　　　　　　　　　　　D．银行卡转账

6. 跨境客户经常在以下（　　　）等国外社交媒体网站分享购买到的产品。

A．Facebook　　　　　　　　　　　　　B．Twitter

C．微信　　　　　　　　　　　　　　　D．YouTube

7. 让客户参与企业经营的方式有（　　　）。

A．给予自由"吐槽"的权利　　　　　　　B．免费试用

C．让客户参与设计　　　　　　　　　　D．与相关赛事相结合

8. 速卖通商家出售的商品如果有数字（　　　），则在俄罗斯市场上没有销路。

A．13　　　　　　B．8　　　　　　　C．7　　　　　　　D．666

## 三、判断题

1.（　　　）跨境电商中客户的主体是个人消费者。

2.（　　）Pinterest 上的跨境企业走的是高端、小资的路线，来吸引这个社交网站上的女性中产阶级客户群体。

3.（　　）人们购物已经摆脱了时间、地点的局限，不需要前往实体店或守候在电脑前，只需要一部能上网的手机就可以了。

4.（　　）现代的客户买一款产品更多的是为了追求功能或刚需消费，而不是追求品牌消费和体验。

5.（　　）客户浏览网站时不一定会产生购买行为，很多时候他们只是浏览商品，比较不同商店的产品价格或研究商品。但是，为每一位客户量身打造个性化的服务和体验，能有效激发购买动作。

6.（　　）俄罗斯网购大军中青年人占主体部分，女性多于男性。俄罗斯人有富余的资金用于消费。俄罗斯的线上购物习惯已经养成。

7.（　　）俄罗斯夏短冬长，长时间气候寒冷，因此俄罗斯女性不喜欢穿裙装。

8.（　　）巴西的跨境客户群基本属于白领阶层，对他们来说，价格并不是最重要的，款式才是最重要的。

## 四、简答题

1. 跨境客户有哪些消费心理特点？
2. 俄罗斯客户在穿衣风格方面有哪些习俗？
3. 影响巴西跨境电商发展的有利因素包括哪些？
4. 相对于中国客户，美国客户比较典型的购物习惯有哪些？
5. 英国客户的购买行为有哪些特点？

### 实践操作

假设你在速卖通平台上经营一家女士服装店铺，根据"互联网+"背景下的跨境客户消费行为特征，你将如何与俄罗斯客户进行沟通来促进商品的销售？

# 情景三

# 跨境客户的开发

 **子情景一** 营销为导向的跨境客户开发策略

## 学习目标

### 知识目标

● 能够描述营销为导向的跨境客户开发策略。

### 能力目标

● 能够熟悉并运用各类常见的营销为导向的跨境客户开发策略。

### 素质目标

● 锻炼多维度的跨境客户开发思维。
● 培养基于客户视角开发跨境客户的思维。

## 项目背景

互联网的发展，让全世界的人之间的距离不再是远隔万水千山，而是一块屏幕。用户可以通过便捷的互联网游览世界各地的名山大川，也可以与身处他国的友人如近在眼前般地谈天说地，还可以足不出户在网络终端浏览来自世界各地的琳琅满目的商品。可以说，互联网给人们的生活带来了极大的便利，特别是紧密的世界经济交往，体现在跨境电商平台上更为直观地表现为你可以动动手就能将远在他国的商品收入囊中。此外，企业也在绞尽脑汁地开发跨境客户，促销企业的产品。针对世界各国不同的文化背景、不同的宗教信仰、不同的消费习惯等，应该采取有效的开发渠道和促销方式，以提高开发跨境客户的效率。本节浙江英卡顿网络科技有限公司的跨境客服专员 Allen 将要学习营销为导向的跨境客户开发策略。

## 任务实施

步骤 1：以有吸引力的产品或服务吸引跨境客户。
步骤 2：以有吸引力的价格吸引跨境客户。
步骤 3：以有吸引力的购买渠道吸引跨境客户。
步骤 4：以有吸引力的促销方案吸引跨境客户。

## 知识铺垫

跨境客户开发是指企业通过分析产品或服务的市场形势，制定企业经营目标，针对跨境目标客户的需求展开有效的营销活动，将目标客户的购买欲望和能力转化为购买行为，引导客户成为企业现实客户的过程。

跨境客户开发是一个动态的过程，其动态性体现在两个方面。第一，企业需要加强海外市场研判，不断了解客户需求，并不断对产品及服务进行改进和提高以满足客户的需求，这是一个连续的过程；第二，企业要不断地开发跨境新客户、维护老客户，但是根据一般的经验数据，企业每年的客户流失率在 10%~30%。因此，跨境客户开发的过程既是不断开发新客户、扩大企业客户群体数量的过程，也是维护好老客户、培养客户忠诚，以帮助企业开发新客户的过程。企业利用信息技术和互联网技术实现对客户的整合开发，以客户为核心注重与客户的交流。企业的经营以创造客户满意、赢取客户忠诚为中心，而不只是传统的以产品或以市场为中心。跨境客户开发过程中为了更好地服务客户，应为客户提供多种交流、沟通的渠道。

以客户为中心就要突出客户的需求，并利用便捷的方式满足客户的需求。跨境客户分散在世界各地，为众多的跨境客户提供满意的服务需要借助遍及世界各地的互联网信息技术等，通过互联网将企业和客户紧密联系起来。在互联网技术的支撑下，借助恰当的营销策略为客户提供更好的产品和服务。营销导向的开发策略主要通过适当的产品、适当的价格、适当的渠道和适当的促销手段来吸引来自世界各地的潜在客户、目标客户，将他们的购买欲望转化为购买行为。

开发跨境客户的过程中，利用的营销策略要突出企业的吸引力，依靠企业自身的产品、价格、渠道和促销优势吸引客户。此外，还要调动跨境客户的主动性，由客户完成开发，以及主动或自愿地被开发。开发的过程既是客户享受企业服务的过程，也是企业产品或服务的消费过程。因此，营销导向的开发策略是境外客户开发的最佳和理想途径。

### 一、以有吸引力的产品或服务吸引跨境客户

产品或服务是以跨境客户为中心满足其需求的载体，因此吸引客户需要企业能够提供吸引客户的恰当的产品或服务，这些产品或服务要满足甚至超越客户的需求。产品或服务不仅涵盖功能效用、质量、规格、外观、品牌、包装、物流、结算等，还要适合跨境客户

的消费习惯、符合审美观、顺应消费文化等。

### （一）以功能效用吸引客户

功能效用是跨境客户对产品或服务产生需求的最基本的出发点。功能越强越稳定、效用越大越出众的产品对客户的吸引力也就越大，客户在做购买决策时就越倾向于选择此类有吸引力的产品。

> **案例**
>
> 在众多的智能手机厂商中，现在能看到的关于诺基亚的信息已经屈指可数了，但诺基亚曾经是首屈一指的手机厂商。1982年，诺基亚（当时叫Mobira）生产了第一台北欧移动电话网移动电话Senator。同时，诺基亚还致力于全球通技术。1991年，通过芬兰诺基亚Radiolinja网络，诺基亚的手机实现了首次全球通对话。直到1996年，诺基亚手机连续15年占据手机市场份额第一的位置。在产品功能方面，支持诺基亚手机的塞班系统第一个优点是对手机配置要求不高，这就意味着只要手机配置稍微好一点就可以运行得很流畅；第二个优点就是省电，手机续航时间长，而在当时衡量手机的一个重要性能就是待机时间。因此，在流畅的系统运营和超长的待机时间方面，诺基亚手机代表了当时的标杆，给客户带来了良好的使用体验。除此之外，诺基亚手机在外观设计和机体材质上也不断改进，其机体采用的工程塑料强度大。曾有人不小心将诺基亚手机从三楼跌落到一楼，手机电池、后盖和主体都摔开了，但重新安装后仍可以正常使用。因此诺基亚手机稳定的功能赢得了客户的广泛认可。以至于2003年，诺基亚1100单款手机在全球累计销售了2亿台。
>
> 时至今日，在智能手机主导市场的格局下，功能机在手机市场已经沦落为备用机、老年机的代名词，错过了安卓系统的诺基亚手机已经日薄西山。然而，不断增强用户体验的功能机仍然可以获得客户的认可。
>
> 在遥远的非洲，可以轻而易举地看到TECNO品牌的手机，该品牌手机自诞生以来累计销量已突破1亿台，成为非洲手机品牌前三名。而TECNO品牌背后的制造者，正是来自深圳的传音控股。这家在国内名不见经传的手机厂商，却是名副其实的非洲手机销量冠军。据研究机构IDC数据显示，2016年传音在非洲的市场份额为38%，把曾在非洲"称王"的三星挤下了"神坛"，2017年销售量超亿部，营收高达200亿元人民币。
>
> 传音初创团队进入非洲市场后，特意花了一段时间去观察、调研当地人使用手机的习惯。很快地，他们发现当地人非常喜欢自拍，乐于在社交平台分享照片。但当地人皮肤颜色较深，标准化的手机难以准确识别面部，从而影响自拍效果。这让传音嗅到了商机，即不拼硬件规格，拼用户体验。很快地，传音将技术研发锁定在深肤色用户的美肌模式上，并成立工作小组，大量收集当地人的照片进行脸部轮廓、曝光补偿、成像效果的分析，通过眼睛、牙齿来定位面部，在此基础上加强曝光，帮助用户拍出更加满意的照片。最终，这款让非洲用户清楚地显现在镜头面前的"美黑"手机，深受当地人喜欢。其后，传音推出拥有大喇叭、长待机、FM收音机功能等符合当地需求的特色手机，成

功地打开了非洲市场。

TECNO 围绕客户需求不断地提升手机的功能，使得客户的使用体验超出预期，赢得了客户的满意。依靠不断提升产品功能，传音成功地吸引了客户，这也是 TECNO 品牌在非洲赢得市场的重要因素。

### （二）以质量吸引客户

以客户为中心就要不断提升客户体验，而满足客户体验的是产品或服务，而衡量产品或服务满足客户体验能力的指标则是产品质量。

### ☞ 案例

日立公司最早可以追溯到小平浪平先生于 1910 年在东京创立的一个小电机修理厂，1920 年该厂被改组成名为日立制作所的股份有限公司，日立因此正式得名，到 1941 年年底第二次世界大战全面爆发时，日立发展成经营涉及电力设备、机车车辆和通信设备等多个领域的日本最大的综合性机械电气制造厂家。如今，日立已经成为世界上最大的电器设备制造商之一。它的产品遍及信息系统和电子设备、动力和产业系统、家用电器、材料工业四大领域，共 20 000 余种。2017 年日立营收达到 845.6 亿美元，位居世界 500 强第 71 位。

日立之所以能够取得如此巨大的成功，一是因为它十分注重技术革新和应用，二是因为它视质量为企业的生命。在质量管理方面，日立公司继承了日本企业重视质量的传统，是世界上产品质量最过硬的公司之一。日立与中国的关系始于 20 世纪 60 年代。1994 年 10 月，日立（中国）有限公司成立，这是一家控股性投资公司，它将日立在华 12 家企业中的全部资产纳入旗下，构成伞形企业结构，对其在华业务实行统一管理。同时，中国地区业务已经从日立亚洲部中独立出来，成立了"中国事业开发本部"，坚持高标准，严把质量关，把质量意识渗透到每一个企业员工的心中。可以说，日立在华企业管理的重点和精髓，就是质量管理，这也体现了日本企业管理的精髓。

日本企业从自身实际和日本文化出发，形成了有自己特色的质量管理模式。首先，日本企业树立了"无次品"的质量管理观念。一般国家认为把废品率降到 1% 以下意义不大，可是在日本公司的质量图表上，废品率不是以百分之几表示，而是以百万分之几表示，长远目标是零。日本企业还宣传"每个废品都是宝"的观念，对废品进行仔细研究，找出质量管理中存在的问题。其次，日本企业的质量管理是面向消费者的，也就是以客户为中心。日本工业标准将质量管理定义为："质量管理是经济地生产合格产品的一种生产方式体系，或者满足客户需求的服务。"日本企业也认为"质量管理就是发展、设计、生产和服务于一种优质产品，这种产品应是最经济、最有用的，并使消费者满意"。因此，它们提出"最现实的质量好坏标准就是客户是否满意"，"百分之一的次品对客户来说就是百分之百的次品"。再次，追求产品的适用性，不以合格率为主要标准，扩大产品优等率。最后，日本企业重视质量管理中人的因素，强调全员参与质量管理，日本的质量管理组织制度同样体现了他们的质量管理思想。第一，重视基层人员和一线操作人员的质量管理职能。第二，重视加强产品形成早期阶段的管理，把质量管理的重点放在设计方案、加工样品、调整工艺流程等阶段，事先把好质量关。第三，注意生产的连续性和稳定性，不搞形式主义，突击生产，超负荷运转。第四，跨企业组织质量管理协作。日本企业从外部购入的零部件占到制造成本的一半以上，为了保证质量，企业间相互真诚的质量保证就极为重要。第五，进行普遍的质量管理教育。

日本企业对质量管理理念深刻的理解在管理过程中得到了切实的实施，全员参与质量控制，突出人在质量控制中的意义。以客户为中心的质量管理为日本产品树立质量声誉、赢得客户满意和忠诚发挥了巨大的作用。

### （三）以特色吸引客户

在工业化大生产时代，产品或服务的生产成本得到了控制，但大生产的结果是产品或服务的同质化严重。追求个性和颇具特色的产品在激烈的全球市场上展现出了独特的竞争力，通过精准定位企业优势资源和市场细分而打造的特色产品，在保证了企业原有经营优势的前提下，很好地对市场进行细化分割，从而形成一种市场标准，最大限度地占领细分市场并获得收益，这也给企业吸引客户提供了渠道。

**案例**

百年跨国品牌可口可乐长期持续的"中国式"春节营销是洋品牌春节营销的经典。可口可乐的春节民俗特色营销兼具了国际化与本土民俗化的双重特征。

自从可口可乐在全球第一个提出"Think local，Act local"的本土化思想之后，可口可乐就真正实现了利用产品特色来吸引客户。

在产品组合上，可口可乐经过深入调查，分析出春节家庭饮料消费的规律和容量，连续数年在春节期间大规模推广其2L及2.25L等符合节日家庭消费的特大容量包装。在产品口味的组合上，可口可乐也充分发挥其丰富产品线的优势，将其与雪碧、芬达进行捆绑销售，满足家庭不同人群、不同口味的需求。在销售情境营造上，可口可乐更是运用娴熟。春节对联、灯笼等极具中国风味的装饰充斥卖场，布置和陈列比大多数本土品牌更富中国年味。2005年春节，可口可乐更是在上海、北京等地的著名商业街用3万多个易拉罐搭建了11米高的吉祥金鸡造景，创下了可口可乐新春造景中国之最。高昂的吉祥金鸡，备受人们喜爱的泥塑阿福、阿娇穿着红色肚兜，手持红灯笼，在一派红彤彤的欢乐景象中，为所有来来往往的宾客恭贺新春，令人深感震撼，无法忘怀。

### （四）以服务吸引客户

服务是指企业在产品销售活动过程中，为客户提供的各种附加劳务的总称。企业向客户销售产品时，总要伴随着一定的劳务付出，这些劳务付出是围绕着为客户提供方便、满足客户的需要、使客户在购买产品前后感到满意而进行的，也是围绕着在客户当中建立企业信誉、吸引客户购买、增强企业的竞争力而进行的。

**案例**

　　一名美国游客在。泰国曼谷度假。清晨酒店一开门，漂亮的泰国小姐微笑着和他打招呼："早上好，杰克先生。"这名美国游客非常惊讶，没有料到这个旅馆的楼层服务员竟然知道自己的名字。服务员解释说："杰克先生，我们每一层的当班小姐都要记住每一个房间客人的名字。"美国客人一听，非常高兴。

　　在服务员的带领下，这位美国客人来到餐厅就餐，服务人员上菜时，都尊敬地称呼他杰克先生。这时来了一盘点心，点心的样子很奇怪，美国人就问站在旁边的服务员："中间这个绿色的是什么？"那个服务员看了一下，后退一步并做了解释。当美国客人又提问时，她上前又看了一眼，又后退一步才回答。原来这个后退一步就是为了防止她的口水溅到菜里，美国客人对这种细致的服务非常满意。

　　这位美国游客退房准备离开酒店时，酒店服务员把收据折好放在信封里，递给这位客人的时候说："谢谢您，杰克先生，真希望第6次再看到您。"原来那次是这位美国客人第5次去泰国曼谷。

　　离开泰国很久后，有一天这个美国人收到了一张卡片，发现是泰国曼谷酒店寄来的，上面写着："亲爱的杰克先生，公司全体上下都很想念您，下次经过泰国如果方便请来看看我们。"下面写的是："祝杰克先生生日快乐！"原来这一天是这个美国人的生日。

　　一家五星级的大酒店，竟然对客人的每个细节如此地体察入微，其服务意识和服务行为可谓典范，这种细致入微的优质服务无疑赢得了美国客户的心。

**（五）以包装吸引客户**

　　良好的包装具有美化商品的功能。通过优美、精致的包装为商品增色添辉，可以吸引消费者，激起消费者的兴趣，并使消费者产生购买动机，进而提高企业产品的销售量。

**案例**

　　很多人对买椟还珠的故事应该印象颇深。故事里有一个在郑国卖珠宝的楚国人，他用名贵的木兰雕了一只装珠的匣子，将匣子用桂椒调制的香料熏制，用珠宝和宝玉点缀，用美玉连接，用翡翠装饰，用翠鸟的羽毛连缀。有个郑国人把匣子买了去，却把匣子里面的珠子还给了他，因为那个楚国人实在太喜欢这个匣子了。这个故事本意用来嘲讽那些没有眼光、取舍不当的人，但从另一方面也说明了包装在商品销售中的重要性。以包装吸引客户的注意力，激起客户的购买欲望是切实可行的。

　　在汽车市场，包装也同样发挥着吸引客户的巨大作用，对汽车款型稍加关注就不难发现，汽车每过几年就会在原款型车上推出改进款，改进款一般在配置上稍加甚至不加变动，在外观上按照时下的流行元素进行改进。改进后的所谓新款更能够吸引客户的眼球，在促进销售上更能够吸引客户的关注，激发客户的购买欲望。

**（六）以品牌吸引客户**

　　品牌是指公司的名称、产品或服务的商标及其他可以区别于竞争对手的标志、广告等构成公司独特市场形象的无形资产。以品牌吸引客户就是把企业的产品特定形象通过某种手段深刻地映入消费者的心中，通过产品的质量、文化及独特性的宣传来创造品牌在用户心中的价值认可，最终形成吸引客户的品牌。

### 案例

苹果电子从 20 世纪末至今引领了世界潮流，它不仅是一件产品，更是一种信仰。在个人电脑开始普及时，全世界的计算机全都是矩形的屏幕和灰色的外壳，全世界都像一个管理严格的会计师事务所。苹果却从中发现商机，推出色彩丰富的 iMac 电脑，给计算机行业带来了巨大的冲击。从此，苹果的电子产品善于把握时尚、引领时尚的特征开始展现。首先，苹果注重用户体验，产品功能设计简练；其次，它设计新颖，引领了不同时代的风尚；最后，它善于拓展新业务。iPod 的流行推动了 MP3 播放器的普及，苹果看准商机，将 iPod 和 iTunes 软件绑定，并建立 Apple Store，进行音乐的付费下载，取得了巨大的成功。iMac 电脑上统一预装了 Mac 操作系统，通过简洁美观的界面和极高的执行效率成功打入操作系统市场，改变了人们使用计算机的理念，赢得了人们的喜爱。

2007 年，苹果进军手机市场，推出 iPhone 手机，时尚的外观和强大的功能及新奇简洁的操作立刻对手机市场形成了巨大的冲击，从而引起了智能手机的潮流。2008 年，苹果推出的上网本 MacBook Air 以其时尚而又轻薄的设计引起了此后的上网本热潮。2009 年，苹果再接再厉，推出平板电脑 iPad，开拓出了一个全新的电子产品市场。

除此之外，苹果电子十分注重企业文化的培养和提高用户忠诚度。苹果具有近乎偏执的创新理念，力争使自己的每一款产品都尽善尽美，充满人情味，符合人性化。每当有重要产品即将宣告完成时，苹果都会退回最本源的思考，并要求将产品推倒重来。以至于有人认为这是一种病态的品质、完美主义控制狂的标志。

乔布斯说："我相信最终是工作在激发人们的能力，有时我希望是我来推动他们，但其实不是，而是工作本身。我的工作是使工作尽可能地显现美好，并激发出人们的最大潜能。"

利用产品或服务本身的功能效用、性能质量、个性特色、附加服务、品牌效应和精美的包装等是吸引跨境客户的常见方法。企业应根据客户的使用体验调整产品或服务的市场方向，以客户的需求为目标，以客户的体验为中心，准确地将产品或服务传递给目标客户。

## 二、以有吸引力的价格吸引跨境客户

价格是市场走向的指挥棒，它受供求变动的影响，也影响着供求变动。对企业而言，价格是企业销售产品或服务所获得的经济补偿；对客户而言，价格是为获得产品或服务的使用价值所承担的经济支出。因此，在跨境客户看来，价格是企业对其获取产品或服务的"经济态度"，适当的价格可以传达企业对跨境客户的关爱，反之，也可能给跨境客户带来唯利是图的企业形象。因此，企业要制定恰当的价格与收费以维系长期的客户关系。

客户在购买产品或服务时，对市场会有初步的了解，甚至有些客户会详细地了解市场行情从而形成一个价格预期。当市场价格低于客户预期时，客户在消费者剩余的刺激下会做出购买行为，当然，这要在商品质量与客户预期一致的前提下；如若客户不能准确把握产品或服务的质量，较低的价格也可能给客户带来"便宜没好货"的感觉，那么低于预期的价格也未必能提高销量。相反，当市场价格高于客户预期时，客户会根据预算减少或放弃购买。可见，价格与客户的预期产生较大偏差的时候无法促进企业产品的销售，企业应根据产品或服务在市场中的地位制定一个对客户有吸引力的价格。

企业通过制定有吸引力的价格开发客户，可以尝试如下几种价格策略。

### （一）低价策略

低价策略是指为提高市场占有率或通过薄利多销获取长期最大利润等目的而制定较低价格的策略。例如，超市把鸡蛋的价格定得很低以吸引源源不断的客户；有些低价通过折扣来实现，如"双十一"期间跨境电商平台会推出商品的折扣价，也有满减价格或满一定金额可以使用代金券等。通过这些方式让消费者感觉买的多可以享受更多优惠。通过有吸引力的低价策略，可以刺激消费者的购买欲望，提高企业的销售量。

另外，通过会员制也可以实现低价策略。例如，大润发通过发展会员，定期为一些商品制定高低不同的价格，会员可以享受较低价格，非会员只能按照较高的价格购买；也有超市通过与银行合作发行专属信用卡，通过信用卡购物可以享受价格折扣，或者在信用卡积分上享受更多优惠。总之，低价策略是吸引客户的有效手段。

### （二）高价策略

高价策略，就是在新产品上市初期或市场供给很少而需求强烈的时候将价格定得很高，以便在较短的时间内获得较高的利润；或者企业在长期的经营过程中树立了产品的特殊形象，高价策略不仅不会减少企业收益反而会保障企业长期的经营和效益。

> **案例**
>
> 在比利时的一间画廊里，一位美国画商正和一位印度画家在讨价还价，争辩得很激烈。其实，印度画家的每幅画底价仅在 10～100 美元。但当印度画家看出美国画商购画心切时，对其所看中的 3 幅画单价非要 250 美元不可。美国画商对印度画家敲竹杠的宰客行为很不满意，吹胡子瞪眼睛要求降价成交。印度画家也毫不示弱，竟将其中的一幅画用火柴点燃，烧掉了。美国画商亲眼看着自己喜爱的画被焚烧，很是惋惜，随即又问剩下的两幅画卖多少钱。印度画家仍然坚持每幅画要卖 250 美元，从对方的表情中，印度画家看出美国画商还是不愿意接受这个价格。这时，印度画家气愤地点燃火柴，竟然又烧了另一幅画。至此，酷爱收藏的画商再也沉不住气了，态度和蔼多了，乞求说："请不要再烧最后一幅画了，我愿意出高价买下。"最后，这幅画竟以 800 美元的价格成交。
>
> 同样，对于有些奢侈品，制定较高的价格能让客户感受到其突出的经济实力、对顶级品质的追求，以及引领时尚的优越感等。例如，香奈尔服饰、普拉达皮具、百达翡丽手表等，它们较高的价格获得了市场的认可和追捧，既满足了细分市场客户的需求，也

实现了公司利润的最大化。相反，如果这些品牌采取低价策略，其所处的市场环境也无异于其他众多默默无闻的品牌。

### （三）差别定价策略

差别定价是指企业用两种或多种价格销售一个产品或一项服务，价格差异并不以成本差异为基础。差别定价根据选取的指标不同，可分为以下三类。

#### 1．客户差别定价

客户差别可以是客户所在的市场不同，那么产品针对他们的定价就不同。例如，同样成本的服装在亚马逊平台进行销售，美国站的价格比澳洲站的价格低，这主要是因为两个跨境市场是割裂的，针对不同市场的消费者可以制定不同的价格。在同一个市场，只要能区分消费者的身份，也可以实行差别定价，如我国铁路客票针对在校大学生提供半价优惠，能提供学生证明的学生可以区别于普通乘客，据此也可以实现差别定价。

#### 2．消费时间差别定价

消费时间差别定价是指企业对于不同季节、不同时期、不同钟点来制定不同的价格，利用不同时间的差异价格吸引客户在各个不同时间消费。例如，实行峰谷电价，在夜间规定时间用电电价低于白天；鲜花在情人节、七夕等节日的价格要高于非节日；换季的服装比当季的服装价格要低许多。通过不同时间制定不同的价格，企业的产品或服务在消费低谷时间里可以吸引愿意支付较低价格的跨境客户，从而平抑市场需求波动。

#### 3．消费量差别定价

消费量差别定价是指按照消费量的大小制定不同的价格，以量大价低的方式刺激消费者增加购买。例如，在速卖通平台可以设定购买量与折扣价，购买两件8折优惠，购买三件7折优惠等。

### （四）招徕定价策略

招徕定价策略是将少数商品的价格定得明显低于正常的市场价格以吸引跨境客户的定价方式，其目的是引起跨境客户的注意，利用跨境客户的消费契机带动其他商品的销售。

📝 **案例**

例如，一些大型超市将特定的商品以低价出售，作为宣传来吸引消费者。北京地铁有一家每日商场，每逢节假日都要举办"一元拍卖活动"，所有拍卖商品均以1元起价，报价每次增加5元，直至最后定夺。这种由每日商场举办的拍卖活动由于基价定得过低，最后的成交价就比市场价低得多，因此会给人们产生一种卖得越多、赔得越多的感觉。岂不知，该商场用的是招徕定价术，它以低廉的拍卖品活跃商场气氛，增大客流量，带动了整个商场的销售额上升。

### （五）组合定价策略

组合定价策略是指对于互补产品，为吸引消费者，企业在制定价格时往往把某种产品的价格定得低一些，而其互补品的价格定得高一些。当消费者购买企业较低价格的产品后，继续购买互补品时要支付较高的价格。这种策略通过吸引消费者购买低价产品带动价格较高产品的销售以达到促进销售的目的。

> **案例**
>
> 畅销的吉列剃须刀的刀柄和刀片是典型的互补品，消费者初次购买时需同时购买刀柄和刀片。一把刀柄和 8 只刀片的价格约 99 元，而单独购买 8 只刀片的价格为 98 元。刀柄的价格明显偏低，换句话说，刀片的定价明显偏高。正是通过这种组合定价方法，当消费者购买刀柄之后，会持续地购买刀片，从而为吉列带来源源不断的利润。
>
> 当去快餐店点餐时，你会发行新推出的汉堡售价 18 元、一份薯条 10 元、一杯可乐 8 元。而继续往下看你会发现一份超级套餐包含上述汉堡、薯条和可乐只要 15 元。此时，你会怀疑自己是否看错了，包含汉堡的套餐居然比单点汉堡还便宜，于是你毫不犹豫地点了套餐，感觉自己赚了。正是通过这种组合定价，快餐店成功地将你考虑要不要吃转变为吃汉堡还是吃套餐，成功地刺激了你的购买欲望。

### （六）心理定价策略

心理定价策略是指企业定价时，利用客户心理有意识地将产品价格定高些或低些，以吸引客户注意来提高销售量。常见的心理定价有以下几种形式。

#### 1．吉利数字定价

人们在生活中受社会习俗或个人偏好的影响，对某些数字有特殊的爱好，如 6、8、9 等数字在某些场合被赋予了特殊的含义，因此在产品定价的时候可以将这种含义进行转移。"6"被赋予了顺利的含义，因此，一桌 666 元的婚宴比 500 元的更有吸引力；"8"被赋予了发财的含义，一桌 888 元的企业年会宴比 700 元的更有吸引力。

#### 2．整数定价

整数定价给客户带来的感觉是干净、利索，在产品或服务的质量上企业已经做到完美的程度。整数定价能够吸引对质量敏感而对价格不敏感的客户，舍零凑整的策略实质上是利用了消费者按质论价的心理、自尊心理与炫耀心理。例如，一件高档西服，如果完全追随竞争者同类商品平均价格，定价应为 1 960 元，但有经验的商家则会把零售价格标为 2 000 元。这样不仅不会失去客户，反而还会增强客户的购买欲望。原因在于此类高档品的购买者多为高收入者，重视质量而不很计较价格，认为价格高就是质量好的象征。

#### 3．零头定价

零头定价是在定价的时候保留零头以激发消费者的购买欲望。这种策略的出发点是认为消费者在心理上总是存在零头价格比整数价格低的感觉。例如，产品计划定价 6 元，你可以定 5.9 元，虽然价格仅低了一角钱，但这会给客户一个良好的印象。另外，零头定价也会给客户一种严谨的感觉。带有零头的价格会让客户觉得企业根据产品的成本和利润加成制定价格，在价格制定上态度严谨，没有虚标产品的价格，从而吸引客户购买。

不论是针对跨境客户还是国内客户，价格永远是开发客户的利器。恰当地使用价格策略抓住客户心理、吸引客户的注意、刺激客户的购买欲望、推动客户的购买行为，是成功开发跨境客户的关键。

### 三、以有吸引力的购买渠道吸引跨境客户

购买渠道是指客户将产品或服务买到自己手中的途径。对企业而言，它也叫作分销组合，主要包括分销渠道、储存设施、运输设施、存货控制。它是企业为使其产品进入市场、送达客户所实施的各种活动，包括仓储和运输等。

销售产品或服务的渠道是否便利，决定了客户获得产品或服务所支付的成本。它是影响客户购买决策的重要指标，会直接影响跨境客户的购买体验。一旦购买渠道不便，增加客户购买的时间、资金成本等，很可能会导致客户放弃购买。

针对跨境客户距离远、分布散的特点，跨境客户开发要依托遍布全球的互联网。借助业务覆盖全球的跨境电商平台、国内电商平台、社交媒体、搜索引擎、即时聊天工具等是开发跨境客户的有效渠道。

#### （一）业务覆盖全球的电商平台

业务覆盖全球的电商平台包括速卖通、亚马逊、eBay 等，它们在业务上覆盖了全球主要国家和地区，有广泛的客户群。

速卖通面向海外买家，是全球第 3 大英文在线购物网站。通过速卖通开发客户，需要完成店铺注册和装修，成交订单一般通过国际支付宝付款。同时，速卖通支持信用卡（Visa/Master Card）、Moneybookers、西联支付（Western Union）和银行转账（T/T）等付款方式。产品一般通过国际快递送达客户，如中国邮政小包、DHL、UPS 等，一些卖家为缩短国际快递时间、缩减快递成本也会设立海外仓。

亚马逊是美国最大的一家网络电子商务公司，是全球商品品种最多的网上零售商和全球第 2 大互联网企业。亚马逊和速卖通不同，它的平台设立了不同的站点，每个站点涵盖一定的国家或地区，如美国站主要针对美国、加拿大等北美客户。2012 年，亚马逊"全球开店"项目向中国卖家开放，大批中国卖家涌向亚马逊开启了跨境电商业务，"全球开店"项目向中国卖家开放的站点有美洲站、欧洲站和亚洲站，澳洲站也即将开放。亚马逊平台运营也有自身特色，如重推荐，轻广告；重产品详情，轻客服咨询；重产品，轻店铺；重视客户反馈和用户体验。

#### （二）区域性电商平台

随着互联网技术的发展和电子商务的触角不断触及世界的各个角落，许多国家也看到了电商发展的潜力，一些覆盖本国或本地区的电商平台也应运而生。目前，一些区域性的

发展比较好的电商平台如下。

（1）Allegro：Allegro 是欧洲第 5 大访问量的网上交易市场，有超过 1 200 万的注册用户。其主要目标市场是东欧，也是波兰最大的电商平台，几乎占了波兰电商市场 80% 的份额。作为欧洲增长最快的电子商务平台，它很受东欧客户的欢迎。

（2）Bol.com：Bol.com 是比利时、荷兰和卢森堡地区最大的在线综合类平台。每天拥有超过 100 万多次的访问量，有 650 万活跃的客户，在当地甚至不逊色于亚马逊，深受荷兰消费者的喜爱和尊重。

（3）Cdiscount：Cdiscount 是法国最大的电商平台，有专门的海外仓服务，可以在物流、客服上节省大量的时间，有很好的发展前景。

（4）Rakuten：Rakuten 是英国第 3 大在线电商平台，紧随亚马逊和 eBay 之后。所有零售商都能够在 Rakuten 的 Play.com 店铺推介其品牌，它是首个为零售商提供自定义店面的电商平台。

（5）Tophatter：Tophatter 是美国的一个在线拍卖电商平台，区别于其他电商网站，Tophatter 的订单大部分都是通过实时拍卖的方式卖出的，也就是买家相互竞价，谁出的价高，谁就拍卖成功。

（6）MercadoLibre：MercadoLibre 是拉美地区的电商平台，覆盖了南美洲 18 个国家，其中包括巴西、墨西哥、智利、哥伦比亚、阿根廷等。2017 年它的销售额增长了 30%，是一个成长速度很快的电商平台。

（7）Qoo10：Qoo10 也称趣天网，它最大的特点是经营范围广，覆盖国家多。它已在日本和新加坡等 5 个国家运营了 7 个购物网站平台，还在继续向其他亚洲国家和地区扩充和发展。

（8）Lazada：Lazada 是东南亚最大的电子商务网站，主要涵盖马来西亚、新加坡、菲律宾、泰国等市场。

区域性电商平台虽然在市场分布范围上不够广，但它们在当地的影响力或发展速度不容小觑。利用这些区域性电商平台更熟悉本国或地区市场的优势可以帮助拓展跨境客户。一方面，企业可以到对我国卖家开放的区域性电商平台开店，通过它们的平台开发跨境客户；另一方面，国内卖家也可以成为区域性电商平台卖家的供货商，充分发挥我国商品物美价廉的优势，通过国外电商平台的卖家开发跨境客户。

## （三）社交媒体

### 1．领英

领英是全球最大的职业社交网站之一。国外的很多大公司及员工都是领英的注册用户，而且他们具体的工作职位都会标清楚，这对外贸企业的推广来说十分有利。因此，通过领英能够找到更多的跨境客户和订单。

注册领英账号，个人信息的完善十分重要，它能帮助客户了解你的个人信息，也可以帮助你了解客户的信息，从而便于在众多的用户当中发现目标客户。在账户主页要经常更新内容，如发布动态，让客户看到你的近况。具体可以发说说、上传照片及日志等，通过图片和文字形式的合理搭配，可以图文并茂地介绍企业的产品，当然也可以发布一些参展消息、客户参观的介绍等。发布了内容之后就能被联系人看到，查看你的内容及点赞的用户都可能是潜在客户。

除了个人页面，企业还可以创建公司主页来吸引用户的关注。中文页面可以在"更多"中点击"公司"进入，创建公司主页。英文页面则需要将鼠标移到"Interests"，点击"companies"，然后点击右边的"create"进入，输入公司付费邮箱和公司英文名。常见的Gmail、Yahoo、163 邮箱都是免费邮箱，这也是很多人无法创建主页的原因。输入公司英文名和付费邮箱后，点击提交，然后登录邮箱点击链接、激活主页。之后在领英上直接搜索公司名字，立刻进去主页，鼠标移到"Edit"，点击"edit page"，在里面输入并完善主页信息，就可以发布产品信息了。

登录领英账号，添加好友可以立刻增加档案访问量和领英公司主页访问量，更重要的是好友越多，档案和主页做得越详细，直接添加"客户采购"的通过率就越高。"客户采购"同意你的好友请求后，你可以直接看他的邮箱，此处的邮箱是最准确的。如若不添加好友，直接查看邮箱或搜索邮箱，得到的邮箱信息有可能是错的或无效的，这会直接影响开发跨境客户的效率。

在领英页面的输入框输入关键词，就可以找到相应的群组，点击"申请加入"。所谓人以群分，在群组中找到潜在客户的概率会更高。当然，加入群只是第一步，后续还要在群里和大家保持互动。

### 2．Facebook

除了领英之外，也可以利用 Facebook 进行产品推广。Facebook 一直是开发跨境客户不能错过的社交媒体平台，想要保证推广营销的效果，就要对该平台的功能有所了解。

首先，Facebook 除了已经成熟的信息流广告板块，还提供了更多的广告投放选择，Facebook Messenger 广告就是其中之一。Facebook Messenger 广告为企业提供了和目标用户保持联系的方式，同时还能为用户提供自定义体验。投放广告的企业可以在 Messenger App 中回答用户的问题，或者和用户预约见面。此外还有一种插播视频广告，不管是在直播还是非直播状态中，广告主都可以播放 5~15 秒的视频广告，这不仅能帮助企业提升品牌知名度，还能让推广信息抵达更多的用户。

其次，Facebook 还具备直播营销功能。这个功能也成为很多商家开展推广营销的新方式，很受用户的欢迎。其中，它还包含了几个隐藏功能，如视频直播预先安排功能，将 Product Shop 与 Facebook Live 相结合的功能等。企业可以访问自己页面上的发布工具，转到视频库然后创建并预先安排直播。直播预约功能一方面能引起用户的关注，产生期待；另一方面能让用户腾出时间来观看直播。如果企业要将 Facebook 直播和 Product Shop 结合在一起，就要先设置好 Product Shop。完成了设置工作后，企业可以在直播过程中推广自己的产品，也可以在视频中为产品添加标签，吸引用户的访问。

最后，Facebook 平台为企业提供了一个免费的推广工具 Product Shop，它让企业可以直接在自己的 Facebook 主页中销售产品。利用这个工具，企业可以设立一个产品店铺，让消费者选择是否直接在 Facebook 上购买产品，或者跳到企业自己的网站上完成产品购买。直接在 Facebook 页面上销售产品将让卖家能够接触 Facebook 众多的用户。

### （四）即时聊天工具

Skype、WhatsApp 等即时聊天工具也是常用的开发跨境客户的渠道，其便捷的在线聊天功能能够更加及时地让企业与客户保持联系，通过它们也可以有针对性地去开发跨境客户。

（1）安装、注册 Skype 账户后，在"菜单"的"工具"栏搜索 Skype 用户，在搜索客户之前要了解目标客户的缩写，如 MOTA 是摩托罗拉的缩写。搜索时可以选择国家。搜索结果出来后，点击用户名，对搜索结果进行排序，并列出可能的联系方式。除了按客户名搜索，还可以按关键词搜索。使用关键词进行搜索时，需要对取名心理做一些分析，非常认真的客户有可能把自己的产品名作为 Skype 用户名的一部分，或者公司强制要求产品名作为用户名的一部分。Skype 上有个"搜索 Skype 用户"的功能，用户可以按照国家、城市等地区、性别、对方的语言、年龄来搜索。当然，最后一点就是别忘了在"查找 Skype me 状态下的用户"前面打上钩。只有标了"Skype me"的用户是欢迎别人去加他的用户。企业也可以设定"Skype me"让跨境客户找到自己。

（2）WhatsApp 是一款非常受欢迎的跨平台应用程序，用于智能手机之间的通信。WhatsApp 借助推送通知服务，可以即刻接收亲友和同事发送的信息。使用 WhatsApp 程序可免去用手机发送短信，同时，它还支持文字信息、图片、音频文件和视频信息的收发。WhatsApp 是基于手机号码注册的，在注册的时候，只需要你输入手机号码，并接受一条验证短信，验证完成即完成注册。WhatsApp 会自动搜索你的手机联系人中已经在使用 WhatsApp 软件的人，并将其自动添加到你的手机联系人名单里。

## 四、以有吸引力的促销方案吸引跨境客户

促销方案是指企业利用各种有效的方法和手段，通过恰当的信息传播载体将企业及其产品或服务的信息传递给目标客户，并与客户进行有效的沟通，使客户了解和注意企业的产品、激发消费者的购买欲望，并促使其实现最终购买行为的策略。

成功的促销方案离不开信息的传播，因此广告在促销方案中不可或缺。在跨境客户开发过程中可以通过以下途径发布广告，从而将促销信息及时地传递给目标客户。

### （一）广而告之促销信息

#### 1．通过社交平台发布促销信息

在信息时代，互联网媒体广告的传播范围极其广泛，不受时间和空间的限制，突破了传统广告的区域和时间限制。作为新兴的媒体，互联网媒体广告的收费远低于传统媒体。网络广告由于有自动化的软件工具进行创作和管理，能以低廉的费用按照需要及时变更广

告内容。相对于传统广告的信息单向传导性，互联网广告的交互性强一方面起到了信息传达的作用，另一方面对于品牌的建设与提升也有着良好的效果。借助互联网广告的优势，能将企业的促销信息方便及时地传递给目标客户。例如，在领英上进行促销信息的传播就有很强的专业优势。

领英对于外贸 B2B 行业来说，开发跨境客户是非常有效果的。企业在填写完毕账户相关信息之后，还需要完善公司官网、博客及其他有帮助的信息。当潜在客户对你感兴趣的时候可以方便快捷地了解你的信息，如可以查看你提供什么产品或服务。接下来要对客户进行分析，准确定位企业的目标客户，并发邀请给他们，同时看他们的关系网里有哪些人。如果有潜在客户就加入他们的群，从群里再挖掘新的符合要求的用户。在适当的时候建立自己的专业性群组，然后经常在领英问答区回答和你所处行业相关的问题。你的答案代表着你的专业水平，一旦被人看到并且认可，自然能够吸引客户的注意。在领英问答区回答问题答案质量尤其重要，如果被选中成为最佳答案，就有机会被贴上"Expert"的标签，这对目标客户会产生更大的吸引力。

领英也提供付费广告。领英上聚集了庞大的专业人士，领英的付费广告会根据你选择人群的种类来投放，具有很强的针对性。在付费模式上，领英提供了按点击付费的模式和按展示次数付费的模式。

在领英上投放广告，其受众更为精准。企业可以选择将广告投放到特定职位、行业、地理位置、性别、公司及领英组群中的人，也可以自由地组合各种属性，根据广告的需要进行调整。

### 2．通过跨境电商平台发布促销信息

跨境电商平台提供的服务也越来越丰富，除了常见的产品展示、销售服务，还提供相应的付费推广业务。例如，点击付费服务，也就是当跨境客户在电商平台点击、浏览产品后，不管是否购买，卖家都要支付相应的点击费用。点击付费是一种有效的站内广告推广手段，客户在点击、浏览企业产品后可能下单。这就需要卖家对产品页面进行合理的优化以激发客户的购买行动。

目前，亚马逊已为卖家提供点击付费服务；速卖通也提供了直通车服务，从本质上说这也是点击付费服务。点击付费服务由于是在电商平台直接展示产品促销信息，因此它的推广效果见效很快，设定好相关的关键词及其他相关选项，只要审核通过，流量会很快被吸引进来。点击付费通常费用比较高，企业在运用点击付费推广前，应做好成本预算。企业根据预算可以设定每天的推广费用，以免费用超支。

### 3．通过其他网络平台推广

除通过跨境电商平台进行站内推广外，站外推广也是重要的促销形式，如搜索引擎优化、专业网站推广、社交媒体引流等。

搜索引擎优化是一种利用搜索引擎的搜索规则来提高目前网站在有关搜索引擎内的自然排名的方式。它的目的是为网站提供生态式的自我营销解决方案，让网站在行业内占据

领先地位，以便于从搜索引擎中获得更多的免费流量。它要求网站从结构、内容建设方案、用户互动传播、页面等角度进行合理规划，从而使其更适合搜索引擎的索引原则。

专业网站推广要结合经营的产品有选择地运用。在专业网站推广有利于专业的目标客户发现企业的促销信息，从这个角度来说它是一种有效的推广手段。利用社交媒体进行推广此前已经有所涉及，这里不再展开。

### （二）公共关系

公共关系是指某一组织为改善与社会公众的关系，促进公众对组织的认识、理解及支持，达到树立良好组织形象、促进商品销售的目的等而展开的一系列公共活动。它的本意是让社会组织、集体或个人与其周围的各种内部、外部公众建立良好的关系。它是一种状态，又是一种活动。作为公共关系主体长期发展战略组合的一部分，公共关系的含义是指管理职能，即评估社会公众的态度，确认与公众利益相符合的个人或组织的政策与程序，拟订并执行各种行动方案，提高主体的知名度和美誉度，改善形象，争取相关公众的理解与接受。

对于跨境电商而言，利用公共关系开发客户的难度看起来很大，因为企业与其客户群体是割裂的，他们无法处在同一个社会环境中，所以企业无法与周围的各种外部公众建立直接的关系。其实，企业只需要转换思维就能找到公关的突破口、建立良好的公共关系、树立良好的社会形象从而赢得客户的尊重和认可。企业可以关注目标客户所在国家的实时事件。例如，某国发生了地震、洪水等自然灾害，企业可以在跨境电商平台上推出救灾用品的赠送活动，让老客户代为接收并负责送给他们国家的灾民，在爱心的驱使下会有老客户愿意将这份爱心传递下去。通过关注灾民的衣食住行，让老客户感受到企业超越国境的人道关怀和来自文明古国的爱心。捐赠会给企业带来成本的上升，但相比其他广告投入其收获的社会影响更深远，在感动老客户的同时也会鼓励老客户帮助企业开发更多新的客户。

### （三）销售促进

销售促进是指企业运用各种短期诱因鼓励消费者和中间商购买、经销企业产品和服务的促销活动。销售促进是客户开发过程中的一把利剑，它能使产品更快地进入市场和扩大其市场。其促销的对象有三个：批发商、零售商、消费者。对生产厂商而言，其开展销售促进的对象是批发商、零售商、消费者；对批发商而言，其开展销售促进的对象是零售商、消费者；对零售商而言，其开展销售促进的对象是消费者。销售促进的对象不同，促进策略也不同，企业要根据自身的销售促进目标采取有效的策略。跨境电商的主要销售促进对象为消费者，因此，其销售促进可采取如下策略。

#### 1．免费试用

免费试用指的是针对目标客户不收取任何费用的一种促销手段。它包括两种形式，一是无偿附赠，即以"酬谢包装"为主；二是无偿试用，以"免费样品"为主。"酬谢包装"指的是以标准包装为衡量基础，但给消费者提供更多价值的一种包装形式。它常见的形式包括：额外包装，即在包装内额外增加分量而无偿赠予；包装内赠，即将赠品放入包装内无偿提供给消费者；包装外赠，即将赠品捆绑或附着在包装上无偿提供给消费者；功能包装，即包装具有双重以上使用价值，不但可以做包装物，还可另做它用。"免费样品"指的是将产品直接提供给目标对象试用而不予取偿。

利用免费试用的销售促进策略最大的问题是如何将产品送达客户。在跨境客户开发中，客户和企业分属不同的国家或地区，送达服务的成本很高，再加上产品自身生产或采购成本使得免费试用的成本更高，因此免费试用产品的数量、获取试用装的资格、方式要进行周密的策划，以确保免费试用的效果和进行成本控制。

### 2．免费服务

免费服务是指提供不收取费用的服务，一般是附加的、义务性的服务。对于服务贸易而言，大多数服务产品的生产和消费环节是不可割裂的。因此，这里所谓的免费服务的主要含义仍然是围绕产品的销售产生的服务。跨境客户开发过程中能提供的附加免费服务多集中在售前、售中和售后。例如，售前可以根据跨境客户的要求对产品进行个性化的细节描述，或者多方位的展示；售中要在货款结算、产品个性包装、送达服务等方面给予客户更多的协助；售后针对产品的问题及时与客户进行有效的沟通，承担起企业应有的责任，帮助客户解决后顾之忧。通过超值的附加服务，让客户感知到企业的温暖，争取客户最大的满意和忠诚，并通过老客户帮助开发新的跨境客户。

### 3．奖金或礼品

奖金或礼品销售促进手段主要是指在产品销售中，对于购买一件产品给予相关联的产品或奖金的奖励。赠送相应的礼品可以是买大送小、买主要产品送周边礼品、送有特色的小礼品等；奖金可设定在产品购买后参加抽奖，抽中可获赠相应金额的优惠。对于礼品的赠送也存在与免费试用类似的问题，那就是因送达服务产生的成本增加，因此做好预算仍是重要的一环。

### 4．优惠券

前述的各类销售促进，都是直接或间接围绕消费者购买产品的总支出展开的，也就是体现在消费者购买产品时支付的总价格中。所以，在销售促进中，最直接的方式就是减少消费者的总支出，而直接减少消费者支出的促进方式就是优惠券。

优惠券是指企业发放的给予持有人在满足一定条件购买产品时的价格减让。由于优惠券能够替代现金使用，因此它对于价格敏感的消费者有很强的吸引力。优惠券可以通过企业网站、电商平台、电子邮箱等方式给予目标客户。

## 子情景二 推销为导向的跨境客户开发策略

### 学习目标

**知识目标**

● 能够描述以推销为导向的跨境客户开发策略。

**能力目标**

● 能够熟悉并运用各类常见的推销为导向的跨境客户开发策略。

**素质目标**

● 锻炼多维度的跨境客户开发思维。
● 培养基于客户视角开发跨境客户的思维。

### 项目背景

随着社会的变迁，推销的含义也在不断地演变。从不同的角度去看待推销，人们会对推销有着不同的理解和认识。从广义的角度看，推销是由信息发出者运用一定的方法与技巧，通过沟通、说服、诱导与帮助等手段，使信息接收者接受发出者的建议、观点、愿望、形象等的活动总称。从狭义的角度看，推销是指企业营销组合策略中的人员推销，即企业推销人员通过传递信息、说服等技巧与手段，确认、激活客户需求，并用适宜的产品满足客户需求，以实现双方利益交换的过程。本节浙江英卡顿网络科技有限公司的跨境客服专员 Allen 将要学习推销为导向的跨境客户开发策略。

### 任务实施

步骤 1：利用逐户寻找法开发跨境客户。
步骤 2：利用会议寻找法开发跨境客户。
步骤 3：利用亲朋好友开发跨境客户。
步骤 4：利用咨询寻找法开发跨境客户。
步骤 5：利用"猎犬"法开发跨境客户。
步骤 6：利用中心开花法开发跨境客户。
步骤 7：通过挖对手的客户开发跨境客户。

## 知识铺垫

推销的第一步是寻找潜在客户。在开发国内客户的过程中，推销人员可以利用语言、地理优势通过一定的方式发现目标客户。在跨境客户开发过程中，受限于语言、地域、风土人情、消费习惯的差异，推销的难度更大，要提高推销的效率须有一定的方法和技巧。

### 一、利用逐户寻找法开发跨境客户

逐户寻找法也称普遍寻找法或地毯式寻找法，是指营销人员在事先约定的范围内挨家挨户访问的方法，也叫作地毯式搜索法、逐户访问法、上门推销法。它是在不熟悉客户或不完全熟悉客户的情况下，推销员对某一特定地区和特定行业的所有单位或个人进行访问，从中寻找潜在的客户。所采取的寻找客户的方法就是把推销员按地区划片分工，逐户去访问。显然，依靠挨家挨户的方式拜访跨境客户难度极大，在"互联网+"时代，要充分借助"互联网+"推销拓展跨境客户。

企业在开发跨境客户之前，需要有一批业务熟练的客户开发人员，在充分熟悉产品和市场后，调研国外市场主要客户。推销人员可以通过互联网搜索潜在客户信息，如查看潜在客户的官网、网上销售店铺等，研究客户经营产品品类、档次、主要销售市场、经营理念等。对于锁定的目标客户，通过邮件、电话、社交媒体等渠道主动拓展业务。

### 二、利用会议寻找法开发跨境客户

随着社会的发展，人们的交往也呈现出多层次、多形式的特征。会议已经成为人们相互沟通的社会交往的重要表现形态，也是各类组织提升形象、传播和发布信息的重要契机。如今的会议形式已然超出了一般的单一格局，正朝着多元化方向发展。很多具有商业性目的的会议能产生巨大的客户开发机会，如行业演讲会、网上研讨会等。

行业演讲会或品牌技术研讨会通常由一个利益主体组织，一家或数家参与品牌通过会议进行演讲。尽管这类会议以技术或产品交流为形式，却是以品牌宣传为主要目的的，因此通常由品牌或行业媒体组织。对于跨国行业演讲会或品牌技术研讨会，经常会聚集世界上主要国家和地区的生产商和销售商，因此借助这类会议可以开发国外的批发商、零售商甚至消费者。

随着信息技术的发展，网上研讨会成为举办研讨会的又一种形式，它能够在节省主办方成本的前提下，让更多的客户和目标客户获得研讨会内容，主办方也能更有利地进行推广和跨境客户开发。网上研讨会有直播和录播两种类型。直播在指定的时间进行，并有演讲人进行演讲，演讲人可与客户及目标客户进行互动。由于采用了视频直播的方式，因此观众也可获得很好的现场参与感。网上研讨的规模可大可小，客户对其的接受度也比较高，可以在较小的会议成本下实现跨境客户的开发。

### 三、利用亲朋好友开发跨境客户

随着经济的发展，世界各国人民之间的交流越来越频繁。身边的亲朋好友去国外观光、商旅或定居的越来越多，这些常年在国外的亲朋好友也会接触各类不同的人群。利用亲朋好友的朋友圈去发现潜在客户也是重要的跨境客户开发途径。利用国外的亲朋好友开发跨境客户的优点是比较容易接近目标客户，因为亲朋好友可以直接和目标客户沟通，所以这种方式的目的性强、成功率高。当然，利用亲朋好友开发跨境客户也可能会遇到一些问题，如亲朋好友是否愿意利用其朋友圈帮助开发跨境客户、亲朋好友具不具备开发身边潜在客户的能力等。

另外，通过亲朋好友开发客户也要注意一些问题。一是为亲朋好友负责，不能有欺骗行为，要真诚地请亲朋好友代为寻找客户，客观地介绍自己的产品。当亲朋好友将目标客户介绍给企业时，要及时跟客户保持良好的沟通。二是不要强迫亲朋好友，当亲朋好友在帮助开发客户的过程中遇到困难时，要鼓励和支持，不能强迫，以免引起不必要的误会，影响了与亲朋好友的关系。三是在产品服务知识上给予亲朋好友足够的支持，及时地服务好亲朋好友，让亲朋好友感受到企业的产品质量和服务能力，这样亲朋好友才能更自信地去帮助你开发客户。

### 四、利用咨询寻找法开发跨境客户

咨询寻找法是指企业利用社会上各种专门的市场信息服务部门或国家行政管理部门所提供的咨询信息来寻找跨境客户的一种方法。它的优点是方便迅速，费用低廉，信息可靠。与企业自己寻找客户相比，它可以节省推销费用开支。同时，它还可以节省企业的推销时间，全力以赴推进产品或服务的销售。当然这种方法也有它的缺点，一是通过这种方式获得的咨询信息是间接信息，因此它可能存在一些片面因素，甚至会出现较大的信息失真。因此，要保证咨询信息的准确性。准确的咨询信息可以帮助企业有效地推进客户开发，反之，将影响企业跨境客户开发计划。二是这种方法下企业处于被动地位。若企业过分依赖咨询机构提供的信息，容易丧失开拓精神，失去许多推销机会，甚至在业务拓展上会受制于人。

### 五、利用"猎犬"法开发跨境客户

"猎犬"法又称委托助手法，是指委托与目标客户有联系的人士协助寻找目标客户的方法。目前，我国很多企业和个人已经通过各种方式参与到世界经济的发展中，他们可以委托正在或曾经在国外有客户资源的人协助开发客户。委托开发客户的助手所从事的职业应在直接使用促销品的行业或与之对口、相关的行业，这有利于捕捉有利信息，扩大信息情报网，甚至利用职业关系。并且助手可以以第三者公正的形象出现，从而提供更强的说服力。

在目标客户地处遥远、市场分散、交通不便、语言不通、文化迥异的地方，利用推销助手既可以及时有效地获取促销情报拓展新的跨境客户，又可以降低促销成本提高推销的经济效益。

"猎犬"法也有自身的缺点，即得力的助手选择较为困难。实力强大的助手可能会将开发的客户据为己有，实力欠佳的助手开发跨境客户的能力又有限。因此，助手的选择至关重要。

## 六、利用中心开花法开发跨境客户

中心开花法是指推销人员在某一特定的推销范围内，取得一些具有影响力的人物或组织的信任，并使其成为企业的客户，在他们的影响和协助下，把该范围内的个人或组织发展成为客户的方法。

利用中心开花法开发跨境客户的关键是取得中心人物或组织的信任和合作。一般来说，中心人物或组织往往在公众中具有很大的影响力和很高的社会地位，他们常常是消费者领袖。中心人物的购买与消费行为，就可能在他的崇拜者心目中形成示范作用与先导效应，从而引发崇拜者的购买与消费行为。在许多产品的销售领域，影响者或中心人物是客观存在的。特别是对于时尚性产品的销售。只要确定中心人物，使之成为现实的客户，就很有可能引出一批潜在客户。

中心开花法的关键是寻找、确定中心人物。一方面，它要求企业进行详细而准确的市场细分，确定每个子市场的范围、大小及需求特点，从中选择具有较多潜在客户的子市场作为目标市场，在目标市场范围内寻找有影响力的中心人物。另一方面，企业应努力争取中心人物的信任与合作。在较详细地了解了中心人物后，企业应首先以良好的产品和高质量的服务充分满足其需求。其次，在现行政策允许范围内，千方百计地开展推销活动，与之建立良好的人际关系。

中心开花法的优点一是省时省力，企业可以集中精力向少数中心人物做细致的说服推销工作，以避免反复向每一位客户进行说服，一定程度上避免了跨境客户开发过程中重点资源的浪费。二是能有效扩大产品影响，因为中心人物多是该领域的消费者领袖。中心开花法不仅可以通过中心人物的关系发现大批新客户，而且可以借助中心人物的社会地位来扩大商品的影响。

凡事皆有两面，因此中心开花法也有它的缺点。一是企业要花费大量的人力、物力把跨境中心人物开发为自己的客户，而所谓"中心人物"往往难以接近。假如中心人物不愿意与企业合作，企业就会失去很多客户。二是选错中心人物会得不偿失。如果企业选错了客户心目中的中心人物，就有可能弄巧成拙，既耗时间又费精力，最后往往贻误推销时机。

## 七、通过挖对手的客户开发跨境客户

挖对手的客户是指企业通过各种竞争手段，如推出性能创新产品、提供增值服务、降低产品价格等，从竞争对手那里抢夺目标客户的方法。当竞争对手的产品、服务不能满足客户需求时，利用这种方法往往能收到很好的效果。

挖掘竞争对手的客户，需要多方面的优势组合。第一个方面是产品定位，要么你的产品通过性能创新或在质量保障方面占绝对优势，要么生产效率提升、成本下降明显，价格有绝对及竞争优势。如果在这个方面没有明显的优势，那么需要从第二个方面着手。第二个方面就是竞争对手的产品问题。很多产品不可能百分之百没有缺陷，因此企业可以抓住竞争对手的产品缺陷问题，趁机让自己质量最好的产品先进入客户企业，然后接下来再一步一步抢占更多份额，以此便达到了拓展跨境客户的目的。

 **案例解析**

### 一、案例背景

学习跨境电商专业的李同学在大学里学习非常刻苦，在读书期间参与的创业大赛中也屡获佳绩。毕业后，该同学决定自主创业。鉴于李同学家里有一个小型锅具加工厂，在货物源头上很有优势，于是他决定在亚马逊上销售锅具。店铺开通后，产品拍照、修图、撰写文案、上传产品等问题被一一解决，但之后产品的曝光和浏览量一直不高。由于铁锅比较重，运费占据了成本的主要部分，因此成本优势并没有得到很好的发挥。经过一段时间的努力，李同学的产品的曝光量略有提高，并成功地收获了一个订单。开心的李同学及时将炒锅打包，然后联系快递发给了客户。经过 1 个月的运输，客户收到了炒锅，可是客户反馈的信息是炒锅在运输途中已经变形，无法使用。经过协商，李同学决定赔款了事。这一单虽然让李同学尝到了收到订单的喜悦，但也让李同学不仅没有进账，还赔了一口锅和一笔运费。这让李同学开始重新审视他的开店经历：

第一，铁锅较重，通过快递送达终端消费者，运费太高。

第二，企业的客户应该是终端消费者还是中间商？如果是中间商，是不是可以批量销售，从而选择更加经济的运输方式？

第三，如果调整经营策略，该如何去调整，目标客户是否应该转移？

### 二、案例总结

案例中，李同学根据在校学习的经历发现了亚马逊的商机并果断开店，利用自己所学来维持店铺的运营。李同学看到了货源的优势，却在快递方面准备不足，没考虑到运费的成本对炒锅货源价格的影响和运输中可能出现的问题。由于开始阶段订单较少，李同学也没考虑利用海外仓。但是现在李同学需要考虑是选择海外仓还是改进快递包装，因为这两样都会增加成本。因此，在目标客户选择上，李同学应考虑锁定中间商。如果不更换目标客户，继续将终端消费者锁定为目标客户，则要加大前期资金投入，在短期内开发大量客户，通过海外仓缩减运输成本。

## 习题演练

### 一、单选题

1. 著名的市场营销 4P 组合理论中，4P 是指产品、价格、促销、(  )。

A. 渠道
B. 人员
C. 定位
D. 公共关系

2. 注重客户需求，坚持整体营销，这是一种 (  )。

A. 生产观念
B. 推销观念
C. 市场营销观念
D. 社会营销观念

3. 在价格影响策略中，不包含 (  )。

A. 招徕定价策略
B. 均衡价格策略
C. 高价策略
D. 低价策略

4. 营销导向的客户开发策略不包括 (  )。

A. 适当的产品策略
B. 适当的价格策略
C. 适当的促销策略
D. 适当的公关策略

5. 互联网在跨境客户开发中发挥着不可替代的作用,利用互联网不能实现的是(  )。

A. 发布产品信息
B. 寻找客户信息
C. 结算产品价款
D. 将产品送达客户

6. 跨境客户种类不包括 (  )。

A. 终端消费者
B. 中间商
C. 生产商
D. 设计商

### 二、判断题

1. (    ) 跨境电商经营的商品一般价格较高、利润率相对较低。

2. (    ) 跨境电商缩短了对外贸易的中间环节，提升了进出口贸易的效率，为小微企业提供了新的机会。

3. (    ) 跨境电子商务不利于中国制造应对全球贸易新格局。

4. (    ) 跨境电商需要对海外贸易、互联网、分销体系、消费者行为有很深的理解，并且对世界各国人民的风俗人情、购物习惯也应有一定的了解。

5. (    ) 一般我们说的跨境电商是指广义的跨境电商，不仅包括 B2B，还包括 B2C；不仅包括跨境电商 B2B 中通过跨境交易平台实现线上成交的部分，还包括跨境电商 B2B 中通过互联网渠道线上进行交易撮合、线下实现成交的部分。

### 三、简答题

1. 什么是营销导向的跨境客户开发策略？

2．什么是推销导向的跨境客户开发策略？

3．跨境客户的类型和特点有哪些？

4．价格策略包括哪些类型？

5．跨境客户的开发渠道包括哪些？

6．如何利用逐户寻找法开发跨境客户？

 **实践操作**

实践任务：通过行业协会开发跨境客户。

相关资料：某外贸业务员经过不断的努力，找到了英国零部件行业协会的官方网址 http://www.btma.org/index.php。如果你是国内某零部件生产企业的外销人员，负责开发英国的跨境客户，那么你如何利用该行业协会网站信息开发目标客户呢？

# 情景四

# 跨境客户信息的收集与管理

子情景一 跨境客户信息概述

 **学习目标**

### 知识目标

- 能够描述跨境客户信息的重要性。
- 能够描述跨境电商需要收集哪些跨境客户信息。

### 能力目标

- 能够收集跨境 B 端客户和 C 端客户的信息。

### 素质目标

- 认识到跨境客户信息对企业的重要性，养成重视跨境客户信息的职业素养。

 **项目背景**

跨境电商逐渐意识到，要在市场中占有有利位置，仅靠自身压缩成本是不够的，真正的利润源泉是客户资源。因为跨境客户是跨境电商实现交易且最终获得现金流入的口径，所以如果企业失去客户这一资源，就意味着其产品不能实现价值交换和市场收益。于是，市场由卖方市场转变为买方市场，企业重心由产品中心转变为客户中心，企业的经营活动以客户的需求为导向。这也就意味着，谁能抓住跨境客户资源谁就能抓住市场。

跨境客户是决定跨境电商命脉的重要资源，跨境客户的信息也就变成企业重要且极其珍贵的资源，是跨境电商赖以生存和发展的基础。跨境客户的信息包括跨境客户的各种需求、基础信息、咨询、建议、投诉信息等。然而 21 世纪属于信息大爆炸时代，每天充斥的大量信息使得企业工作人员容易忽视有效信息，从而导致有效的客户信息缺失。因此，跨境电商需要对跨境客户的信息进行梳理、归类，才能有效地利用所收集到的客户信息拓展业务。浙江英卡顿网络科技有限公司的跨境客服专员 Allen 在吴经理的要求下，开始整理跨境客户信息。

## 任务实施

步骤1：能够意识到跨境客户信息对企业的重要性，重视客户留下的有用信息。

步骤2：尝试通过访问记录追踪和挖掘跨境客户信息。

步骤3：根据客户是跨境个人客户还是企业客户，收集和记录信息。

## 知识铺垫

### 一、跨境客户信息的重要性

#### （一）跨境客户信息是企业的无形资产

随着跨境电商市场的成熟发展，同业之间的竞争日趋激烈，企业之间在人才和市场上展开了全方位的争夺，而对跨境客户资源的争夺更成为取得胜利的关键。跨境客户信息不同于固定资产那样容易计量，但跨境电商可以从跨境客户的数据信息中发现给企业带来收入的跨境客户在哪里，客户的最大贡献价值是多少，客户价值的消耗和再生是如何进行的，同时还能通过客户数据的发展变化来识别和了解跨境客户资源的占有量、客户流失情况、消亡和再生情况。基于此，越来越多的跨境电商意识到客户信息对企业的生存和发展起着至关重要的作用，并将其视为重要的无形资产悉心维护。

#### （二）跨境客户信息是企业生产和营销的导向

客户的信息能够反映客户的消费特征和消费行为。作为跨境电商的卖家，可根据跨境客户的信息制定有针对性的营销策略，并根据客户信息反馈出来的市场需求和对产品的特性要求寻找最能够打动客户、最受客户欢迎的货源。也就是说，跨境客户信息成了企业生产的导向，指导着企业生产什么功能、性能、价格的产品，以及采用什么样的包装。

#### （三）跨境客户信息是企业决策的基础

信息是决策的基础。如果跨境电商想要做"事前诸葛亮"，就要维护好不容易与跨境客户建立起来的关系，就必须充分掌握跨境客户的信息，了解跨境客户及其变化。

任何一个跨境电商都是在特定的客户环境中经营发展的，有什么样的跨境客户环境，就应有与之相适应的经验战略和策略。如果跨境电商对跨境客户的信息掌握不全、不准，判断就会失误，决策就会有偏差，而如果跨境企业无法制定出正确的经营战略和策略，就可能失去好不容易建立起来的客户关系。所以，跨境企业必须全面、准确、及时地掌握跨境客户的信息。

### （四）跨境客户信息是客户分级的基础

跨境电商只有收集全面的客户信息，特别是他们与企业的交易信息，才能知道自己有哪些跨境客户；才能知道他们分别有多少价值；才能识别哪些是优质客户，哪些是劣质客户；才能识别哪些是贡献大的客户，哪些是贡献小的客户；才能根据带给企业价值的大小和贡献的不同，对跨境客户进行分级管理。

### （五）跨境客户信息是客户沟通的基础

大众营销、大众广告、大众服务都不能实现有针对性地与客户沟通，实际上还扩大了企业与客户之间的距离。随着市场竞争的日趋激烈，跨境客户情报越显珍贵。拥有准确、完整的跨境客户信息，既有利于了解客户、接近客户、说服客户，也有利于与客户沟通。

如果跨境电商企业能够掌握详尽的跨境客户信息，就可以做到"因人而异"地进行"一对一"的沟通；就可以根据每个客户的不同特点，有针对性地实施营销活动，如发函、打电话，从而避免大规模的广告投入，使跨境电商企业的营销成本降到最低点，而成功率却达到最高点。一般来说，大面积地邮寄宣传品的反馈率只能达到 2%~4%，但是，在了解客户"底细"的基础上经过筛选，有针对性地邮寄宣传品，反馈率就可以达到 25%~30%。

### （六）跨境客户信息是客户满意的基础

在竞争激烈的市场中，跨境电商要满足现有跨境客户和潜在跨境客户及目标客户的需求、期待和偏好，就必须掌握跨境客户的需求特征、交易习惯、行为偏好和经营状况等信息，从而制定和调整营销策略。

如果跨境电商能够掌握详尽的跨境客户信息，就可以在把握跨境客户需求特征和行为偏好的基础上，有针对性地为跨境客户提供个性化的产品或服务，满足跨境客户的特殊需要，从而提高他们的满意度，这对于保持良好的跨境客户关系、实现客户忠诚将起到十分重要的作用。

如果跨境电商能够及时发现跨境客户的订货持续减少的信息，就可以赶在竞争对手之前联系该客户，采取必要的措施进行补救，从而防止他们的流失。

如果跨境电商能够及时掌握跨境客户对企业的产品或服务的抱怨信息，就可以立即派出得力的人员妥善处理和解决，从而消除他们的不满。

如果跨境电商知道跨境客户的某个纪念日，就可以在这个日子送上适当的礼物、折扣券、贺卡或电影票；或者在知道跨境客户正为失眠困扰时，寄一份"如何治疗失眠"的资料给他。这些都会给跨境客户带来意外的惊喜，从而使跨境客户对企业产生依赖感。

总而言之，跨境客户信息是跨境电商企业决策的基础，是对跨境客户进行分级管理的基础，是与客户沟通的基础，也是实现客户满意的基础。因此，跨境电商应当重视和掌握跨境客户的信息。

## 二、跨境电商企业应掌握的客户信息

### （一）跨境 C 端客户的信息

当一个客户与你完成了交易，他留给你的是什么呢？不仅仅是钱（货款），还有手机号码、地址、邮箱和他的生日。同时，我们还要注意收集客户的年龄、收入状况、性格、兴趣爱好、家庭状况等个人档案信息。对一个客户的资料掌握得越准确，后期的管理就越有成效。跨境 C 端客户的信息应当包括以下几个方面的内容。

（1）基本信息：姓名、血型、身高、体重、出生日期、家庭住址、手机、电子邮箱、所在单位的名称、职务、单位地址、电话、传真等。

（2）消费情况：消费的金额、消费的频率、每次消费的规模、消费的档次、消费的偏好、购买渠道与购买方式的偏好、消费高峰时点、消费低峰时点、最近一次的消费时间等。

（3）事业情况：以往就业情况、单位名称、地点、职务、年收入，在目前单位的职务、年收入、对目前单位的态度，对事业的态度、长期事业目标、中期事业目标、最得意的个人成就等。

（4）家庭情况：已婚或未婚、结婚纪念日、如何庆祝结婚纪念日，配偶姓名、生日及血型、教育情况、兴趣专长及嗜好，有无子女，子女的姓名、年龄、生日、教育程度，对婚姻的看法、对子女教育的看法等。

（5）生活情况：喜欢在何处用餐、对生活的态度、有没有座右铭、休闲习惯是什么、度假习惯是什么、喜欢哪种运动、喜欢聊的话题是什么、最喜欢哪类媒体，个人生活的中期目标是什么、长期目标是什么等。

（6）教育情况：高中、大学、研究生的起止时间，最高学历、所修专业、主要课程、在校期间所获奖励、参加的社团、最喜欢的运动项目等。

（7）个性情况：曾参加过什么俱乐部或社团、目前所在的俱乐部或社团、是否热衷政治活动、宗教信仰或态度、喜欢看哪些类型的书、忌讳哪些事、重视哪些事、是否重视他人的意见，待人处事的风格，自己认为自己的个性如何、家人认为他的个性如何、朋友认为他的个性如何、同事认为他的个性如何等。

（8）人际情况：亲戚情况、与亲戚相处的情况、最要好的亲戚、朋友情况、与朋友相处的情况、最要好的朋友、邻居情况、与邻居相处的情况、对人际关系的看法等。

### （二）跨境 B 端客户的信息

跨境 B 端客户的信息内容应当由以下几个方面组成。

（1）基本信息：跨境企业的名称、地址、电话、创立时间、组织方式、业种、资产等。

（2）跨境客户特征：规模、服务区域、经营观念、经营方向、经营特点、企业形象、声誉等。

（3）业务状况：销售能力、销售业绩、发展潜力与优势、存在的问题及未来的对策等。

（4）交易状况：订单记录、交易条件、信用状况及出现过的信用问题、与客户的关系及合作态度、跨境客户对企业及竞争对手的产品服务评价、客户建议与意见等。

（5）负责人信息：所有者、经营管理者、法人代表及其姓名、年龄、学历、个性、兴趣、爱好、家庭、能力、素质等。

### 一、案例背景

一家速卖通饰品店铺打算把店铺中的 2 款产品作为爆款主打，薄利多销以积攒客户资源。于是店铺投放了广告、设计了网页，做了针对这 2 款产品的宣传海报，并对这 2 款产品的信息做了优化以提高访问量。很快，店铺的精心打造为店铺带来了大量的访客。有些访客写了邮件咨询客服饰品的材质等细节信息，还有些访客直接下单购买了。当然，还有些访客只是进入店铺后就离开了。面对这种情况，卖家接下来应采取哪些行动呢？

### 二、操作步骤

（1）卖家记录已下单的跨境客户信息，并予以发货。

（2）卖家收到访客邮件之后，先弄清楚邮件意图，整理跨境客户留下的信息。

（3）对于只是访问了店铺的访客，卖家要尝试通过访问记录实施客户信息追踪，挖掘客户信息，以主动向客户推销。

（4）根据客户是 B 端客户还是 C 端客户，整理跨境客户信息，建立客户信息档案。

### 三、案例总结

卖家要意识到客户信息的重要性，并记录跨境客户留下的信息。例如，对于跨境 C 端客户，收集其基本信息，包括姓名、户籍、籍贯、血型、身高、体重、出生日期、性格特征等，以及消费情况、事业情况、家庭情况、生活情况、教育情况等信息。对于跨境 B 端客户，收集基本信息、跨境客户特征、业务状况、交易状况、负责人等相关信息。

## 子情景二　跨境客户信息的收集渠道

### 知识目标

- 了解跨境客户信息收集的困难与挑战。
- 能够描述跨境客户信息收集的原则。
- 能够描述跨境客户信息收集的渠道和方法。

### 能力目标

- 能通过不同的途径收集跨境客户的信息。

**素质目标**

● 培养跨境业务人员收集客户信息的能力，使其具备相应的职业能力和素养。

## 项目背景

跨境客户信息对企业极其重要，因此跨境客户信息的收集和利用成为企业发展不可或缺的重要环节，也是企业在市场竞争中制胜的法宝。在收集跨境客户信息时，我们常用的方法有访问法、问卷法、观察法等。这些调研方法可能对企业在面对消费者市场收集市场信息时更有效，而面对跨境电商市场时，我们的方法需要多变，如可以使用网站访问法、搜索引擎法，以及通过各种海外社交网站等收集客户信息。浙江英卡顿网络科技有限公司的跨境客服专员 Allen 在吴经理的要求下，开始收集客户信息。

## 任务实施

步骤 1：明确跨境客户信息收集的原则，先里后外、由近及远地利用现有资源开始收集跨境客户信息。

步骤 2：通过店铺访问信息收集跨境客户信息，如通过批量导出订单、实时营销界面收集跨境客户信息。

步骤 3：通过搜索引擎收集跨境客户信息。

步骤 4：通过其他国家的本土电商网站收集跨境客户信息。

步骤 5：通过海外社交网站收集跨境客户信息。

## 知识铺垫

### 一、跨境客户信息收集的困难与挑战

虽然越来越多的企业意识到了客户信息对企业的重要性，但是在收集的过程当中，依然存在困难与挑战。这些挑战包括：

（1）信息量太大，容易忽视有效信息。21 世纪属于信息大爆炸时代，每天都充斥着大量的信息，这让客户信息收集人员无法有效地辨认跨境客户信息，导致有效的跨境客户信息缺失。

（2）跨境客户信息收集方法较为单一。在收集跨境客户信息时，我们常用的方法有访问法、问卷法、观察法等，但这些方法已不能满足多样化的消费者市场，尤其是对于跨境市场来说，以上方法已不能应对。我们需要寻找更多的途径来收集能够给店铺带来销量的跨境客户信息。

（3）信息保护意识让跨境客户信息收集工作难以开展。目前严重的信息流失现象给越来越多的人带来了较大的生活困扰，因而人们的信息保护意识变得越来越强。在强烈的信

息保护意识下，客户信息收集工作也面临着巨大的挑战。

## 二、跨境客户信息收集的原则

### 1．明确客户来源，了解目标客户

一般而言，在收集跨境客户信息前，跨境业务人员应确立营销项目的预期目标，清楚公司商品或服务的定位，分析公司的目标客户群体，有针对性地收集客户信息，进而从目标群体中挖掘公司的潜在客户。分析目标用户时，需要了解：目标客户在哪些国家和地区？目标客户有哪些文化习惯？目标客户群体经常浏览哪些网站？目标客户通常用哪些方法寻找他们需要的产品和服务？目标客户在各个购买周期关注的要点是什么？分析透这些问题之后，收集到的客户信息就会更有价值，也能够为后续的商品推广工作打好基础。

### 2．先里后外

先里后外，即信息的收集和利用应遵循由内部资料检索到外部资料的原则进行。先充分利用公司内部通过客户交易记录、访问记录、交谈记录等方式收集的客户信息资料，再通过各种途径搜索新的客户信息。客户有过交易记录、访问记录、交谈记录说明客户对店铺的商品或店铺有一定的兴趣。这些客户对店铺有很大的价值，因为他们很有可能再次购买或由潜在客户变为现实客户。

### 3．由近及远

由近及远，即在寻找潜在客户时，应先充分利用自己的现有资源——利用自己现有的客户，让其帮忙推荐新客户，继而收集到更多的潜在客户信息。

## 三、跨境客户信息收集的渠道和方法

### （一）通过店铺访问信息收集

在跨境电商平台上，通过店铺后台我们可以查看最基本的客户资料，如手机号码、邮箱、地址等信息，但更多的客户资料，如生日、兴趣、爱好、肤色等信息需要客服工作人员在和客户聊天的过程中不断地收集和整理。

卖家可以点击"会员管理"下面的"会员详情"，输入查询条件，系统会显示符合要求的会员。卖家通过后台的会员资料即可查看会员的详细信息。点击"交易详情"，系统会显示会员在卖家店铺的交易情况。卖家还可以在会员资料里面手动维护会员的等级和备注信息，方便卖家对买家进行全方位的了解，便于双方更好地沟通。

这里以速卖通平台为例，介绍如何收集客户信息。

### 1．通过订单批量导出客户信息

收集路径如下：速卖通后台→交易→管理订单→订单批量导出→设置需要导出的订单条件。

收集客户信息时，需注意，订单导出时段只支持3个月，若需要3个月以上时间的数据，需要分批导出。

订单导出后，我们可以利用 Excel 表格工具对客户信息进行整理，有针对性地筛选出客户信息，如客户 ID、买家邮箱、订单金额、产品信息、收货地址、国家、联系电话等。打开订单详情，还可以看到客户的地理区域、资金详情。

如果想对特定客户做再次营销，就需要挖掘更多的信息，这可以通过他之前的购买记录或评价信息等渠道获得。

### 2．通过速卖通实时营销界面收集客户信息

在速卖通平台上，还可以进入实时营销界面，随时观察客户动向。在该界面及时与客户互动可以提高转化率和客户黏度，此外还可以查看、查询访问客户的信息。

进入"数据纵横"中的"实时营销"页面，可以观察到实时访客的信息，包括访客 ID、会员等级、访客类型、访客行为、首访时间、浏览量、添加收藏次数、添加购物车次数、下单订单数、下单金额等。

此外，还可以进入"营销活动"→"客户管理与营销"→"客户管理"页面。在"所有客户"里可以看到店铺成立以来所有的客户类型，通过"客户类型"的筛选可以区分已交易的客户、加购物车的客户、加收藏夹的客户。此外，也可以自定义筛选条件。

### （二）通过搜索引擎收集

搜索引擎是外贸企业海外推广的有效手段之一，同时也是搜索买家资料时很重要的一个工具。下面介绍利用 Google 搜索引擎寻找客户资料的一些方法和技巧。

### 1．直接在 Google 首页输入关键词

一个产品可能有很多关键词，如产品 projector，它还可以搜 electronics，同时也可以归入 home cinema 或 home theatre。而同一产品往往有不同的英文名称，如鞋子，其名称有 shoe、footwear 等，把这些不同的关键词输入 Google 的搜索框，每个关键词的搜索结果都不一样。每个关键词都会搜出很多国外相关公司的网站等信息，然后打开它们的网站，就能看到公司的相关信息及联络方式了。

此外，还可将同一关键词翻译成不同的语言再去搜索，或者用关键词加上 importer、distributor、buyer、wholesaler、agent 等进行搜索，搜索的结果也都不一样。利用搜索引擎的"爬虫"原理，一般情况下，排在前几页的搜索结果都比较有效，因为其网站内容基本都是最近更新的。

### 2．在各国本地的 Google 首页输入关键词

Google 在世界上的多个国家都有分公司，因此可用当地的 Google 输入关键词进行搜索。例如，可以上德国的 www.google.de、英国的 www.google.uk 等进行搜索。输入关键词，这样很容易找到当地的客户信息，搜索的结果也更精确。不过，如果用各国本地的 Google 进行搜索，最好是通过使用翻译软件，将关键词翻译成当地语言再去搜索。例如，想要找德国的客户，你可以将"鞋子"翻译成德文，再在 www.google.de 上进行搜索，如此可找到更多当地公司的信息。之后，如果还想进一步了解客户，还可以继续搜索客户公司名称

和客户名称，来了解其过往的询盘及求购信息，或者查看跟客户有关的视频，如产品广告、公司宣传视频等。

### 3．用"关键词+公司后缀"进行搜索

一般情况下，每个国家的公司其名称后缀都不一样，如中国公司的名称后缀习惯是 Co. Ltd.，美国的是 INC、LLC 等，意大利的是 S.R.L，西班牙的是 S.P.A。将产品名称或产品所属的大范围的名称作为关键词，输入到 Google 搜索框中，然后加上要搜索的国家的公司名称后缀，也会出现不同的结果。

### 4．用公共邮箱后缀进行搜索

很多国家的买家都用一些公共邮箱系统，如意大利的@libero.it。这时就可以将"@"标志及要找的商品名称输入 Google 的搜索框。例如，要找手机的意大利买家，就可以输入"@libero.it.mobile"。幸运的话，你会找到很多买家。下面是一些常用的邮箱系统：

（1）印度的@vsnl.com。

（2）巴基斯坦的@cyber.net.pk。

（3）阿曼的@omantel.net.om。

（4）南非的@webmail.co.za。

（5）新西兰的@xtra.co.nz。

（6）新加坡的@pacific.net.sg。

（7）最常用的还有@yahoo.com、@hotmail.com、@aol.com、@gmail.com 等。

### 5．巧用 Google 地图搜索

利用 Google 地图搜索关键词，也会有不一样的收获。国外很多公司都会在 Google 地图上标出自己公司的地理位置，所以用地图搜索也可以找到一些相关客户的信息。通过这种方式，可以查看客户的公司所在地是市中心还是郊区，是工厂还是高层写字楼，从而判断客户是属于生产型的公司还是贸易型的公司。另外，还可以根据地图测量功能推断对方公司的规模和实力。

### 6．巧用 Google 图片搜索

当客户发来一款产品，卖家不知名称、需要查找或想要了解产品在国外的售价时，可以用 Google 图片的搜索功能。除此之外，还可以在图片搜索框中搜索产品的关键词，从而查找到目标客户的网站，进入网站搜索客户信息。

### 7．通过国际展览会、博览会网站搜索

全球各地每年都会举办各种各样的展会，尤其是在发达国家，每年都有不少专业展，如德国的杜塞尔多夫国际鞋展，美国的拉斯维加斯国际服装展览会等。国内外大型的、固定办展的进出口商品展览会或博览会往往都有本展会的官方网站，并且拥有大量的世界范围的参展客户名录。登录这些网站，能够找到国外展商的名录及联系方式（一般都会有展商列表）。若该网站上没有联系方式，可以将展商名称直接复制到 Google 搜索框中去找它

们的邮箱。查询展览会、博览会网站的方法比较简单，即在搜索引擎中输入博览会名称，即可找到该会网站。例如，输入"中国—东盟博览会官方网站"，就可以看到该网站的页面和网址了。如果需要搜索本行业的展会，输入"产品关键词+tradeshow/exhibition/trade fair/show/fair"，就能够找出与该产品相关的展会网站。另外，有些展会网站也会有其他相关展会的链接，可直接点击链接，从而找到更多展会的网站。

### 8. 通过网络黄页（企业名录）搜索

网络黄页（企业名录）是跨境贸易人士获取商业信息的主要途径之一，是外贸人员了解境外客户的直接渠道。传统黄页是以纸面形式印刷企业电话号码的黄页广告，内容包括公司地址、电话、公司名称、邮政编码、联系人等基本信息。而网络黄页中不仅提供包括企业邮箱、产品动态、数据库空间、买卖信息、企业简介等在内的信息，还有即时留言、短信互动等功能。通过网站页面上行业地区的划分，可以在线查找所要找的企业。例如，进入巴基斯坦黄页（http://www.yellowpages.biz.pk）之后，点击 business catalogue，进入后输入产品名称搜索。搜索结果中会有很多客户，这些客户要耐心地一个一个地点击进去查询，有很多都留有邮箱。当然，如果没有邮箱，也可以将其公司名称输入 Google 再搜索。有的网站没有客户信息，这时只要输入"www.xxx.com email"，部分客户的信息就会显示出来。如果不行，就把"www"去掉，用".xxx.com email"进行搜索。

其他国家的黄页网站有：英国黄页 www.yell.com，西班牙引擎 www.hispavista.com，阿拉伯引擎 www.arabo.com，瑞典引擎 www.eniro.se，以美元为重点辐射的部分国家引擎 www.superpages.com，比利时黄页 www.goldenpages.be。

### （三）通过其他国家的本土电商网站收集

访问境外的电商网站，除了可以查看在相应国家或地区的产品流行趋势外，还可以找到相关产品的客户信息。主动给这些客户发送信息，推送一些广告及优惠活动，对开展业务也是非常有帮助的。以下列举一些其他国家的本土电商网站。

### 1. 美国电商网站

美国有一些大型的以线下为基础向电商发展的平台，也是美国买家的主要网购平台。

（1）Walmart，沃尔玛百货，美国最大的线下零售商，经营连锁折扣店和仓储式商店的美国跨国零售公司。

（2）Best Buy，百思买（http://www.bestbuy.com），美国跨国消费电子公司，专注消费电子类产品。

（3）Macy's，梅西百货（https://www.macys.com），美国中档连锁百货公司，以消费类产品为主，产品涵盖种类丰富。

（4）Sears，西尔斯（http://www.sears.com），美国著名的连锁百货公司，和梅西百货类似。

## 2．俄罗斯电商网站

（1）Ulmart，俄罗斯最大的电商平台，成立于 2008 年，销售 12 万种商品，囊括家电、手机、电脑、汽配、服装、母婴、家装、图书等品类。

（2）Ozon，俄罗斯老牌电商平台，1998 年上线，主营业务为在线销售图书、电子产品、音乐和电影等。

（3）Wildberries，时尚类电商平台，成立于 2004 年，是俄罗斯本土的鞋服及饰品在线销售平台。

（4）Citilink，3C 家电电商平台，成立于 2008 年，为客户提供数码下载、电脑、3C 家电等产品。

（5）Lamoda，时尚服装电商平台。

## 3．巴西电商网站

（1）Mercadolivre，巴西本土最大的 C2C 平台，利用好这个平台有利于了解巴西各类物价指数、消费趋势、付款习惯等市场信息。

（2）Lojas Americanas，巴西本土的连锁零售商店，1929 年成立于里约热内卢，目前该公司在巴西的 25 个州及首都巴西利亚拥有 860 家实体商店。

## 4．西班牙电商网站

Elcorteingles，西班牙最大的百货集团，同时也有电商平台，在这里可以看到西班牙本土品牌的产品。

## 5．法国电商网站

（1）Cdiscount，法国排名靠前的购物网站，拥有 1 600 万买家，平台经销范围涉及文化产品、食品、IT 产品等诸多品类，商品销往南美、欧洲、非洲等地。

（2）Fnac，法国老牌的图书和电子产品零售商，拥有数百家实体店。

（3）PriceMinister，欧洲地区流量较高的电商平台，总部在法国，主营 3C、时尚及家居品类。

（4）La Redoute，乐都特，法国时尚品牌，1995 年开始从事网络营销，现覆盖 120 多个国家，拥有 70 多个品牌。

### （四）通过海外社交网站收集

SNS（Social Network Service）是指社交网络服务，下面介绍一些有代表性的 SNS 网站，以及如何通过这些社交网站关注并收集目标跨境客户信息。

## 1．Facebook

Facebook 于 2004 年 2 月 4 日上线，从用户量和网站流量来看，目前，Facebook 是全球最大的实名制社交网站。如果把一个网站的用户量比作一个国家的人口数量，那么 Facebook 在互联网这个虚拟的国度里面，已经是全球仅次于中国和印度的世界人口第三大国。其流量在全球网站排名中位居前三，平均每天 Facebook 的访问量就超过 6 亿次。该网站的访问国家/地区排名中，位居前列的美国、法国等都是跨境电商购买的主力国。

通过 Facebook 收集跨境客户信息时，卖家需要访问 www.facebook.com，进入 Facebook 注册页面进行注册，将公司信息填写完整、准确，这样便于客户检索到公司的 Facebook 页面。如果在 Facebook 公司页面中发布一些客户好评，当客户检索到 Facebook 页面看到这些内容时，就可以增加对卖家品牌的好感度。

卖家还可以通过 Facebook 平台投放广告，从而主动寻找跨境客户，获取跨境客户信息。例如，在 Facebook 的 Life Event 选项抓取到用户的 Life Event 数据，区分人群，精准投放广告，获取客户数据。

以手机壳（phone case）为例。当在方框里输入"phone case"的时候，用鼠标单击搜索，然后单击"页面"查看的就是关于 Facebook 的专页。如果想看更多的页面，可以单击"查看更多结果"。搜索到的结果页面大都会标注页面是哪里的，有多少粉丝（likes）等。单击进入一个页面，可得到有厂家信息的页面。页面上有你需要的邮箱、地址、网址、电话、营运时间等。如果页面没什么信息，此时单击"简介"，就可以看到相关信息。

还有一种方法是反推法。例如，你进入一个网站，想获得这个网站的邮箱，你又不知道或很难查找到具体的邮箱，如果页面有 Facebook、Twitter、Google+的图标，单击这些图标，你就有可能获得想要的具体联系方式。

### 2．Pinterest

对于兴趣类的社交网站，不能不关注 Pinterest。Pinterest 的中文名字为"拼趣"，是一个为卖家的项目和兴趣发现创意点的图片社交网站，采用瀑布流的形式展示图片，无须用户翻页，在页面底端不断加载新图片。Pinterest 的原身是婚庆类产品的导购网站，用户群体大部分是女性，多来自欧美国家。因此该网站积累了一部分适龄女性的信息。卖家可以登录 Pinterest 收集潜在跨境客户信息，同时，可以利用谷歌浏览器中的一个插件一键将卖家店铺的图片分享到 Pinterest 中，用户点击图片就可以直接链接到卖家店铺。通过这种路径不仅能收集到跨境客户信息，还可以通过分享产品图片为自己带来客户。

（1）搜索相关的群。在 Pinterest 中利用 Pingroup 群工具，可以依据目录、关键字找到想要找的相关的群。通常可以依据"like"的人数来选择群，这个参数越高，就代表这个群越活跃。

（2）搜索竞争对手的粉丝。我们还可以在 Pinterest 上查找竞争对手的粉丝，从而找到更精准的潜在客户信息。那么该如何搜索呢？运用"http://www.pinterest.com/source/abc.com"这个链接，将"abc.com"替换成你的竞争对手的网址，这样你就可以查看哪些用户关注了竞争对手，再对他们进行跟进会更精准。同时，我们也可以知道哪些图片是最受欢迎的。

（3）搜索 Pinterest 的红人。毫无疑问，在 Pinterest 上营销找到对的红人非常重要。通过 Pinterest 的红人进而搜寻到更多跨境客户的信息，甚至对方还可以帮我们进行传播。那么怎么快速地找到 Pinterest 的红人呢？

方法 1：使用 similarweb 的付费功能可以查看竞争对手最好的 Pinterest 帖子，以及每个帖子占据的流量来源。从好的帖子和流量来源能够找到相关客户的信息。

方法 2：使用 Repinned.net 找到 Pinterest 上的大账号，通过这个工具可以找到很多 Pinterest 的大账号。

### 3．Instagram

Instagram 是在国外使用范围非常广的一个手机端图片分享网站，演艺圈明星、时尚博主、网络红人会在 Instagram 上发布自己的生活照、街拍照等信息，对于时尚类品牌来说这是一个非常好的营销渠道。卖家可以进入此网站，收集目标客户群体的信息。

### 4．VK

VK 是目前俄语系国家中最受欢迎的社交网站。俄罗斯的年轻人在这个社交平台上非常活跃，速卖通也投入了大量的精力在这个社交网站上给平台做推广。VK 网站对客户的黏性非常强。因此，如果想要收集俄语系国家的潜在客户信息，跨境电商的卖家可以在 VK 上注册，查找该社交平台上目标客户的信息。

### 5．iTao

iTao 是速卖通针对俄罗斯市场做的商品分享网站，流量比较大，有很多俄罗斯买家会在上面分享网购产品。因为买家分享的很多产品都是在速卖通上买的，所以卖家可以使用自己在速卖通上的账号直接登录 iTao 网站，从而查找目标客户的信息。

同时，还可以在 iTao 上找到适合自己产品的"网红"。他们通常都会在个人介绍页面上刊登自己的邮箱信息。卖家可以通过联络"网红"，收集到更多的客户信息。

### （五）其他收集客户信息的方法

除上述介绍的跨境客户信息收集途径和方法外，还可以利用一些通用的参考资料搜寻潜在客户的信息。这些通用的参考资料包括新闻、报纸、杂志、广告、人事录、股东名册、俱乐部会员名册、其他公司的客户名单、招聘资料表等。信息的收集要充分利用日益成熟的信息技术，如计算机网络、多媒体技术等。获取信息的渠道可以是多种多样的，包括客户与企业各个部门接触所使用的电话、信函、传真、邮箱、网络等。除此之外，还可以使用连锁法，即从一位客户那里认识更多的人，通过连锁式或繁衍式让客户为我们介绍客户。当与某些跨境客户交易比较顺畅、联络比较愉快时，就可以请该客户帮助推荐其他潜在客户。此潜在客户也是购买率高的客户，在卖家推销时，他们的戒心也会较低。

## 📄 案例解析

### 一、案例背景

一家新开业 3 个月的主营休闲鞋的速卖通店铺，前期做了很多店铺广告和引流工作，给店铺带来了一定的访客，并且有部分访客表现出对店铺产品的兴趣，做了相关咨询。然而，真正成交的客户却比较少。为拓展客户，该新开速卖通店铺急需搜索客户信息，以主动出击联络客户，推销产品。

### 二、操作步骤

（1）先里后外、由近及远地按照已经发生交易、有过邮件往来、访问过店铺的顺序收集客户信息。例如，通过导出已有订单、实时营销界面等方式搜索客户信息。

（2）通过搜索引擎收集跨境客户信息。例如，把公司产品的关键词 casual shoes 或 casual footwear +importer/distributor/buyer/wholesaler/agent 输入 Google 搜索框进行搜索。

（3）通过其他国家的本土电商网站收集客户信息。例如，可以到沃尔玛百货、梅西百货和西尔斯百货网站上寻找美国相关客户的信息，到 Wildberries 电商网站搜索俄罗斯相关客户的信息。

（4）通过海外社交网站收集客户信息。通过 Facebook、Pinterest 等社交网站搜索相关客户信息。

（5）根据搜索到的客户信息，主动联络客户，推荐店铺和产品。

### 三、案例总结

客户信息是跨境电商业务人员宝贵的资源，要增加资源或保护资源都得靠平日积累和留意。搜寻客户信息的渠道有很多种，业务人员可以结合店铺的实际情况选择对其行之有效的搜索方法，并将搜索到的客户信息记录在客户档案中，以便日后运用。

## 子情景三　跨境客户信息管理

### 学习目标

**知识目标**

- 能够理解客户信息管理的概念和内涵。
- 能够描述跨境客户信息管理的作用。
- 能够描述跨境客户信息管理的步骤。

**能力目标**

- 能根据跨境客户信息管理的步骤对跨境客户信息进行实操管理。

**素质目标**

- 培养跨境业务人员管理客户信息的能力，使其具备相应的职业能力和素养。

### 项目背景

要想把收集到的跨境客户信息变为切实有效的资源，就需要对信息进行管理，借助有效的管理方法和管理体系更好地分析客户的要求和受众的想法，从而挖掘客户价值，有针对性地、更精准地进行营销。而且，对跨境客户信息进行管理能够帮助跨境电商与客户建立良好的关系，使跨境客户有更愉悦的购买产品和享受服务的过程。浙江英卡顿网络科技有限公司的跨境客服专员 Allen 在吴经理的要求下，需要将收集到的跨境客户信息进行管理，并对有价值的客户进行有针对性的营销。

## 任务实施

步骤1：将现有跨境客户信息归类，删除重复信息，进一步挖掘需要却还没有的信息。
步骤2：对跨境客户信息予以整合和处理，建立客户信息档案。
步骤3：对跨境客户信息进行分析，了解各种客户为企业带来的利润；对客户进行细分，划分不同的客户等级，以便进行跨境客户分类管理。
步骤4：对不同等级的跨境客户实施关怀与营销。

## 知识铺垫

### 一、跨境客户信息管理的概念和内涵

跨境客户信息管理是跟随跨境客户关系管理应运而生的管理方式之一。经济学中，客户信息管理有从商业哲学和企业战略两方面为基准的解释。商业哲学定义认为，跨境客户信息管理是企业将客户置于决策出发点；企业战略定义认为，跨境客户信息管理即企业对与跨境客户之间关系的引导，从而使利益最大化的商业行为。从市场营销的角度来看，大部分学者倾向于企业战略的定义。具体来说，跨境客户信息管理是对跨境客户进行积极有效的沟通和关怀，与客户建立稳固、相互信赖的长期商业关系。其本质是为提升客户购买及再次购买的次数，以客户为中心，对跨境客户信息进行搜索和分析，并融合营销、管理、数据、软件等辅助，主动且有选择地建立客户关系，以营销思想为支撑来维护客户。

跨境客户信息管理的内涵应该包含以下两个方面：一方面，跨境客户信息管理是先进的管理策略。作为企业策略，其目标是以跨境客户需求为导向，帮助企业降低销售成本、增加收入、探索开拓新市场和渠道，提高跨境客户的价值，以及提高客户满意度和忠诚度。另一方面，跨境客户信息管理是一项新技术。跨境客户信息管理应用，整合了多种先进的信息技术，包括互联网、多媒体、数据挖掘、人工智能网络及相应的硬件环境。这类系统，帮助企业自动化了跨境客户关系相关的活动。

综上所述，跨境客户信息管理就是凭借现代信息技术，识别、筛选、发展和保持客户的商业过程。基于跨境客户的信息进行深入分析，挖掘客户潜在需求，提高客户满意度，增加客户黏性，是有利于提高运营效益的一种手段。而跨境电商的客户信息管理更具有空间感，它需要卖家以产品作为媒介，挖掘潜在跨境客户的信息及需求，塑造店铺或品牌形象，赋予店铺活力，以此来提高店铺的效益。

## 二、跨境客户信息管理的作用

### （一）促进跨境电商的可持续发展

围绕客户生命周期发生、发展的信息归集，跨境客户信息管理对客户的详细资料进行深入的分析，可以有效地帮助企业了解客户需求，提供个性化服务，发掘市场潜力，提高客户满意程度，从而提高企业的竞争力并进行可持续发展。跨境电商应该以高度的市场敏锐力对客户信息予以分析，以便更好地获得客户需求，把握市场变化，进行经营决策。在分析结果的基础上选择和开发目标客户，并根据客户价值细分客户，然后运用一对一的营销策略提供个性化服务，从而极大地满足客户的个性化需求，以此提高服务质量、提高客户忠诚度和保有率，实现客户价值的持续贡献，全面提升企业盈利能力，促进企业的可持续发展。

### （二）促进跨境电商推广产品和服务

如果一个企业拥有高效优质的信息管理系统，那么企业的营销人员能够根据有效的信息通过样本抽取、调研和定性定量分析概括出什么样的消费者会对他们的产品或服务有兴趣，哪些人会成为潜在客户、客户的年龄分布、客户在产品选择上的共性、客户的消费习惯及客户倾向的营销方式。跨境客户信息与跨境客户关系管理相辅相成，互为前提和结果。双方的更新与进步能够互相促进对方的优化，最终促进企业产品和服务的推广，扩大营销的跨境客户群体，引导客户购买或增加购买数量，提高客单价，从而收获更多的经济利益。

### （三）帮助跨境电商提升客户体验

通过分析跨境客户对服务的应用频率等指标来判断跨境客户的忠诚度，从而对忠诚客户提供优惠服务；通过对交易数据的详细分析来鉴别哪些是企业希望保持的具有吸引力的盈利客户，从而确保这些跨境客户可以享受到一流的服务；通过对跨境客户所需服务的倾向分析，跨境客户关系管理还可以帮助企业开展适应跨境客户需求的新的服务，从而提升跨境客户体验，为企业争取跨境客户提供有力的保障。

### （四）帮助跨境电商挽留客户

通过跨境客户信息管理，企业可以具体分析每个跨境客户的详细状况，以此来鉴别其是否已转移到别的店铺。然后分析原因，及时找出自己与别的企业的差距，并做出相应的调整，及时挽留客户，从而提高跨境客户黏性，提高老客户回头率，防止客户流失，稳定客户群和销售业绩，降低营销成本。

对于跨境电商店铺的客户，需要了解他们的性别、年龄、收入状况、性格、爱好、家庭状况、购物时间、购买记录等，并进行统一的数据库管理，然后才能对他们进行有针对性的关怀和营销。现在大部分跨境电商还没有自己的客户关系管理系统，有的只是厚厚的发货单、记账单，客户信息杂乱，完全无法维护。但是有一些大型的店铺和 B2C 企业，已经建立起了完善的跨境客户信息管理系统，极大地提升了客户回头率，利润成倍增长。

### 三、跨境客户信息管理的步骤

跨境客户信息管理可分为跨境客户信息收集；整合和处理跨境客户信息，建立跨境客户信息档案；跨境客户信息利用——跨境客户维护；跨境客户关怀与营销等几个方面。

#### （一）跨境客户信息收集

收集各种有用的跨境客户信息（如客户基础信息、客户的咨询、建议、投诉等）是建立起完善客户关系管理体系必不可少的环节。收集资料的直接目的是统计跨境客户的需求、要求，以及在使用产品或享受服务中遇到的问题，从而有助于企业采取相应的策略为客户解决问题。同时，在收集和统计客户信息的过程中，要将具有统一诉求和问题的群体归为一类，分析其特征，从而帮助企业确定目标市场与主要客户群，方便接下来开展营销策略。

首先，信息管理人员要确认跨境客户信息是真实有效的。在数据最终集结之前，删除无用无效的信息，避免造成数据冗余，并且及时更新信息。除此之外，还要有专门的人员对数据和信息进行管理和分析，以使客户信息发挥更大的效用。同时，我们还要选择合适的信息存储平台或载体（是选用纸质方式进行登记在册，还是硬盘存储或云系统存储），并建立备份系统以防万一。

在收集完信息之后，需要建立跨境客户信息档案以备提取信息时用。例如，可以利用Excel表格工具对客户信息进行整理，有针对性地筛选出客户信息，如客户名称、客户邮箱、订单金额、产品信息、收货地址、收货国家、联系电话、客户等级、下单时间、付款时间、兴趣爱好等，如表4-1所示。

表4-1　跨境客户信息登记表

| 客户名称 | 客户邮箱 | 订单金额 | 产品信息 | 收货地址 | 收货国家 | 联系电话 | 客户等级 | 下单时间 | 付款时间 | 兴趣爱好 | 其他 |
|---|---|---|---|---|---|---|---|---|---|---|---|
|  |  |  |  |  |  |  |  |  |  |  |  |
|  |  |  |  |  |  |  |  |  |  |  |  |
|  |  |  |  |  |  |  |  |  |  |  |  |

如果想对特定客户进行再次营销，就需要挖掘更多的信息。可以通过对方之前的购买记录或评价信息等渠道得到更多的信息，如买方评价、购买频率、经常购买的产品等。从中还能够判断对方是批发客户还是零买客户，是喜欢购买高价产品还是低价产品。

在跨境客户信息管理中，信息的整理不仅需要对显性的信息进行及时整理，更需要对客户的购物行为做尽可能多的了解和归纳。

#### （二）整合和处理跨境客户信息，建立跨境客户信息档案

跨境客户信息档案是跨境电商在与客户交往过程中所形成的客户信息资料，是反映客户本身及与客户有关的所有信息的总和。跨境电商结合自身的信息内容要求建立客户信息

档案是客户信息管理的基础性工作，是进行客户开发和维护的依据。通过建立档案，有利于将各部门与跨境客户接触过程中收集的客户信息进行整合，有利于企业更有效地进行客户管理工作。在信息处理阶段主要是对跨境客户信息收集层所收集的信息进行筛选、比较、分析，以及迅速对客户咨询做出反馈等处理，这一层次要求企业有较先进的信息处理手段和处理工具（软件），对客户信息进行及时有效的整合和处理，对客户的各种基本信息和业务信息进行详细的筛选、比较，以提炼出对企业有价值的信息。

系统应完整地记录客户的消费行为，通过对其行为的分析，逐渐了解跨境客户的各种特征，如消费金额、消费频度、喜好种类、消费决定因素、关心问题之间的内在联系；掌握其行为模式及特有偏好，如客户要求的物流速度、价格承受能力等；从数据中挖掘有效的信息进行针对性的主动服务，如跨境客户具有什么偏好。对消费习惯做主动的识别并提供个性化的服务正在成为新的营销优势。

相比国内电商，跨境电商的客户信息管理更具有挑战性，因此跨境客户的信息管理还存在一定的局限性。但我们可以通过一定的方法去管理和维护客户。例如，如果我们通过社交网络收集跨境客户信息，虽然能快速地收集到跨境客户信息，但垃圾信息也很多。如果全部信息都关注，只能是无畏地浪费企业资源且没有必要，此时我们需要关注的是真正相关的信息。而在进行客户维护和管理之前，需要把跨境客户的信息与已有的客户信息管理数据进行整合。例如，将一个客户在 Facebook、Twitter、新浪微博的账户，以及在跨境电商平台的账号予以整合。只有客户信息得以整合，才能始终如一地为客户提供统一的客户服务体验。具体绑定的方法，可以通过客户的注册邮箱来绑定，也可以通过客户姓名来绑定，或者多种条件联合使用。另外，对跨境客户做好相应的分类也是非常关键的一步。此时，可以按不同的标准进行多种划分。例如，我们可以根据跨境客户的社会属性、行为属性及价值属性进行分类管理维护。

### 1. 社会属性

社会属性不同的根源主要是地理位置，不同的国家拥有不同的文化背景和消费需求。以订单中导出的客户地址为基础，按照国家分类，可以直观地得出自身店铺的主要客户群体在哪里，地区分布情况如何。例如，销量较好的运动鞋，我们会发现来自美国的买家对产品的评价非常高，而来自巴西的买家对产品的评价则不那么理想。那么，可以究其原因对该产品进行调整，或者针对巴西买家在葡萄牙语页面进行详细介绍。

### 2. 行为属性

行为属性是指买家的消费行为。每个买家的消费行为不尽相同，体现出的消费方式也不同。经营过程中，我们会发现大部分买家喜欢购买打折商品、免运费等，但也有部分客户偏向选择高价的同类商品。有选择不同快递方式的客户，也有容易给差评的客户。我们在客户维护过程中，需要以不同的方式对待客户。选择高价产品和特定快递方式的客户关注的是产品质量和服务体验。容易给差评的客户，我们需要了解客户真正的需求点在哪里，以便我们为其他客户提供更愉快的购物体验。

对于客户行为属性，我们除在档案中加以备注外，还可以给客户自定义标签。这些标签可以比较个性化，容易记忆，体现客户特点，如某些网店将购买频率比较高的客户设置为"购物狂"，把喜欢给差评的人设置为"职业差评师"等。如果之后要针对不同标签的客户进行营销，可以通过搜索功能将所有的这种标签属性的会员全部搜索出来。

### 3．价值属性

一个跨境电商店铺拥有大量的、多样的客户。但是，并不是每一个客户都能给店铺带来丰厚的利润。管理实践表明，企业 80% 的利润往往来自其 20% 的客户，区分这两类客户，保持和发展这 20% 的客户对企业来说就显得尤为重要。因此，我们可以分析出客户对企业的贡献度大小（价值属性），使得公司可以按客户的具体情况划分客户等级，找出真正带来利润的 VIP 客户群。然后，根据不同级别的客户特性，充分利用现有资源，针对性地对客户进行维护。

（1）会员等级设置。目前大多数跨境电商平台都有会员等级设置功能，我们可以将会员分为普通会员、高级会员、VIP 会员、至尊 VIP 会员四个等级。登录店铺后台后，进入会员关系管理，选择"等级设置"选项卡，可以根据消费金额和消费次数进行会员等级设置。

普通会员：只要拍下商品并完成付款，就可以成为普通会员。

高级会员：在拍下商品确认收货的基础上，同时符合所设定的高级会员条件。

VIP 会员：在拍下商品确认收货的基础上，同时符合所设定的 VIP 会员条件。

至尊 VIP 会员：在拍下商品确认收货的基础上，同时符合所设定的至尊 VIP 会员条件。

（2）根据客户经济贡献价值细分客户。在设置会员等级时，我们可以依据分析型客户关系管理理论区分不同的客户。分析型客户关系管理是按照帕累托原则（企业 80% 的利润往往来自其 20% 的客户，在进行客户管理时，通常将 80% 的精力放在这 20% 的优质客户身上）对其所掌握的客户资料信息进行分析和整理，根据客户对企业贡献的大小，将其划分为最有价值客户（也称为黄金客户，数量少，但能为企业创造大部分的边际贡献）、普通客户（数量占绝大多数，能为企业创造少量的边际贡献）和负值客户（数量不大，企业在其身上的投入大于其相应的价值产出）。基于成本效益的原则，对于最有价值客户，由于其对于企业而言边际贡献价值大，企业当然会集中最好的资源为其提供最好的产品和服务，并尽最大的可能建立并维持与此类客户的关系；对于普通客户，则按其需要提供大众化的服务；而对于负值客户，由于其边际收益为负值，企业就应该本着成本效益的原则采取必要的措施断绝与负值客户的客户关系。当然在具体措施的选择上应该具有一定的技巧，以避免不必要的公关危机的产生。

通过对客户经济贡献价值的细分，跨境电商企业能够找到关键的利润来源，可以将有限的资源更好地用于与"黄金"客户发展长期的友好关系。增加"黄金"客户对企业的边际利润贡献，并发现和培养与终身价值大的客户的关系，同时切断与负值客户的关系，这样可以节省一部分企业资源，避免资源的浪费。通过跨境客户行为分析，可以制订更有针对性的营销方案，进一步发展客户关系，促进客户购买。通过客户忠诚度和满意度的分析，全面评价与客户的关系，并据此制定相应的关系维持策略。

（3）根据客户 RFM 值细分客户。按照客户的经济贡献度对跨境客户进行分类，这样的会员等级设置是否科学呢？会员等级设置应遵循什么样的规则呢？跨境客户的价值由哪些因素才能确定呢？在这里需要给大家介绍一下客户信息管理的 RFM 模型。

在众多的客户信息管理分析模型中，RFM 模型被广泛提到。RFM 模型是衡量客户价值和客户创利能力的重要工具和手段。该模型通过一个客户的近期购买行为、购买的总体频率及花了多少钱三项指标来描述该客户的价值状况。

在 RFM 模型中，R（Recency）表示客户最近一次购买距现在的时间，F（Frequency）表示客户在最近一段时间内购买的次数，M（Monetary）表示客户在最近一段时间内购买的金额。RFM 模型强调以客户行为来区分客户。

最近一次消费（Recency）意指上一次购买的时间。理论上，上一次消费时间较近的客户是比较好的客户，他们对提高即时的商品或服务质量最有可能给予反馈。要吸引一个几个月前刚上门的客户购买，比吸引一个一年多以前来过的客户要容易得多。因此，最近才购买你的商品、服务或光顾你的商铺的消费者，是最有可能再次向你购买东西的客户。

消费频率（Frequency）是客户在限定的时间内所购买的次数。可以说，最常购买的客户也是满意度最高的客户，其忠诚度也最高。增加客户购买的次数意味着从竞争对手处截取市场占有率，从别人的手中赚取营业额。

消费金额（Monetary）是所有数据和报告的支柱，也可以验证"二八法则"——公司80%的收入来自 20%的客户。通常一个网店排名前 10%的客户所消费的金额比下一个等级者多出至少 2 倍，占公司所有营业额的 40%以上。

例如，我们可以把 RFM 模型中的三个指标分为 5 个等级，把客户分成 5×5×5=125 个类别，对其进行数据分析，然后制定我们的维护策略。我们把一年作为会员分类的考核期，将三个指标的打分标准做如下规定，如表 4-2 所示。

表 4-2　RFM 模型分值结构

| 分　　值 | R（最近一次消费距现在的时间） | F（一年内消费的频率） | M（消费的金额） |
| --- | --- | --- | --- |
| 5 | R≤90 天 | F≥5 次 | M≥1 000 美元 |
| 4 | 90 天＜R≤180 天 | F =4 次 | 500 美元≤M＜1 000 美元 |
| 3 | 180 天＜R≤360 天 | F=3 次 | 200 美元≤M＜500 美元 |
| 2 | 360 天＜R≤720 天 | F=2 次 | 100 美元≤M＜200 美元 |
| 1 | 720 天以上 | F=1 次 | M＜100 美元 |

根据确定的 RFM 模型框架，我们可以针对每个客户对其 RFM 值进行打分，如客户 Anna 最近一次消费的时间距现在是 80 天，对应的 R 值得分为 5；消费次数是 1，对应的 F 值得分为 1；消费金额是 22 美元，对应的 M 值得分为 1，则客户 Anna 的 RFM 值总得分为 7。客户 Tinna 最近一次消费的时间距今是 320 天，对应的 R 值得分为 3；消费次数是 2，对应的 F 值得分为 2；消费金额是 734 美元，对应的 M 值得分为 4，则客户 Tinna 的 RFM

值总得分为 9。客户 Mary 也按照此种方法统计，具体如表 4-3 所示。

表 4-3 RFM 模型应用示例

| 客户名称 | R 值 | F 值 | M 值 | R 得分 | F 得分 | M 得分 | RFM 总得分 |
|---|---|---|---|---|---|---|---|
| Anna | 80 | 1 | 22 | 5 | 1 | 1 | 7 |
| Tinna | 320 | 2 | 734 | 3 | 2 | 4 | 9 |
| Mary | 600 | 3 | 280 | 2 | 3 | 3 | 8 |

计算出客户的 RFM 总分值之后，我们就可以根据客户的 RFM 总得分对客户进行会员等级设置，然后根据不同会员等级管理维护客户了。

当然，除了根据客户的 RFM 值设置会员等级外，还可以自己手动更改会员的等级。例如，有的会员虽然购物金额并不高，但是非常愿意给我们写评价和分享，并且通过他的宣传给店铺带来了流量与成交，对于这样的会员，我们可以直接手动将其设置为 VIP 会员。这样的优质买家我们可以主动进行联系，破格给予他们 VIP 会员资格，给予相应的优惠折扣或特权，从而将他们发展成为忠实的客户。

### （三）跨境客户信息利用——跨境客户维护

客户信息利用是客户信息管理的重要组成部分，是实现客户价值的重要手段之一。客户信息可以用来作为决策者制定营销策略、公司战略和各种客户决策的参考依据，从而吸引新客户，保留老客户，使企业在市场中保持优胜地位。

在对收集的客户信息进行相关整合和处理之后，对信息进行分析可以使企业掌握客户的基本情况和业务往来情况，了解各种客户为企业带来的利润和贡献的大小。然后可以根据客户分布及购买的金额、频次、周期、客单价等对客户进行细分，进行分类管理。此外，还可以了解现在的客户是不是休眠客户，划分客户等级，设置不同的客户等级制度和有效期、不同等级制度的门槛与优惠政策等。客户信息还可以作为各种数据分析的资料来源，如客户业务数据分析、客户分类、客户忠诚度及满意度分析、客户利润分析、客户前景分析等。

跨境客户维护包括"维"和"护"两个层面，即维持双方关系不被客户遗忘，呵护双方情感信任，增加客户的忠诚度。其主要思想是在对跨境客户信息进行分析之后，以产品为载体，有的放矢，维系双方关系，促使购买。在维护的过程中，我们需要加强跨境客户对店铺的认知度，提高客户的满意度，赢得客户的忠诚度，使得客户再次购买。在掌握和了解了所有的跨境客户信息之后，就要利用这些信息与客户进行互动和交流。客户是用来关怀的，不是用来骚扰和推销的，只有和客户建立起情感上的信任与交流，客户才会成为我们的忠实客户。

#### 1. VIP 会员维护

VIP 会员是我们最大的财富，他们的人数虽然不多，但购买力强大，将这些客户群体维护好，使其成为我们忠实的客户是客户信息管理中的头等大事。为了和 VIP 会员之间建立起直接的联系，我们可以建立一个 VIP 会员的交流群，通过这个群来交流感情、传达促销信息，维护 VIP 会员群体。为了让 VIP 会员有更加尊贵的感觉，让他们更加重视这个 VIP 资格，除了跨境平台系统提供的折扣优惠之外，我们还可以为他们发放专门的会员卡，并且每年都进行一次评估，使他们在符合 VIP 会员的情况下，能够享受到除平台外的店铺优惠。

### 2. 生日与节假日关怀

客户信息维护的核心是关怀，对客户进行生日关怀、节假日关怀是拉近客户关系、提升黏度与品牌影响力的重要手段。

在跨境客户生日的时候发送生日祝福的短信或邮件；在节假日来临之际，给客户发送节假日短信；在跨境客户购买、发货后发短信提醒客户；在客户收到货使用 2 周后询问客户的产品使用效果；在会员卡快到期时发送短信或邮件提醒客户，这些都是非常有效的客户关怀方式。

如果我们使用的客户信息管理系统功能足够强大，在之前准确收集客户信息的基础上，可以开展更加深入的客户关怀。如某母婴网店通过了解客户小孩的大小和购买奶粉的数量，能够较准确地计算出该客户下次需要购买的时间，并且在奶粉即将吃完的时候，自动给客户发送提醒再次购买的信息，这样的关怀与营销效果会特别好。

当我们对跨境客户进行维护时，需要注意维护的内容和频率，不要急功近利，不能频繁地发送邮件，以免对客户造成干扰。根据人的记忆周期规律，我们抓住 1、2、4、7、15 这几个时间点，结合与客户接触的事件进行维护。例如，当客户下单后，我们在第 1 天发出相关产品推荐，第 2 天告知货物状态及定向优惠券，第 4 天发送货物照片及店铺活动，第 7 天告知物流状态及优惠券使用提醒，第 15 天更新物流状态及节假日问候。

### （四）跨境客户关怀与营销

企业收集客户信息、分析客户信息的最终目的是帮助企业营销，确切地说就是帮助企业保留客户、开拓市场，从而提升销售额和市场份额，在激烈的市场竞争中占一席之地。企业可以根据经过分析了的客户信息有针对性地主动与客户沟通，从而建立合作关系。跨境电商卖家可以通过邮件、Facebook、短信、电话、EDM 等方式进行客户关怀和精准营销，包括生日与节假日关怀、使用售后关怀、购买提醒、精准的促销活动推送等，从而建立长久的客户关系。

（1）电话回访。电话回访是客户感受度最好的营销方式之一，准确率和转化率也非常高，也是平均成本最高的一种方式。这种方式使用率比较低，适合与 VIP 老客户之间沟通，会让客户感觉受到重视。但在跨境电商中，由于存在时差，买家接电话可能不太方便，而且由于双方语言的差异，口头沟通未必顺畅，因此一般较少采用电话回访的形式。

（2）短信营销。短信营销的成本较低，且准确度较高。一般短信的到达概率及客户查看的比率在营销方法中也是偏高的，但整体的转化率偏低，具体转化率需看活动力度。短信营销需要注意控制字数，所有信息尽量在一条短信内写完，如果分成两条发送，成本就会提升一倍。另外，发送频率不要过高，否则会被视为骚扰短信。

（3）电子邮件营销（Email Direct Marketing，EDM）。在这类营销中，企业可以通过使用 EDM 软件向目标客户发送 EDM 邮件，建立同目标客户的沟通渠道，向其直接传达相关信息，以便促进销售。EDM 软件有多种用途，可以发送电子广告、产品信息、销售信息、市场调查、市场推广活动信息等。此种营销方式成本较低，客户可以直接点击页面，因此客户查看的概率比较高，活动转化率也比较高。在跨境电商平台，可以通过客户信息管理工具的信息通道给不同等级、不同标签和条件的客户发送站内信息和优惠券。采用此方法，我们首先需要进入后台设置需要进行营销活动的会员条件，系统显示符合条件的会员，我们再设置营销内容，通过消息通道系统发送到对应会员的邮箱。在设置营销内容时，可以直接选择商品，由系统自动生成内容，也可以自己编写，设置漂亮的营销活动页面发送给自己的会员。EDM 营销是成本最低、监测效果较好、信息包含量最大、应用范围最广泛的营销方式。EDM 营销需要进行详细的活动策划、页面设计，并建立专门的邮件服务器和监控反馈系统。

（4）SNS（Social Networking Services）营销。SNS 即社会化网络服务，专指旨在帮助人们建立社会化网络关系的互联网应用服务，包含 Facebook、Twitter、YouTube、Pinterest、Google+等社交平台。作为一种新兴的营销方式，SNS 营销可以满足企业不同的营销策略，有效降低企业的营销成本，可以实现目标用户的精准营销，维护客户多、互动性强，是现代很多企业用来传播企业文化、进行推广营销的重要工具。互联网上 SNS 社区越来越多，最具影响力的有 Facebook、新浪微博。现在，越来越多的企业都在 Facebook 上注册信息，并建立官方微博，与客户和网民互动，一方面可以传播企业文化，另一方面也可以进行客户信息管理与营销。通过对微博的关注，客户可以了解企业动态、文化背景、最新促销，并且发表意见。通过这些社交平台，跨境电商企业和客户之间的沟通可以更加透明、平等，并且更具有传播性和趣味性。

## 案例解析

### 一、案例背景

某主营休闲鞋的速卖通店铺已经经营了近 2 年，积累了不少跨境客户资源，回头客也比较多，其中有些客户还与店铺有着频繁的互动。当然，也有部分访客表现出了对店铺产品的兴趣，做了相关咨询，但并没有购买。为有效维护和拓展客户，该速卖通店铺计划对客户信息进行管理，以实现对不同类别的客户实施不同服务，并进行精准营销。

### 二、操作步骤

（1）对已经成交的跨境客户，从订单系统中导出客户信息，并统计好客户成交金额、成交频率等信息；对于还未成交的客户，收集客户访问记录，以及在交流平台等地方留下的信息，并将这些信息进行归类。

（2）对跨境客户信息予以整合和处理，删除重复信息；对于需要却没有的信息进行进一步挖掘，并建立客户信息档案。

（3）对跨境客户信息进行分析，了解各种客户为企业带来的利润；对客户进行细分。划分不同的客户等级，以便进行客户分类管理。

（4）对不同等级的客户实施不同频率及不同类型的客户关怀，维护客户关系。并根据客户信息，对有购买需求及购买能力的客户实施精准营销。

### 三、案例总结

跨境客户信息管理对于跨境电商企业的良性发展和营销规模的壮大具有重要的作用，能够帮助企业实施个性化服务、提高客户满意度和回头率，并能够帮助跨境电商实施精准营销。对客户信息进行管理的时候，要抓取有用信息。除利用这些信息进行市场分析外，还可以对客户进行分层，对不同层级的客户提供个性化的服务，并进行客户关怀和精准营销，从而扩大企业的销售规模。

 **习题演练**

### 一、单选题

1．通过订单导出客户信息的方式收集客户信息属于（　　　）。

A．通过店铺访问信息收集　　　　　　B．通过搜索引擎收集

C．通过社交网站收集　　　　　　　　D．通过电商网站收集

2．可以通过（　　　）查看客户的公司所在地是市中心还是郊区，是工厂还是高层写字楼，从而判断客户是属于生产型的公司还是贸易型的公司。

A．Google 图片搜索　　　　　　　　B．Google 地图搜索

C．关键词+公司后缀　　　　　　　　D．网络黄页

3．Best Buy，百思买（http://www.bestbuy.com），是（　　　）。

A．美国跨国消费电子公司，专注消费电子类产品

B．美国最大的线下零售商，经营连锁折扣店和仓储式商店的美国跨国零售公司

C．俄罗斯老牌电商平台，主营业务为在线销售图书、电子产品、音乐和电影等

D．时尚类电商平台，是俄罗斯本土的鞋服及饰品在线销售平台

4．从用户量和网站流量来看，目前，（　　　）是全球最大的实名制社交网站。

A．Facebook　　　　　　　　　　　B．Instagram

C．Pinterest　　　　　　　　　　　D．iTao

5．以下对跨境客户信息管理的作用，说法错误的是（　　　）。

A．能够帮助企业提高服务质量和自身竞争力

B．能够帮助企业可持续发展

C．帮助企业挽留客户，防止客户流失

D．跨境客户信息管理对企业发展并无帮助

6．客户信息管理中，首先需要将收集的客户信息进行（　　　）。

A．整合和处理 　　　　　　　　B．建立客户信息档案

C．利用客户信息 　　　　　　　D．客户关怀与营销

7．每个买家的消费行为不尽相同，体现出的消费方式也不同，这是指（　　　）。

A．客户社会属性 　　　　　　　B．客户行为属性

C．客户价值属性 　　　　　　　D．客户习惯

## 二、多选题

1．以下对跨境客户信息的说法正确的是（　　　）。

A．跨境客户信息是跨境电商企业的无形资产

B．跨境客户信息是企业生产和营销的导向

C．分析跨境客户信息对企业发展并没有用

D．跨境客户信息是企业客户服务的基础

2．收集跨境客户信息的困难与挑战包括（　　　）。

A．信息量太大，收集过程中容易忽视有效信息

B．目前收集客户信息的方法较为单一

C．信息保护意识让客户信息收集工作难以实施

D．常用的访问法、问卷法、观察法等信息收集法已不能满足跨境电商多样化的消费市场

3．收集客户信息的原则包括（　　　）。

A．明确客户来源，了解目标客户

B．先里后外

C．由近及远

D．收集信息时先通过客户交易记录、访问记录、交谈记录等方式收集

4．有代表性的社交网站包括（　　　）。

A．Facebook 　　　　B．Instagram 　　C．Pinterest 　　　D．iTao

5．对于 Pinterest，下列说法正确的是（　　　）。

A．可以依据目录、关键字找到你想要找的相关的群

B．可以查找竞争对手的粉丝

C．可以搜索 Pinterest 的红人

D．是兴趣类的社交网站

6．下列关于客户信息管理的说法，正确的有（　　　）。

A．客户信息管理是跟随客户关系管理应运而生的管理方式之一

B．客户关系管理，为英文 Customer Relation Management 的直译，简写为 CRM

C．客户关系管理是先进的管理策略

D．客户关系管理是凭借现代信息技术，识别、筛选、发展和保持客户的商业过程

7．跨境客户信息管理的作用包括（　　　）。

A．能够帮助企业提高自身竞争力、服务质量和可持续发展

B．促进企业产品和服务的推广

C．帮助企业挽留客户，防止客户流失

D．跨境客户信息管理对企业发展并无帮助

8．客户信息管理可分为（　　　）等几个方面。

A．客户信息收集、整合和处理　　　　　　B．建立客户信息档案

C．客户信息利用　　　　　　　　　　　　D．客户关怀与营销

## 三、判断题

1．（　　　）跨境客户信息和跨境电商的发展没有直接关系，因此跨境客户信息不重要。

2．（　　　）跨境客户信息是跨境电商企业决策的基础，是对跨境客户进行分级管理的基础，是与客户沟通的基础，也是实现客户满意的基础，因此跨境电商应当重视和掌握跨境客户的信息。

3．（　　　）跨境电商在收集跨境个人客户信息和企业客户信息时，侧重点不一样。

4．（　　　）跨境个人客户的消费情况，如消费金额、消费频率、消费档次、消费偏好、最近一次消费时间等是跨境电商在收集客户信息时需要关注的。

5．（　　　）在收集跨境企业客户信息时，除了需要收集其基本信息，如跨境企业的名称、地址、电话、创立时间、组织方式、业种、资产等，还需要收集跨境客户的业务状况和交易状况等信息。

6．（　　　）跨境电商掌握详尽的客户信息，并对客户信息进行系统分析，不能帮助企业不断地提高客户服务质量、提高客户服务的满意度。

7．（　　　）信息的收集和利用应遵循由内部资料检索到外部资料的原则进行。先充分利用公司内部通过客户交易记录、访问记录、交谈记录等方式收集的客户信息资料，再通过各种途径搜索新的客户信息。

8．（　　　）我们可以通过搜索引擎收集跨境客户信息，也可以通过社交平台收集跨境客户信息。

9．（　　　）我们可以根据客户的社会属性、行为属性及价值属性对跨境客户信息进行分类管理维护。

10．（　　　）根据价值属性，即客户对企业的贡献度大小，可以将客户划分为不同的等级，从而找出真正给企业带来利润的 VIP 客户群。

11．（　　　）当我们对客户进行维护时，可以频繁给客户发送邮件。

12．（　　　）客户关系维护的核心是关怀，对客户进行生日关怀、节假日关怀是拉近客户关系、提升黏度与品牌影响力的重要手段。

## 四、简答题

1．为什么说跨境客户信息对跨境电商至关重要？

2．跨境客户信息收集的原则有哪些？

3．试列举跨境客户信息收集的渠道和方法。

4．跨境客户信息管理的作用有哪些？

5．试描述跨境客户信息管理的步骤。

# 情景五

# 跨境客户的分级分类管理

## 子情景一　跨境客户分级的内涵与意义

 **学习目标**

**知识目标**

- 了解跨境客户分级的意义。
- 了解跨境客户分级的必要性。

**能力目标**

- 掌握跨境客户分级的内涵。

**素质目标**

- 培养对跨境店铺客户进行初步分级的能力。

 **项目背景**

　　浙江英卡顿网络科技有限公司的跨境客服专员 Allen 的日常工作中有一项重要的任务就是管理邮件。具体工作内容包括发送营销邮件、回复客户邮件等。一般跨境电商平台中店铺的营销邮件有两种发送渠道，一种是通过第三方网站的个人邮箱发出，另一种是通过速卖通平台发送。显而易见，通过速卖通官方平台发送的营销邮件，相较于第三方渠道邮件更加具有说服力与吸引力。但是速卖通平台的站内营销邮件并不是无限量发送的，平台会根据"卖家星级"每月给予卖家一定数量的营销邮件发送权。"卖家星级"越高，可发送的营销邮件数量就越多。在互联网经济中，跨境电商店铺的营销对象众多，但平台营销邮件数毕竟是有限的，Allen 应该如何选择这部分邮件的发送对象，以达到最优营销效果？

## 任务实施

步骤 1：首先通过对"已完成订单"的买家信息的管理，对买家进行甄选分级，利用第三方软件或自制表格进行备注。

步骤 2：根据买家的不同级别，确定营销邮件发送目标。

## 知识铺垫

每一个经营者都遵循着这样一个行为准则——"以客户为中心"。但需要知道的是，每一位客户给企业带来的收益是不同的，所以我们是否应对所有的客户提供一模一样的标准化服务？帕累托定律告诉我们，"二八法则"在经济与社会生活中无处不在。例如，对于一家百货商场而言，25%的客户为其创造的年利润占其总利润的 82%；一家在速卖通平台上出售渔线的店铺，76%的销量来自其 21%的客户。即少量的客户却会为你带来大量的利润，剩余部分的客户则仅能为你的店铺带来薄利甚至负利。

在跨境店铺运营过程中，面对浏览平台的海量客户，一视同仁的结果是与真正优质的客户擦肩而过，那我们又应如何有效甄选将为我们带来收益的客户，并进行精准化营销与服务呢？

### 一、跨境客户分级的内涵

客户分级是指企业打破对所有客户一视同仁的固有模式，通过技术手段，根据客户对企业的价值贡献，以有效的划分方式将现有客户与潜在客户进行分级区分的客户管理方式。即找出哪些客户更有价值、需要重点服务，谁是潜在客户，客户的需求是什么。在进行有效分级后，针对不同级别的客户制定差异化的服务策略，对高级别客户提供价值更高的服务，对低级别客户减少服务投入。

当前很多企业使用 CRM 系统对客户进行分级，这不仅可以完成企业对客户的统一识别，也可以用于指导企业进行客户管理的战略性资源配置与战术性服务营销对策应用，支撑企业以客户为中心的个性化服务与差异化营销。例如，客户分级既可以对客户的消费行为进行分析，也可以对客户的消费心理进行分析。企业可以针对拥有不同行为模式与消费习惯的客户提供不同的服务内容，也可针对具有不同消费心理的客户提供不同的促销手段等。客户分级也是进行其他客户行为分析的基础，运用分级后的数据进行深度解析，可得到更有意义及针对性的结果。

### 案例

IBM 公司曾经对所有客户提供标准化服务。不论是大宗采购商还是个人购买客户，均可享受精英服务团队的销售及维修服务。尽管 IBM 的品牌服务有口皆碑，但高昂的服务成本带来了利润的严重下滑。痛定思痛，IBM 公司在 20 世纪 90 年代后开始对客户进行分级，调整了对不同级别客户的服务投入，主要是降低了对一些小客户的服务投入。例如，取消了原先对所有客户提供的免费修理旧机服务，转而对一些于企业盈利贡献较小的客户适当收取一定的服务费用。而对大宗采购客户及高端客户则提供更为高效优质的售后服务以提高客户忠诚度及品牌美誉度，由此带来的效益提升显而易见。

尽管基于企业的逐利本质，企业针对不同级别客户提供的差异化服务已普遍为客户接受，但对于低价值客户却仍应保持服务质量，毕竟这部分客户为企业提供了"基数贡献"。例如，高铁集团为购买"商务座"的乘客提供宽敞的乘车环境、舒适的座椅及一次性拖鞋、免费的茶点及饮品，也并未忽略对"二等座"乘客提供基本的旅行服务。如若过于追求分级服务，忽略对于大量"小客户"的基础服务，反而不利于企业发展。

## 二、跨境客户分级的意义

### （一）合理调配有限资源

即使在情感上，企业应当重视每一位客户，但现实可使用的资源毕竟有限，因此把企业资源平均分配到每一个客户上的做法是不明智的，是一种资源的浪费。无论是跨国集团、还是沿街商铺，抑或跨境平台店铺，经营者的客户群体中必然会有一部分带来主要盈利的大客户和一部分根本无法带来盈利甚至可能会造成亏损的小客户。如果一视同仁，会让大客户有被忽视的不满，从而失去品牌忠诚度，转而投向别的为优质客户提供高端服务的品牌的怀抱。而以牺牲大客户为代价的同等服务却未必能让小客户为企业创造更多的价值。因为即使部分现有的低级别客户有成长为大客户的购买力，但这部分客户对成为大客户并没有兴趣，因为他们为企业贡献再多，享受的也是无差别服务。因此，对客户进行有效分级并提供差异化服务，有利于企业有限资源的分配，且可以集中精力为高端客户提供全方位的优质服务。

### 案例

例如，某五星级酒店根据消费时间、消费频次等信息对曾入住用户进行客户分级，分出主力客、回头客、"僵尸"客、团队客等，然后选取主力客与回头客进行精准维护。首先，在客人住店消费期间，提供贵宾专属休闲服务，如免费的下午茶、免费的健身课程等。其次，进行针对性的客情关系维护，增加与客人的互动。例如，保洁人员做完清洁后，留下手写字条征求客人意见；酒店经理赠送果盘或小礼品等。最后，在非住店期间进行关系维护。例如，在客户生日时邮递一份礼物或在节假日时送上祝福等，让客户体验到酒店对他的重视。

再如，更多的银行开始重视对客户群的细分，它们主要以客户能为银行带来的利润大小来决定客户得以享受到的服务级别。第一层次是所有客户都能享受到的基本的、必不可少的服务；第二层次是在基础服务上增加一些附加的并非对所有客户都提供的服务，如理财产品到期时，电话知会客户等；第三层次是提供让客户明显感受到优待的服务，如服务大厅设置专门的 VIP 区及贵宾服务窗口，配备专门的业务引导员提供产品介绍及服务咨询等。

对于跨境贸易平台运营者来说，更需要形成一套划分方法，将客户进行分级并区别对待，从而将有限的人力资源进行更有效的分配。只有筛选了"随口问问"及"三心二意"的客户，才能把大部分时间放在对高级别客户进行精准化的维护及营销上。

### （二）维护现有客户，实现客户满意

由于每个客户为企业做出的贡献及给企业带来的价值不同，其对企业的服务需求和预期待遇也会不同。通常，自认为给企业带来了较多利润的客户更期望能得到不同于普通客户的服务。例如，假日酒店的白金卡客户期待在入住时可以免费升级房型；银行大额存款客户希望在贷款时能有更优惠的利率折扣。对客户进行分级管理，根据不同的客户选取不同的沟通策略，根据客户的贡献度和价值选择不同层级的维护策略，为高级别客户提供更贴心的服务及优惠的产品，能更好地提高客户满意度。

曾有学者提出，客户保持率的增加与行业平均利润增加幅度成正比，且影响非常大。原因是维持现有客户的成本要远远低于获取新客户的成本。当然，维护现有客户也需要一定的投入，并非所有的客户都会与企业发展长期合作关系。因此，如果盲目地以所有老客户作为维护对象，同样也是一种资源浪费，故而区分客户价值后进行有效的客户分级势在必行。

### （三）甄别潜在客户，获取新客户

对于一个企业而言，老客户维护是客户关系管理工作的重点，但新客户的开发工作也不容忽视。由于很多企业在进行新客户的开发时采取的是广泛撒网之法，缺乏针对性，因此开发对象反馈率低，导致新客户的获取成本往往高于维护老客户。因此，跨境电商运营人员应对潜在客户进行分级识别，判断最有可能成交的对象，有针对性地开展推广活动，以尽可能少的投入获取更多的潜在客户，以便最大限度地节省新客户获取成本。

## 案例解析

### 一、案例背景

小张供职于一家在亚马逊美国站经营太阳眼镜的店铺，12 月初，经理告诉小张，公司决定在圣诞节店铺活动期间回馈老客户，并将活动安排相关工作交由小张完成。Facebook是众多亚马逊卖家与粉丝互动的主要社交平台之一，小张打算在Facebook上发布活动信息。那么小张应如何安排此次营销活动，才能达到更好的老客户维护效果，以提高客户满意度？

### 二、操作步骤

（1）在 Facebook 上发布面向所有老客户的节庆优惠活动方案。

（2）再给一些认真发布过好评的客户发新品推荐私信及针对这部分客户的赠品活动。

（3）向有过回购行为的老客户介绍此次店铺活动的核心优惠并说明优惠券领取方式或直接寄送小礼品等。

### 三、案例总结

针对不同价值的老客户给予不同的服务与待遇，能极大缩减客户维护成本，起到事半功倍的效果。需要特别注意的是，亚马逊官方禁止所有通过有偿报酬诱导买家给出好评的行为。因此随货物寄送的小卡片切忌有类似好评返现的语句，随赠的小礼品价值也不应过高，否则会被亚马逊认定有贿赂客户的嫌疑而遭遇惩处。

## 子情景二　如何进行跨境客户分级

### 学习目标

**知识目标**

● 掌握跨境客户分级的方法。

**能力目标**

● 能对跨境客户进行有效分级。

**素质目标**

● 培养对跨境客户进行分级并分析各级别客户特点的能力。

### 项目背景

浙江英卡顿网络科技有限公司的跨境客服专员 Allen 在成功上架了一款新产品后，几天内收到了 70 多封站内信，且大部分是客户对产品相关情况的咨询。由于工作繁忙，Allen 无法做到一一回复，那么她该如何处理这么多的邮件呢？

### 任务实施

步骤 1：明确客户分级标准，根据客户对企业的价值进行分级。

步骤 2：针对不同级别的客户提供对应的服务。对于有多笔交易且交易额较高的客户信件优先回复并附上详细的优惠方案。

**知识铺垫**

## 一、现有客户分级

跨境平台店铺运营商应根据客户给店铺创造的利润和价值的大小塑造一个"客户金字塔"模型。给企业创造利润和价值最大的客户位于"客户金字塔"模型的顶端，给企业创造利润和价值最小的客户位于"客户金字塔"模型的底部。企业可将"客户金字塔"模型进行三层级划分，分别是关键客户、普通客户和小客户，如图 5-1 所示。

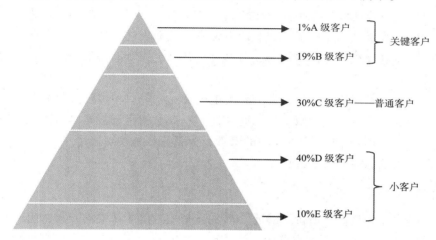

图 5-1 "客户金字塔"模型

### （一）关键客户

关键客户由位于"客户金字塔"顶端的 A 级客户与 B 级客户组成，可以说是一个企业的核心客户群体，通常占企业客户总数的 20%。如前文所说，这部分客户往往向企业贡献了总利润的 80%，应成为企业重点维护的对象。

#### 1. A 级客户

A 级客户是指在"客户金字塔"顶层，仅占整个企业客户群体的 1%，却能为企业带来最大价值的客户。

A 级客户也是跨境电商卖家产品的重度用户，对商家和产品有较高的忠诚度，是商家客户资源中最稳定的一部分。这部分客户对产品的价格升降敏感度不高，对新品有一定的好奇，有兴趣试用且乐于帮商家推荐商品，为商家节省了开发新客户的成本。他们为商家创造了绝大部分利润，并且能保持较好的长期合作关系，还有较高的增值潜力。他们有多次回购行为，而且只要卖家上了新品，他们常常是第一批关注并下单购买的客户，甚至不需要咨询客服。同时，他们热衷于在评论页面分享自己的使用心得、商品实物图等，认真地留下好评，给后来者以正面的参考信息。因此，A 级客户是最有价值的一类客户。卖家拥有 A 级客户的数量，决定了其在跨境贸易平台上的竞争力。

### 2．B 级客户

在给企业带来最大价值的前 20%的客户中除了 1%的 A 级客户，剩余的 19%可列为 B 级客户。

B 级客户通常对卖家的产品使用量较大，但相较于 A 级客户而言，他们对商品价格的敏感度会更高一些，因此为商家创造的利润和价值没有 A 级客户那么高。而且他们会同时关注、购买、使用多家同类店铺的商品，如在购买发饰时，会固定在速卖通上的两三家饰品店里选择而不是执着于同一家店。所以，尽管他们也会积极地将喜好的商品推荐给新客户，但他们对于店铺及商品的忠诚度不如 A 级客户。这部分客户的购买行为更加理性，会对常购的几家店铺进行比较，选择性价比较高的一家下单；有一定的回购行为，并且在收货后也能及时确认收货并同意放款；愿意留下带一定正面表述的好评；很多时候基于对常购店铺的信任，普遍存在自主购物行为。对这类具有一定提升潜力的客户，企业也应当投入相当的资金保障。

关键客户对卖家相对比较体谅，遇到跨境电商交易中一些不可抗力带来的交易问题，也能积极友好地与商家进行沟通解决。因此，他们对商家的市场战略具有重大影响，也能为商家带来最大的盈利。对于这部分客户的管理目标就是尽一切可能维护这部分客户群体，与他们保持一种长期稳定的战略合作关系。

### （二）普通客户（C 级客户）

C 级客户是指在为企业创造价值的前 50%的客户中，除了重要客户外的客户群体，通常占客户总数的 30%，即普通客户群体。普通客户的购买行为具有一定的偶然性，即只是偶然进入店铺，偶然产生购买行为，如受打折或优惠活动吸引。这部分客户多是对产品有较为明确的需求导向，基本是冲着产品而来。因此，他们可能会与客服有一定程度上的交流，以进一步了解产品相关信息。如果卖家在货物中留下邀请留评的信息，他们在收货后，也会留下好评。普通客户通常是较为理性的消费者，如遇物流延迟、货损等问题也会接受卖家的沟通建议。这部分客户虽然在购买力、忠诚度及价值创造方面远不及 A 级客户与 B 级客户，但客户数量较大，所以卖家即使不进行特殊对待，也应给予一定的重视，因为他们有可能发展成为关键客户，进而为卖家带来可观的利润。对于普通客户的管理应以提高其在店铺购买产品的频次为目的。

### （三）小客户

小客户群体数量占客户群体总量的 50%，在"客户金字塔"中位于最底层。这部分客户总购买量不多，忠诚度也较低。

### 1．D 级客户

在为跨境电商卖家贡献价值较低的小客户中，有近 40%的客户，可能仅此一次购买，在购买前由于对店铺与卖家的不了解，常需要客服与其进行较长时间的沟通，咨询次数多，下单慢，并且一般不会在收货后第一时间进入平台确认收货及同意放款，卖家通常要等平台放款规则时限到期才能收到款项。并且这部分买家未必会主动为商品留下好评，常是一次交易结束后即消失，再也联系不上。遇到物流延迟、货损等问题时会比较着急、焦虑，出于对卖家的不信任，可能会直接向平台申诉，也会要求一定程度上的赔偿。卖家对这类贡献度较低的客户，不需要进行特殊的关照。

### 2．E 级客户

这部分客户可以说是跨境电商卖家的噩梦。前期的各种咨询、对商家的不信任、对商品的质疑让客服哭笑不得；下单后不断催货；收货后各种挑剔，要求退货甚至拒绝付款却不退货，以差评要挟卖家返现或补寄礼品等。这部分客户经常提出苛刻的服务要求，消耗卖家资源，也是问题客户，会向他人抱怨，破坏店铺形象。这是会让商家蒙受损失的客户，过多占用资源却不能为其带来利润，甚至在很大程度上侵蚀了商家的利润。商家可以通过一定方式给予剔除，以降低客服人员的工作量，也保护店铺信誉及收益。

## 二、潜在客户分级

### （一）新的潜在客户

新客户的开拓是非常必要的，无论是传统外贸还是跨境电商，一名好的外贸业务员，必然需要不断地挖掘新的潜在客户。新的潜在客户来源主要依靠网络，传统外贸企业常常选择登录与自身经营范围相符的专业网站，在上面发布供货信息并留下企业联系方式，同时搜索客户发布的需求信息，主动与有需求的客户取得联系，以积累客户资源。一些业务员会选择使用阿里巴巴商务通进行新客户的挖掘与开发。也有许多企业为公司与品牌建立网站，以发布更为全面的产品宣传信息，吸引新客户。除了上述几种方法外，当前跨境电商店铺的潜在客户主要依靠流量引入。亚马逊招商规模的持续扩大使其商户数量呈现井喷式增长，而亚马逊是一个极度保护会员的跨境电商平台，在平台流量"僧多粥少"的情况下，卖家站内引流的成效有限，所以越来越多的亚马逊卖家开始重视 Facebook、Twitter 等站外引流工具的使用。

### （二）曾经有过优质购买行为的客户

所谓优质的购买行为，是指购物目的明确，不需要与客服沟通或与客服咨询时态度友好，下单非常干脆，收货后及时确认，即使遇到问题与困难也是积极主动地与卖家共同商讨解决方案，并且在使用后认真留评的客户。而曾经有过优质购买行为，却没有再次回购或许久未曾联系的客户，也可将其作为潜在客户。

### （三）因某些原因未下单的客户

这类客户是指曾经与客服有过比较友好的沟通，对商品表现出较大兴趣却未下单的客户。这部分客户可能是在多家店铺之间对比后，根据需求选择了性价比最高的一件产品，也可能仅仅因为价格的原因而迟迟未下手，所以这部分客户也属于潜在客户。

### （四）现在的客户

　　跨境电商卖家也应将现有客户作为潜在客户，也应与新的潜在客户开发一样给予重点关注。有过交易行为的客户，更容易信任卖家对于产品的描述，认可卖家的服务。把现有客户也作为潜在客户对待，可以增加回购率。

 **案例解析**

### 一、案例背景

　　小陈刚刚接手公司在速卖通平台上运营的一个销售女式泳装的跨境店铺。经理交给他一个任务，让他好好管理一下已成交订单的客户。后台数据显示，该店铺历史订单达 5 000 多笔，小陈应如何管理这些订单客户？

### 二、操作步骤

　　为帮助卖家管理好自己的客户，以识别其中诚信且有较强购买力的优质买家并进行针对性营销，提高销售额，速卖通平台推出了买家管理营销工具。其中的客户管理功能具体如下：

　　登录"我的速卖通"—"营销活动"—"历史客户统计与营销"，进入客户管理营销页面，选择历史客户信息统计页面。在该页面可以管理所有有过交易的买家信息，包括买家的采购次数、累计采购金额、最近一次采购时间、买家的国籍等信息。卖家也可根据自己在沟通过程中对买家的了解情况填写相关备注，以方便记录买家的重要信息，从而划分关键客户、普通客户与小客户。这样可以方便下次客户过来购买时更好地为客户服务及促成订单，对后续的邮件营销也非常有帮助。当然，对于大卖家来说，支付一定费用使用速卖通后台合作的第三方软件进行客户管理与营销可获得更好的效果。

### 三、案例总结

　　其他跨境电商平台的卖家也可以使用 Excel 表格对现有客户的订单进行整理分类。根据每个买家所在的国家（地区）、购买金额、购买频次、购买喜好、购买周期、沟通程度、评价情况等信息，划分关键客户、普通客户与小客户，以减少维护客户的成本。

## 子情景三　如何有效管理各级跨境客户

 **学习目标**

**知识目标**

- 掌握对不同层级客户进行管理的方法。

**能力目标**

● 能合理分配资源对各级客户进行区别管理。

**素质目标**

● 掌握处理各级跨境客户关系的技巧。

 **项目背景**

浙江英卡顿网络科技有限公司的跨境客服专员 Allen 刚刚接手公司在速卖通平台上运营的一个销售太阳镜的跨境店铺。Allen 利用速卖通后台的买家管理营销工具对已成交订单客户进行了初步的分级。经理要求他给出一个针对不同级别客户的维护方案。

 **任务实施**

步骤 1：区别对待为店铺贡献不同价值的客户，将工作重点放在为店铺提供 80% 的利润的关键客户上，给予特殊关照，提供最佳服务，提高满意度，维系他们对企业的忠诚度。

步骤 2：合理分配客户管理成本资源，积极提升各级客户在"客户金字塔"中的级别。

步骤 3：放弃劣质客户。

 **知识铺垫**

客户分级管理是指跨境电商卖家在依据客户带来利润和价值的多少对客户进行分级的基础上，为不同级别的客户设计不同的维护项目。

## 一、现有客户分级管理

### （一）关键客户的管理

由 A 级客户与 B 级客户组成的关键客户创造了商家近 80% 的利润，是店铺发展的基石。这部分客户维护的成功与否，对整个店铺的经营业绩起到决定性的作用。而乐于试用新品，对价格敏感度低，并积极进行产品推荐的优质客户往往是众多商家争抢的对象，其他卖家可能会以更优的条件去吸引这部分优质客户。所以，卖家应将关键客户的维护工作当成一项持久战，认真提升与关键客户的良好关系。同时，关键客户与店铺之间的关系是动态的，即现在的 A 级客户有可能因为自身原因或店铺原因流失，现在的 B 级客户可能会成长为新的 A 级客户。同样，现在的普通客户也有机会发展为关键客户。因此，卖家应对关键客户的动向做出及时反应，不仅要避免现有关键客户的流失，又要对新成长的关键客户进行积极维护。

### 1. 设立专门服务团队

对于小卖家来说，关键客户群体总人数有限，由店铺负责人亲自处理这些客户关系也无不可。但如果是跨境电商平台上的大卖家，这种做法势必会分散管理层的精力。因此，现在有一些传统外贸企业管理者一般选择给特别重要的关键客户安排一位客户经理长期保持关注、沟通与服务，其他关键客户则是几个客户安排一个客户经理。对于跨境电商店铺卖家来说，客户群体分散，个体数量庞大，因此需要设立一个专门为关键客户服务的团队，使整个店铺的关键客户管理规范化、标准化。

关键客户服务团队要对归于"客户金字塔"顶端的 A 级客户与 B 级客户进行准确信息收集，利用客户数据库分析每位关键客户的交易历史，包括买家的采购次数、累计采购金额、最近一次采购时间、买家的国籍等信息；再根据客服在沟通过程中对买家的了解情况填写相关备注，包括客户的购买需求、购买习惯、购买频率、购买类型等，以了解关键客户的需求和采购情况，及时与关键客户就市场趋势、合理库存量进行商讨，为管理者提供准确的关键客户信息，协调技术、生产、销售、物流等部门根据关键客户的要求设计不同的产品和服务方案。关键客户服务团队还应关注关键客户的动态，强化对关键客户的跟踪管理，对出现流失动向的关键客户更要深入分析及沟通。

### 2. 整合资源，重点服务

既然 20%的客户为店铺带来 80%的利润，那么我们也应向这部分客户投入 80%的服务资源，因为关键客户对店铺的价值贡献最大，他们自身也会对服务有更高的要求。如果商家心安理得地享受关键客户带来的利润却不进行特殊关怀，关键客户可能会滋生不满情绪，出现流失现象。有些商家选择直截了当的价格优惠，作为对关键客户贡献的奖励；当然也有部分关键客户在价格优惠之外更为重视商家为其提供的超值服务。例如，银行业往往会设置贵宾服务窗口，机场会设置贵宾休息室与服务通道，酒店会安排贵宾服务区等，这些服务都会使关键客户产生一种优越感。

跨境电商卖家应根据关键客户服务团队提供的客户信息及情报，准确预测关键客户需求，于客户提出要求之前服务，如主动提供售前、售中、售后的全程、全面、高档次服务。也可邀请关键客户为产品的研发、设计、定价等提供意见，以便更好地满足关键客户的需求，提供更为精准化的服务。例如，在速卖通平台上经营 T 恤的店铺客服在与关键客户沟通时，可以强调对方是特殊贵宾，店铺为其推出了一项定制化服务，可以根据客户提供的照片为客户印制专有图案。在服务力度和产品资源方面，也应向关键客户倾斜。例如，店铺在参加速卖通平台的俄罗斯团购、巴西团购、印度尼西亚和西班牙团购活动时，由于流量庞大，订单量可能面临井喷状态，卖家应备好足够的货物，协调生产与配货、发货等部门，保证在销售旺季对关键客户的供应。在供货紧张时，应优先保证关键客户的需要，以免因缺货而引起关键客户的不满。对于部分关键客户而言，直接的财务利益也是他们乐于接受的。传统外贸公司可能会采取适当调整付款时间、约定让买方资金周转较为宽松的付款方式，以奖励关键客户的忠诚。而跨境电商店铺则可以考虑直接给予优惠的价格与折扣，或者为优质的关键客户提供灵活的支付条件和安全便利的支付方式。

### 3．保持密切联系，加强情感交流

跨境电商卖家应加强与关键客户的沟通与交流，让关键客户感受到商家对其的重视与认可，体会到自身价值的升华。

与关键客户进行定期沟通非常重要，无论是通过网络社交平台、跨境电商平台站内信，还是邮件或电话。商家应针对关键客户制订一个沟通计划，以便更新关键客户的需求，及时发现问题并解决问题。其频次应远远高于普通客户，而对小客户则无须着重进行一对一沟通。经常对关键客户进行意见征询有利于提升关键客户的信任度。例如，传统外贸公司会选择每年邀请关键客户与企业高层进行会面，听取关键客户对企业产品开发、设计、生产、包装、服务、营销等方面的意见与建议，同时会向关键客户介绍公司下一阶段的发展计划与产品计划。这些方法有助于企业与关键客户建立长期、稳定的战略合作伙伴关系。而对于跨境电商平台店铺运营商来说，关键客户个体数量大，分布于不同国家与地区，且多为零售客户，面对面的座谈显然不可行。此时，网络社交平台的社区功能成为群体沟通的首选。例如，一家经营中端时尚女装的亚马逊店铺，目标客户可能是年轻、时尚、个性、有一定消费实力的女性。商家可以在社交平台上先与关键客户成为好友，再建立与自己目标客户相似的群组。然后邀请关键客户加入，建立圈子，并在群组里保持活跃度，随时了解关键客户的意见与问题，提高沟通有效性。只有充分运用社交平台、邮件等有效沟通渠道保持与关键客户的交流，才能真正了解他们的购买需求、服务需求乃至会影响他们购买行为的群体偏好，才能够保证想客户所想，急客户所需，精耕细作地将产品和服务做到极致。

关键客户对卖家相对比较体谅，遇到跨境电商交易中一些不可抗力带来的交易问题时，也能积极友好地与商家进行沟通解决，但这并不意味着卖家可以忽视关键客户遇到的问题。关键客户无论是对产品本身，还是后续的物流服务提出的投诉或怨言，卖家需要第一时间启动售后服务应急方案，优先、认真、迅速并且专业地解决问题。简而言之，当关键客户遇到问题时，卖家应当更为重视并进行最为及时有效的处理。因此，他们对商家的市场战略具有重大影响，也能为商家带来最大的盈利。对于这部分客户的管理目标就是尽一切可能维护，并与其保持一种长期稳定的战略合作关系。

### （二）普通客户的管理

普通客户即 C 级客户，这部分客户虽然在购买力、忠诚度及价值创造方面远不及 A 级客户与 B 级客户，但客户数量较大，所以卖家即使不进行特殊对待，也应给予一定的重视。因为他们有可能发展成为关键客户，进而为卖家带来可观的利润。所以根据其创造的利润与价值，企业对普通客户的管理，应侧重于提升客户级别与控制成本两个方面。

### 1．甄别并培养有升级潜力的普通客户

跨境电商平台上的卖家面临的每一个客户都有第一次进入店铺、第一次与客服沟通、第一次下单、第一次留评的行为。这些客户在最初都属于普通客户群体，那么我们需要做的就是甄选出有潜力升级为关键客户的普通客户，通过引导、创造、增加普通客户的需求，

鼓励普通客户购买更高价值的产品或服务，来提升普通客户创造的价值，提高他们的贡献度。例如，在发送给普通客户的邮件中，可以适当展示店铺为贵宾客户或回购客户的价格优惠或更为全面的服务，激发普通客户向关键客户成长的愿望。这也是线下零售行业常用的客户级别培养方法。

也有不少企业根据普通客户的需要扩充产品线，以为普通客户提供"一条龙"服务来满足他们潜在需求的方式，增加普通客户的购买量，提升客户层级。

### 👆 案例

瑞典宜家集团已成为全球最大的家具家居用品企业，主要销售包括座椅/沙发系列、办公用品、卧室系列、厨房系列、照明系列、纺织品、炊具系列、房屋储藏系列、儿童产品系列等约 10 000 个产品。宜家不仅提供广泛、设计精美、实用、低价的适合小户型的产品，也在一定范围内提供适用于大户型的精致高端产品。在每一个卖场内不仅有由宜家产品组成的具有设计感的实用性家居功能区，还设置了"客户设计博览区"，用于展示宜家的真实客户使用宜家品牌产品布置的家居设计。来自真实客户的设计更容易让客户产生共鸣。而且宜家还为客户提供了可能需要的一切产品和服务，其中除所有的家居用品外，还包括送货服务、安装服务、装修设计甚至旧装修拆除等。宜家"打造美好生活"的"一条龙"服务增加了客户对企业的需求，也提升了客户层级。

小米公司通过不断扩充产品线，从手机、电视、笔记本、小米盒子、路由器到体温计、电磁炉、扫地机、净化器、电饭煲、无人机乃至太阳镜等，在让客户接受小米智能家居的理念后，有效地增加了普通客户的购买量，提高了客户的品牌忠诚度，从而实现了客户层级的提升。

经营发饰的店铺，可以设计一套鼓励普通客户增加消费的计划。例如，对一次性或累计购买达到一定标准的客户设置初级 VIP 身份，每次购物金额折算成 VIP 积分，达到一定积分可以升级 VIP 级别，购物时可以得到一定的折扣，还能参加抽奖或积分抵扣购物金；再高一级的 VIP 可以获得定制饰品或在指定饰品上镌刻姓名的服务等，以刺激普通客户购买更多的产品或服务。

### 2. 减少对无升级空间的普通客户的服务投入

对于剩余的没有升级潜力的普通客户，卖家不需要像对关键客户那般给予特殊对待，也无须像对有升级潜力的普通客户那般进行引导与沟通，基本可以采取"维持"策略，仅提供常规服务。例如，不耗费人力去提供附加服务，缩减为他们服务的时间、服务的内容，即无论在人力、物力和财力上都不增加投入，以降低服务成本。

### （三）小客户的管理

对于传统外贸企业而言，遵循"二八定律"，着重关注 20%的关键客户无可厚非。但对于跨境电商平台卖家，却不可盲目地放弃剩余的价值贡献较小的那部分客户。因为随着电子商务的发展，传统意义上的产品存储与流通渠道发生了变化，而只要基于互联网进行销售的产品的存储和流通的渠道足够多，原先销量低、市场需求少、无法打造成爆款甚至比较冷门的低市场份额产品，其共同占据的市场份额有可能达到甚至超过爆款或主流产品所占据的市场份额。即"长尾理论"所言：众多小市场可以汇聚成可与主流大市场相匹敌的市场能量。而在互联网经济时代，小客户由于基数庞大，且群体有不断扩展的可能，卖家在为关键客户提供特殊照顾的同时，也要重视普通客户与小客户贡献的整合价值。也许相对于A级、B级与C级客户来说，小客户的个体购买量不多，忠诚度也较低，下单前常需要与客服进行较长时间的沟通，咨询次数多，下单慢，付款延迟，评价不主动等。但大量的小客户是跨境电商平台店铺维持销量、提升信誉和提高店铺评分的有效手段与数据支持。如果我们直接放弃对这部分客户的维护，任其流失，则有可能失去销售规模，销量的降低必然对企业利润产生影响。换言之，如果将小客户全部集中起来，也有可能创造出不可忽视的巨额利润。因此，企业也应尝试用更为合理经济的方法来管理小客户。

### 1. 挖掘可提升客户层级的小客户

卖家应该帮助有升级潜力的小客户成长，给予其一定的照顾，将其培养成普通客户甚至关键客户。小客户的成长必然带来店铺利润的提升。例如，通过速卖通平台的俄罗斯团购、巴西团购、印度尼西亚和西班牙团购活动可以看出，活动期间的大部分订单来自陌生的新客户。这些客户可能以目前的划分标准来看，应暂归于小客户，但这些小客户中，必然有具备升级潜力的群体，卖家应在最初就给客户留下精品质、重服务的好印象。而且在初次购物行为后，可能有些客户会存在"买家自责"，即由于团购活动的热潮和网站的各种营销刺激使得其做出了购买行为，但下单后会对交易感到不自在，这时候客服对其购买行为的鼓励及对未知产品和服务的不安情绪的安抚就显得非常重要。只有在最开始就重视客户满意度，有购买力的小客户才有可能对产品及品牌产生信任，出现回购行为，增加购买频次和使用量，慢慢提升客户层级。

### 2. 对没有升级潜力的小客户减少服务投入

对于没有升级潜力的小客户，卖家也不应选择直接放弃，更不应该怠慢客户而让其产生不满。在网络时代，信息传递迅速，一旦一个客户对卖家的产品、品牌乃至服务口碑不良，会对企业形象造成巨大的影响。因此，对这类小客户不应简单地采用淘汰、放弃等方法，而是可以参考一些服务行业的做法。例如，广东发展银行对其信用卡用户实行的是首年免年费、次年开始刷满六笔免年费的政策。这样一来，从次年起，未达到刷卡笔数的客户需要根据卡片类别缴纳200~800元/年的卡片年费。企业还可限制为小客户提供服务的内容与范围，以节约企业资源。银行会鼓励客户在ATM机上完成小额资金的存取，以降低柜面人员的人力服务成本。航空公司会在售票时进行告知，不同级别的舱位可以享受不同的服务，让旅客提前有差别待遇的认知。在航行过程中，头等舱可以享受到更为优质高级的免费服务，而经济舱客户可能需要出钱购买餐食及饮料。这种在时间或空间上将不同级别客户区分开来的做法，可以在很大程度上避免小客户发现自己的待遇与关键客户或普通客户存在差异时滋生不满。

### 3．淘汰劣质客户

可以明确的一点是，并不是所有客户都值得卖家竭尽全力去服务及费尽心思去维护。总有这么一批劣质客户，不仅不能为卖家带来利润及价值，还会侵蚀、蚕食其他客户给卖家带来的利润。例如，拒绝沟通、恶意给差评的客户，不停骚扰客服却迟迟不下单的客户，对产品各种挑剔、中伤品牌与店铺的客户，拒绝付款以差评威胁卖家的客户。一旦这些客户做出破坏店铺与品牌形象的行为，卖家应率先向运营平台提出申诉，而不是受制于人，被迫消耗资源。事后可直接建立劣质客户黑名单，将这些客户列为拒绝往来客户。

总之，针对不同级别的客户采取不同的管理与维护政策，能使关键客户为了享受尊贵的待遇与优质的服务尽力保持自己在客户金字塔中的地位；也刺激并引导着普通客户向关键客户层级方向努力，鞭策着有提升潜力的小客户向普通客户乃至关键客户级别发展；劣质客户的淘汰更是从根本上杜绝了资源的浪费，从而使卖家的客户群体以良性态势成长，达到管理资源分配的合理化及效益最大化。

## 二、潜在客户分级管理

### （一）新的潜在客户的管理

前文提到，越来越多的跨境电商卖家选择网络社交平台作为引流渠道。目前来看，Facebook 是亚马逊、Wish、敦煌、速卖通等跨境电商平台站外引流渠道中较易操作的一个社交平台。除了能对产品、服务、第三方店铺进行推广外，还能根据客户的性别、年龄、所在地区、喜好、日常关注习惯做到精准推送。而通过 Facebook 引流亦有"二八原则"，即卖家在 Facebook 上分享的内容，50%应与粉丝即新潜在客户的兴趣相关，30%为开放式互动，最后 20%才是与产品相关的。也就是说，单纯与产品有关的内容不应过多，应把精力放在制作与目标客户的兴趣、需求、生活习惯相关的内容上，以免引起潜在客户反感。

亚马逊可以说是一个流量为王的平台，商家的销售额提升与流量增长是成正比的。商家通过第三方平台引入的流量越多，销量自然上升，销售额的增加亦会带来商品在搜索页面的排名提升。排名越靠前，平台自然流量的转化率就越高。因此，除了 Facebook 外，另一站外引流的"网红明星"——Twitter 也是许多卖家的主要引流阵地之一。与 Facebook 一样，拥有 2 亿庞大用户的 Twitter 平台也忌讳直接刷广告的行为，容易被认定为营销号而被拉黑。为了开发潜在客户，许多卖家会特聘专人运营社交账号。好的社交账号运营人员并不会一上来就刷广告，而是忽略营销广告、推广任务，先以交友的心态去打理账号。首先，完善个人资料是建立公众信任度的必要环节，也是以图片或个人简介进行自我推销的关键一步。其次，通过对目标客户的定位，发布他们感兴趣的信息，慢慢聚拢粉丝，建立目标客户小社群。例如，销售帐篷的卖家，可以发布一些野营经历或转发分享一些知名驴友的文章，文章贵精不在多，用心撰写，切忌敷衍了事，以期引起粉丝共鸣。再发布与自己产品相关的文章，提供如产品图片、使用方法，产品优势等信息，吸引粉丝关注。如若有粉丝是购买过帐篷并且已经在户外使用过的客户，并且发布了野营文章，那么一定要及时地去关注并转发。这不仅能让潜在客户对产品产生进一步的信任，又在已购买客户那儿保持了活跃度和存在感。

### （二）曾经有过优质购买行为的客户的管理

曾经有过优质购买行为却没有再次回购的客户，也可将其作为潜在客户。可通过向这些客户发送站内信或邮件等方式，了解这部分客户未有后续交易的原因，了解其是否对商品、物流及服务有进一步的需求，并挖掘出符合这部分客户需求的产品向其推荐。

### （三）因某些原因未下单的客户的管理

对于此类客户，可以采用上述面向有过优质购买行为却未回购的客户的方法，不过第二类客户通常更具有购买力。这类客户迟迟未下单有可能是价格原因，可以告知客户店铺进行优惠促销的时间，吸引客户届时购买。也有部分客户是因对产品尚存疑问而未下单，此时卖家除了优化完善货物描述外，还应关注客户评价，这也是许多潜在客户在选购商品时的重要参考因素。

在亚马逊上有 Feedback（买家反馈）和 Review（商品评论）两套评价体系。Feedback 是客户对已购买产品做出的关于产品品质、服务水平、物流服务等方面的评价。换言之，只有与商家发生真实交易的客户才能发布 Feedback。而 Review 则是对产品本身的评价，只要是亚马逊的有购买记录的会员，可对任何产品写 Review。在进入店铺之前，Review 是进入平台的客户选品的主要参考因素之一。Feedback 是店铺考核指标之一，会在店铺首页及店铺评价详情里清晰地显示。Feedback 的评分会影响店铺绩效和排名，过低的评分甚至可能导致店铺被亚马逊取消销售权限。亚马逊的部分新卖家总是热衷于向 Top Reviewer（顶级评论员）索要 Review，但并不是所有的 Top Reviewer 都接受邀请。此时，无区别复制粘贴的邀评邮件，可能会面临着被系统当成垃圾邮件处理，或者被收件人直接当成无用邮件删除。因此，为了有更好的曝光量和销量，让一些犹豫不决的潜在客户能对产品有更加直观的认知并产生信任感，让他们在面临选择时毫不犹豫地挑选卖家的商品，卖家需要好好地经营 Feedback 和 Review 两套评价体系。

### （四）现在的客户的管理

当将现有客户作为潜在客户对待时，卖家需要做的就是针对优质客户开展二次营销。例如，换季清仓时部分产品做特价销售，并通知客户店铺即将开展的让利活动；最新产品上市前，可以邀请客户试用；新品上市时，向客户发送广告宣传新品；在万圣节、感恩节、黑色星期五、网购星期一、圣诞节、元旦等西方国家重要节日的购买高峰期推出爆款与回馈老客户的特价产品组合等。把现有客户也作为潜在客户对待，主动开展针对现有客户的二次营销，可以增加回购率，获得稳定的交易量。

### 案例解析

#### 一、案例背景

小陈按照经理的要求,通过速卖通平台的买家管理营销工具对订单客户进行了信息管理,根据其购买需求、购买习惯、购买频率、购买类型等信息,将其划分为关键客户、普通客户与小客户。目前这个店铺的卖家服务等级是良好,根据速卖通平台规则,店铺每个月可以发送 200 封营销邮件。在识别客户的基础上,他应如何分配每个月的营销邮件发送对象及内容?

#### 二、操作步骤

(1)通过客户管理营销工具识别需要维护的重点买家,向其发送新品上架情况及打折与促销的信息,或者对售后满意度进行调查。

(2)对于曾有过优质交易行为却许久未再下单的客户,向其发送新品上架情况并了解其流失原因,再有针对性地改善自己的产品与服务。

(3)对于劣质客户,可以选择直接拉进黑名单,不仅无须向对方发送营销邮件,也可拒绝回复对方的骚扰邮件。

#### 三、案例总结

需要注意的是,尽量避免在短时间内向同一客户多次发送营销邮件,以免有过度骚扰之嫌,引起客户反感。对于忠诚度高、对品牌非常热爱、极为关注新品情况的关键客户,可以保持每月 1~2 封邮件。同时应了解客户过往的历史购买记录与偏好,有针对性地推荐产品:如果该客户以往的订单以色彩鲜艳的服装为主,那么推荐的产品也应投其所好;如果客户一直以来购买的商品总价都不高,就尽量向其推荐平价产品。同时针对不同级别的客户,可以发送不同程度的优惠券,邀请客户下单回购。

## 子情景四 跨境客户分类管理

 **学习目标**

**知识目标**

● 掌握跨境客户分类的方法。

**能力目标**

● 能够根据跨境客户的不同分类采取相应的对策。

**素质目标**

- 学会分析不同类别跨境客户的行为特征，并进行针对性管理。

## 项目背景

浙江英卡顿网络科技有限公司的跨境客服专员 Allen 对其负责店铺的现有客户进行了分级，并为各层级客户制订了对应的服务与维护方案后，又接到了另一项任务：经理要求 Allen 考虑从客观属性分析不同客户的需求，然后进行归类，并制订推广方案。

## 任务实施

步骤 1：收集客户的购买记录、消费习惯、浏览特征等信息。
步骤 2：判断客户需求、消费水平、购买能力并进行归类。
步骤 3：根据不同客户类别制定对策。

## 知识铺垫

20 世纪 50 年代，美国学者温德尔·史密斯认为每类产品的客户群体需求及特性并不是统一标准的，在群体里，可以因为文化差异、收入差别、生活习惯、消费喜好等因素细分出若干个类别。基于这一原理，温德尔·史密斯提出可以根据目标客户属性划分、以客户特征及反映为依据的客户细分方法，助力企业根据不同客户类别制定不同的营销策略。客户细分既是客户关系管理的重要理论组成部分，又是其重要管理工具。它是分门别类研究客户、进行有效客户评估、合理分配服务资源、成功实施客户策略的基本原则之一，为企业充分获取客户价值提供理论和方法指导。

客户分级管理着眼于客户对企业的价值贡献，在"客户金字塔"中将客户分为若干个层级，并针对不同级别的客户制定差异化的服务策略。而客户分类管理则更侧重于从客户的外在属性、内在属性或消费行为分类，参考不同的变量分类的结果也不同。跨境电商平台卖家可考虑从诸如性别特征、所属区域、浏览特征、性格特点、下单习惯、留评行为等角度判断客户需求、消费水平、购买能力后对客户进行归类并制定相应的管理对策。

## 一、按网购客户下单习惯分类管理

### （一）狂热爱好者

网络购物比起线下实体店而言，少了许多时间和空间的限制。无论客户身居北半球还是南半球，无论当地时间是白天还是深夜，客户都能通过跨境电商平台购买到心仪的商品。对于商业发展程度较低的国家和地区的人们来说，跨境电商平台购物更为他们开启了一扇通往新世界的大门。只需要网络和电子终端就可以足不出户购物的便捷性培养了一批网购的狂热爱好者，他们流连于各大跨境电商平台，既为了消遣与打发时间，也为了满足购物欲望。他们热衷于下单与接收快递包裹，购物频率非常高，购物行为未必全都是理性的，对每个常购平台的优惠活动了如指掌，对与商品相关的信息敏感度高，在社交平台上的购物性群组中一般占主导地位。对于这类客户，可在向其推介产品时，多提供商品的图片与文字信息，必要时附带一些使用视频，也可多邀请他们提出一些个性化的产品建议并试用新品，以刺激他们的购买欲。

### （二）目标明确者

有一类客户，逛网店不是为了打发时间，而是因为清晰地知道自己的需求，明确了欲购买的商品范围。他们有自己的购物理念和购物行为标准，不会毫无目的地在各个平台或各个店铺之间闲逛，会以比较明确的关键词搜索符合自身需求标准的商品信息。一旦找到了合适的产品，就会下单购买。而在他们抉择的过程中，主要参考的就是产品描述，以及其他客户对产品的评价。有时候，他们还会向客服提出一些详细的咨询问题。对于这类客户，卖家需要投其所好，根据他们的需求提供最直接明了的真实产品信息，向他们展示其他购物者的购物体验与评价。如果是电子产品，还需要配备有丰富专业知识的客服，以免无法解答客户疑问。

### （三）低价淘货者

这部分客户在购物时只有一个行动标准，就是低价。他们在输入关键词后，会选择价格排序来浏览商品页面，即使有些低价在很多人看来很不合理，他们也会受价格吸引点击产品链接。他们没有品牌忠诚度可言，对价格非常敏感，购物时间多花在价格的比较上，在挖掘低价商品方面不厌其烦。当不得不购买单价较高的商品时，更是会多方比价，有些时候即使明知不可能，也会希望通过和客服的讨价还价以获得更优惠的价格。对于这类客户，多向其推荐特价商品。当他们对一件商品犹豫不决时，提供折扣及优惠券会成为将他们留下的法宝。

### （四）谨慎购物者

这类客户首先对于跨境贸易平台和网络购物都有一定的不信任。不仅担心跨国网购买到的商品货物与描述不符，又担心通过这些平台进行购物会导致个人信息的泄露。这类客户最开始可能购买意向并不是非常明显，向客服提出的问题往往会侧重于产品是否是真货、是否与描述一致，是否可以退货等，而且在面临两家店铺出售相同产品时往往会有选择恐惧症，下单后甚至会出现"买家自责"的不适感，即后悔下单的感觉。面对这类客户，应积极肯定地向其说明卖家对产品和服务的负责态度，以及卖家在售前、售中和售后的服务政策，承诺会向客户提供最优质的服务，让客户认可自己的购买决策。店铺服务等级的提高也能让客户对卖家更加信任。

## （五）跨境初购者

这类客户可能有过网购行为，但是却是第一次通过跨境电商平台从其他国家的卖家手中购买商品。他们中有一部分和上述的"谨慎购物者"比较像，因为地域相异、语言沟通障碍等，对跨境电商平台和卖家都有一定程度的不信任感，耐心的解说和对自家产品的正面介绍就显得非常重要，积累到一定程度的好评也会成为他们主要参考的因素。而另一部分则会更容易进入状态，清晰便捷的操作页面、详细明了的产品介绍和照片对这类客户下单能提供更有效的帮助。

## 二、按网购客户性格特点分类管理

### （一）外向健谈型

这一类型的客户很多来自社交平台，因为关注和喜爱卖家分享的产品故事或推文，进而对产品产生兴趣。他们喜好交友与聊天，最初对和社交媒体的账号主人进行交流和分享可能更有兴趣。聊得多了，成了朋友，出于对朋友的信任，下单也会比较爽快。因此，对于这些热情健谈的客户，卖家可以重点关注，保持真诚热忱的服务态度。

### （二）理智友好型

这类客户情商比较高，咨询过程有礼貌，尊重客服，不会提出苛刻的服务要求，即使遇到物流延迟、货物损毁或货不对板等事件，也能够理智地与卖家进行沟通解决，而不是口出恶言或直接奉上差评。而正因为这类客户非常难得，卖家更应该为他们提供更为优质的服务。卖家应主动承担责任，宁愿自己承担损失也要尽量避免给客户造成损失，而不是因对方的宽容和理解放松对自身的要求。这类客户享受到最好的服务后，更容易增加忠诚度，产生回购行为，并且向他人夸赞卖家的产品和服务。

### （三）干脆利落型

这类客户比较自信，对产品有自己的一套判断标准。选中货物后，直接下单购买；收到货后，尽快确认付款；使用后，会根据真实情况给予好评或差评。整个购物过程几乎不与客服沟通，即使你非常热情，他们也不会给予回应。对于这种客户，应用比较直接的方式对待，如在站内信中直接对其表示谢意，同时说明如下次购物可以给予一定优惠。之后，最好不要再发营销邮件，以免被认定为骚扰。

### （四）热衷谈判型

这类客户无论面对哪种程度的优惠与折扣，都难以满足，总是希望通过讨价还价再得到一些让利。他们会在与客服沟通时，以其他店家同类产品的价格、产品本身可能的不足、包装方面的欠缺等一系列理由，要求降价。这类客户坚信只要纠缠着客服，定能得到优惠。面对这种客户，商家最好还是不要轻易妥协，否则他们很有可能不满足，会一再要求多降一点。只有从一开始就坚定地表达价格不可能退让，并且坚持到最后，才能可能让他们信服自己和所有客户是一样的待遇，做出购买决定。

### （五）固执自我型

这类客户常以自我为中心，不会站在他人的立场考虑问题，仅关注自身的利益得失。在遇到问题后，一般拒绝沟通，不接受他人的意见与建议。客服未对邮件及时回复，可能会引来他们的投诉，交易过程出现问题，可能直接就给差评。遇到这类客户，还是需要有足够的耐心，理智地与对方进行沟通，尽量让对方感受到足够的尊重，而不是争吵或放弃。

## 三、按网购客户留评行为分类管理

### （一）晒单"狂魔"型

这类客户是跨境电商卖家的最爱，他们不需要引导与提醒，总是第一时间发布最兴奋的文字，还有精心处理的图片上传到买家评价。一旦产品得到他们的喜爱，他们甚至会在社交网站上公开分享自己的使用心得。这个过程是他们的乐趣所在，如果看客有兴趣向他们请教产品相关的问题会让他们更有成就感。面对这类客户，卖家所需要做的最重要的事，就是将产品做到最好。只有好的产品才能得到好的评价，如果产品质量不过关，这类客户的真实宣传将给卖家带来负面影响。同时应感谢他们的分享，也可以邀请他们对产品理念与功能设计提意见，这类客户将会非常乐于参加这些项目。

### （二）理性留评型

这类客户对网购流程及自身需求非常明了，但是一般不会在收货后立即给予好评。他们认为自己的评价会对后来者起到一定的参考作用，所以会在真正使用产品后，写下使用心得。可能不会有太精彩的文字，但一般措辞比较真实，更能让观评者信服。对于这类客户，不需要催评，可以多与对方沟通产品使用感受，对对方提出的问题及时解决，避免因产品问题或服务的不到位出现负面评价。

### （三）忽略评价型

这类客户没有主动留评的习惯，在他们的观念中，交易行为到收货付款为止就结束了。或者说，他们认为自己没有必要花时间去主动留评，常常是遇到问题了，才想起评价这回事。还有一类是新手买家，他们可能并不知道卖家期待在交易结束后得到他们宝贵的评价。对于这类客户，卖家在提供高性价比产品的同时，可以采取一些方法引导他们给出评价，如发站内信进行交流，或者在货物包裹里放上卡片，真诚地表示为让后来的客户能有更多的参考信息，邀请他们在使用商品后给出评价，并将留评的操作步骤截图印制在卡片上。

总之，无论对客户是进行分级还是分类管理，都是一项事半功倍的工作。它可以帮助卖家节约资源，使其将更多的精力投入到为更有价值的客户服务中去。当然，所有工作的前提是，我们要为客户提供高性价比的产品和最优质的服务。

**案例解析**

### 一、案例背景

小陈遇到了一个美国客户 Kate，她对小陈负责的速卖通泳装店铺里的泳装非常感兴趣。但是相似的商品在她所在城市的商店里标的价格是小陈店里标价的三倍。Kate 想，是不是价格低的产品质量不好？而且她发现，同样的产品有好多家店在出售，她该选哪家呢？同时，她也不知道，到底多久才能收到货？通过这个平台进行的交易安全吗？可以退货吗？

### 二、操作步骤

（1）通过上述描述，可以看出 Kate 是一个谨慎购物者，小陈应针对她对产品质量的疑惑，向其展示交易记录、买家评价、店铺信誉评分等信息。

（2）针对 Kate 的选择困扰，小陈应向其说明自家产品在品质、服务方面的优势。

（3）小陈应向 Kate 保证在规定时间内发货，并为其查询通常情况下的到货时间，同时也说明物流的不确定性；然后详细介绍平台交易的安全性，并且承诺店铺在售后服务等方面的保障。

### 三、案例总结

天下没有难做的生意！跨境电商店铺卖家面临的多是终端消费者，由于客户需求、欲望及购买行为是多元的，所以客户需求的满足也会呈现出差异性。每个客户都有自己的个性特征、消费习惯与购买需求。在差异中寻找共性，做好客户细分，集中资源，针对性地开展分类管理工作，制定科学的竞争策略，提高客户与卖家之间的交流效率，有助于双方关系进入良性循环，从而获得更强的竞争优势。

## 习题演练

### 一、单选题

1.（    ）是客户分级的主要参考因素。

A．消费习惯　　　　　　　　　　B．为企业贡献的价值

C．个性特征　　　　　　　　　　D．购买次数

2．客户分级的主要目的是区分出（    ）以重点关注。

A．普通客户　　　　　　　　　　B．A 级客户

C．关键客户　　　　　　　　　　D．小客户

3．跨境电商卖家可以通过（    ）促使理智客户留评。

A．承诺好评返现　　　　　　　　B．直接发送优惠券

C．真诚邀请　　　　　　　　　　D．承诺赠品

4.（　　）对于更好地维持关键客户没有帮助。

A．不断发送促销广告邮件

B．更高的折扣率

C．了解其对产品或服务提出的意见与建议

D．区别于其他客户的 VIP 待遇

5.（　　）是跨境电商卖家最喜欢的客户。

A．热衷谈判型　　　　　　　　　B．理智友好型

C．干脆利落型　　　　　　　　　D．固执自我型

6．下列情况需要进行客户分级管理的是（　　）。

A．客户数量暴涨　　　　　　　　B．客户数量超出管理者能掌控的范围

C．客户数量达到 1 000 名　　　　D．客户增长幅度超出管理者能掌控的范围

7．热衷于下单与接收快递包裹，购物频率非常高，购物行为未必全都是理性的，对每个常购平台的优惠活动了如指掌的客户属于（　　）。

A．狂热爱好者　　　　　　　　　B．谨慎购物者

C．目标明确者　　　　　　　　　D．低价淘货者

8．以下不属于跨境电商店铺开发潜在客户可使用的方法的是（　　）。

A．发布需求信息　　　　　　　　B．发邮件

C．上门拜访　　　　　　　　　　D．主动联系有需求的客户

9．以下符合小客户的特点的是（　　）。

A．回购　　　　　　　　　　　　B．合作稳定

C．订单量少　　　　　　　　　　D．信任卖家

10．第一时间发布最兴奋的文字，还将精心处理的图片上传到买家评价，这符合（　　）客户的特征。

A．晒单"狂魔"型　　　　　　　B．理性留评型

C．忽略评价型　　　　　　　　　D．拒绝评价型

## 二、多选题

1．根据"客户金字塔"模型，可将客户分为（　　）。

A．关键客户　　　　　　　　　　B．大客户

C．小客户　　　　　　　　　　　D．普通客户

2．A 级客户的特点包括（　　）。

A．合作稳定　　　　　　　　　　B．价格敏感度低

C．持续回购　　　　　　　　　　D．价格敏感度高

3．对于店铺来说最有价值的客户有（　　）。

A．普通客户　　　　　　　　　　B．A 级客户

C．B 级客户　　　　　　　　　　D．C 级客户

4．以下可以为维护关键客户发挥作用的措施包括（　　　）。

A．设立专门服务团队　　　　　　　B．整合资源，重点服务

C．保持密切联系，加强情感交流　　D．减少服务投入

5．以下适用于小客户管理的措施包括（　　　）。

A．挖掘可提升客户层级的小客户

B．对没有升级潜力的小客户减少服务投入

C．淘汰劣质客户

D．保持密切联系，加强情感交流

6．以下按网购客户性格特点进行分类管理的是（　　　）。

A．热衷谈判型　　　　　　　　　　B．理智友好型

C．干脆利落型　　　　　　　　　　D．固执自我型

7．以下属于热衷谈判型客户特点的有（　　　）。

A．主动沟通　　　　　　　　　　　B．喜爱讲价

C．无优惠不下单　　　　　　　　　D．纠缠客服

8．针对普通客户的有效管理措施有（　　　）。

A．甄别并培养有升级潜力的普通客户

B．减少对无升级空间的普通客户的服务投入

C．淘汰部分客户

D．设立专门服务团队

## 三、判断题

1．（　　　）只有跨境电商大卖家才需要对客户进行分级管理。

2．（　　　）卖家应将主要资源投入关键客户的维护工作中，对普通客户保持正常维护，基本可以放弃小客户。

3．（　　　）客户分级管理的主要理念是企业应为对其利润贡献最大的关键客户配置最强大的资源。

4．（　　　）无论何种情况下，亚马逊都不允许卖家诱导买家做出虚假评论。

5．（　　　）使用社交平台进行站外引流时，应该尽可能多地发布一些产品信息，以便粉丝对产品有充分的认识与了解。

6．（　　　）客户分级管理侧重于从客户的外在属性、内在属性或消费行为分类。

7．（　　　）狂热购物者对价格非常敏感，在挖掘低价商品方面不厌其烦。

8．（　　　）谨慎购物者在面临两家店铺出售相同产品时往往会有选择恐惧症，下单后甚至会出现"买家自责"的不适感。

## 四、简答题

1．什么样的企业需要进行客户分级管理？

2．客户分级与客户分类的区别是什么？

3．如何进行客户分级？

4．如何对待没有升级潜力的普通客户和小客户？

5．如何让忽略评价的客户留下好评？

 **实践操作**

　　速卖通店铺运营专员 Joyce 在成功上架了一款单价为 15 美元的儿童泳装后，几天内收到了 70 多封站内信。站内信的内容有这么几类：有的客户提出大额采购的意愿，有的客户咨询产品品质，有的客户关注产品有哪些优惠等。并且大部分咨询针对的是产品的相关情况。Joyce 应如何处理这些邮件？

# 情景六

# 跨境客户的满意度管理

## 子情景一　跨境客户满意度的内涵

 **学习目标**

**知识目标**

- 了解客户满意度的概念与特征。
- 了解跨境电子商务环境下客户需求的新特点。

**能力目标**

- 掌握跨境电子商务与传统商务客户满意度的区别。
- 理解跨境客户满意度的表现特征。

**素质目标**

- 培养跨境电商卖家的满意服务理念。

 **项目背景**

　　浙江英卡顿网络科技有限公司的跨境客服专员 Allen 总结了几点提升客户满意度的经验：专业的产品开发是跨境电商的起点；物流配送是跨境电商的关键环节；稳定可靠的货源是跨境电商成功的保证；优质的客户服务是跨境电商成功的关键。这些资源的有效配置构成了一个较为宽广的服务平台，保证了客户在产品购买及使用过程中的满意度。简言之，提供更优质、更具有价值的产品，以及更细致入微的客户服务是提高客户满意度的重要内容。结合 Allen 和自己的实践，思考跨境电子商务客户满意度包括哪些方面的内容？

## ⚒ 任务实施

步骤 1：了解客户满意度的概念与特征。

步骤 2：掌握跨境电子商务环境下客户需求的新特点。

步骤 3：根据客户满意度与客户需求的特点优化平台运营。

## 💻 知识铺垫

### 一、客户满意度的概念

#### （一）客户满意度的界定

客户满意度是由客户购买和使用后对产品的判断（或"实际产品"）与客户对其购买产品的预期（或"理想产品"）的吻合程度来决定的。用公式表示为：

$$客户满意度=实际产品-理想产品$$

"理想产品"是客户心中预期的产品，客户认为自己支付了一定数量的货币，应该购买到具有一定功能、特性和达到一定质量标准的产品；而"实际产品"是客户得到产品后，在实际使用过程中对其功能、特性及质量的体验和判断。如果"实际产品"劣于"理想产品"，那么客户就会产生不满意，甚至抱怨；如果"实际产品"与"理想产品"比较吻合，客户的期望得到验证，客户就会感到满意；如果"实际产品"优于"理想产品"，那么，客户不仅感到满意，而且会产生惊喜、兴奋。

#### （二）客户需求与隐含期望

让客户满意的关键是要理解哪些东西对客户来说是重要的，并且要尽量满足客户的期望（如果不能超过的话）。这些需求不仅仅是相关的产品或服务，许多产品之外的因素也会影响客户的满意度。

对于企业来说，深刻理解客户的期望和需求是很重要的。企业是通过满足和超过客户的期望、迎合客户的需要来创造客户满意度的。

花些时间来考虑一下，客户与企业进行交易的时候，所交换的什么东西具有什么用处。客户购买一件产品或一项服务的时候会放弃某些东西。通常，货币的支出是最明显的，但还有许多其他的东西。例如，客户花在搜索、比较可替代品和进行购买上的时间和精力也必须被考虑到。认识到客户的需求存在于几个不同的水平上也很重要，而且为了获得客户满意度，就必须将注意力投入满足各种不同水平的需求上，从基本的产品和服务，到员工与客户的互动，再到造就客户良好的感受。

#### （三）满足客户期望

企业可以通过提高客户获得的价值，或者降低客户的货币或非货币形式的成本等方式来超出客户对产品或服务的期望。

如果客户的期望得到了满足，一般来说就会满意了。如果超过了这种期望，客户就可能表现出很高的满意度。很显然，在与服务提供者的互动中，客户会优先考虑某些方面的期望。

而有一些期望只在没有得到满足的时候才会浮出表面，通常它被客户理解为是必然的或是理所应当可以获得的。为了让客户真正满意，甚至成为回头客，并且对企业进行正面的口头宣传，企业所做的必须超过客户的期望。

## 二、客户满意度的特征

### （一）主观性

客户满意度是客户的一种主观感知活动的结果，具有强烈的主观色彩。因此，对客户来说，满意与否及满意的程度，最先受到主观因素的影响。例如，经济地位、文化背景、需求和期望、评价动机，甚至地方性的好恶、性格、情绪等非理性因素也会对客户满意度产生影响。

### （二）客观性

客户满意度是客观存在的，并且不以企业、客户的意志为转移。也就是说，客户一旦接受了企业提供的产品（包括售前服务，如广告宣传之类），就有了一个满意度的概念。不论组织是否对此加以关注，是否去进行调查，客户的评价总是客观存在的，不为人为因素所改变。

### （三）比较性

客户满意度是客户期望与客户感知相比较的产物。客户满意度的比较，可以是横向比较，也可以是纵向比较。但比较是有限的，在某些情况下，客户满意度很难比较或不宜比较，因为不同的客户对同一个影响其满意度的因素的期望与感知不尽相同。

### （四）模糊性

由于客户满意度是一种主观感知、自我体验和情感判断，这种主观感知、自我体验和情感判断，带有许多"亦此亦彼"或"非此非彼"的现象，即模糊现象。同时，客户满意度也是有差距的，但究竟差多少也相当模糊，难以精确和量化，如很难界定"满意"和"较满意"的差距究竟有多大。

### （五）差异性

客户满意度往往因客户属性（自然属性、社会属性、消费属性等）、企业属性、行业属性、部门属性及产品和服务属性的不同而不同。

### （六）全面性

客户满意度是对企业及企业提供的产品和服务的评价，它是全面的，而非只针对某一质量特性而言的。任何一种质量特性或某个服务环节出现问题，都会引起客户的不满意。

### （七）动态性

客户满意度一旦形成，并非一成不变。相反，由于客户需求具有变化性，因此客户满意度会随时间的推移、技术的进步、整体环境素质的提高而发生变化。同时，企业的优势也会相应发生变化。随着社会经济和文化的发展，客户的需求和期望也会相应提高，客户满意度也会发生变化，甚至从满意转为不满意。

## 三、跨境电子商务客户满意度概述

跨境电子商务是基于网络发展起来的，网络空间独特的价值标准和行为模式深刻地影响着跨境电子商务，跨境客户满意度的评价标准也因互联网特有的虚拟性及跨境特性发生了新的变化。因此跨境电商不仅要考虑在传统实体交易行为中已经存在的诸如商品、服务等影响客户满意度的因素，还要考虑互联网自身的特质及跨境贸易对客户满意度产生的影响。

作为电子商务活动的重要形式，跨境电子商务模式与传统实体经济商业模式在某些方面有着明显的不同，具体表现在如下几个方面。首先，在传统的商业交易行为中，买卖双方是直接进行接触的，买方可以对卖方和商品有直观的感受，而在跨境电子商务的交易方式中，买方和卖方是通过一个平台来建立联系再进行交易的，如速卖通、敦煌网等。买家无法对商品进行全面的了解，只能通过文字描述和图片介绍来实现。其次，自然环境对跨境电子商务的影响较小，传统实体经济则对所在商圈的环境依赖较大。最后，在交易方式和物流配送方面，跨境电子商务不像传统实体经济那样采用银货两讫的方式，通常是先付款后交货，并通过物流交付。所以，影响跨境电子商务满意度的要素更加多元化，有些是实体经济从来没有涉及的因素在起作用。

## 四、跨境电子商务环境下客户需求的新特点

在跨境电子商务环境下，企业的决策信息大多来自互联网客户与企业的交易活动、客户对产品或服务的反馈，或者企业通过互联网对客户进行网上调查，得出客户满意度的大体评价。企业可以针对这些问题进行改进，以便向客户提供符合客户需要、有质量保障、交货及时、价格适当的产品与服务，从而提高客户满意度。

在跨境电子商务环境下，客户的需求呈现出以下新特点。

### （一）选购范围广

传统的购物模式局限了客户选购的地点、时间和产品种类；在电子商务环境下，客户可以通过互联网在任何地点、任何时间对网上的所有产品进行挑选、比较，做出较理性的

消费行为。

### （二）个性化、多样化

在互联网发展起来之前，人们的消息闭塞、想法单一，人们对于产品的要求也比较少，所购产品较统一。但随着社会的发展、技术的进步，人们的生活水平在逐步提高，获得消息的途径越来越多，想法也发生了巨大变化。客户的消费需求也从倾向于低成本转变成个性化、多样化。在电子商务环境下，企业可以根据客户的个性需求来定制多样的产品。

### （三）及时性

电子商务的发展使客户的需求得到了及时的满足。客户可以与企业进行联系，从而省去了诸多中间环节。客户还可以通过意见反馈或与企业交流把自己的需求提出来，以便及时得到满足。

 **案例解析**

### 一、案例背景

小张是敦煌网上专门批发零售各种品牌笔记本电脑的电池、键盘、充电器及笔记本系列周边配件的卖家。鉴于国内的国际快递代理大都规模小，运营粗放，最初公司的国际包裹快递选择的是中国邮政的 EMS。多数包裹快递需要 7 天到达，有时也会因为快递公司或海关报关单填写问题，延误几天。

跨境电子商务最终要把产品快速地交给客户，选择良好的快递物流供应商是成功的先决条件。经综合考虑，公司最终选择了我国成立最早、规模最大的电子商务专业快递公司——三态电子商务作为其国际快递提供商。因为三态电子商务在国际快递的报关流程和文档方面非常专业，所以小张公司的产品（如电池）从来不会因快递公司或海关以仿牌或特殊产品等理由造成延误等。包裹一般在 2~3 天内送到，而且价格非常便宜，甚至公司的大部分产品都实行了"免运费"。这一选择彻底解决了由于运输延误造成的买家差评和退款问题，提高了客户满意度。

### 二、案例总结

由上述案例可见，跨境电子商务的交易环节与传统贸易相比发生了较大的变化，跨境客户更加追求个性化、多样化以及收到产品或服务的及时性。跨境电商企业应充分了解新环境下客户的新特点，在物流、支付方式、个性化服务等方面考虑客户的感受，迎合客户的需求，从而提升客户的满意度。

## 子情景二 跨境客户满意度的影响因素

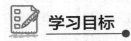 **学习目标**

**知识目标**

● 了解跨境电子商务客户满意度的影响因素。

**能力目标**

● 能够明确跨境客户满意度五大影响因素的具体内涵。

**素质目标**

● 能够通过对跨境客户满意度影响因素的掌握，提升客户服务能力。

### 项目背景

　　浙江英卡顿网络科技有限公司的跨境客服专员 Allen 为了让买家获得较好的购物体验，十分重视对各方面的细节处理。某日，因对产品不满意，客户提出退货要求。经与客户多次沟通协商，最终 Allen 同意了客户的要求。但为了淡化这次不成功的跨境购物经历给买家造成的影响，Allen 给客户发了封邮件，中文大意如下。

> 亲爱的朋友：
>
> 　　很抱歉这次的购物经历未能让您满意。为了让我们的产品能够更好地服务于广大客户，如果您能将对此次产品不满意的原因及建议告知我们，我们将万分感谢。
>
> 　　关于退货，我们会在收到货物后给您全额退款。
>
> 　　希望能和您建立长期的贸易关系。您下次光顾店铺时，我们将给您最高的折扣。

　　相信 Allen 的这封邮件会在一定程度上化解客户的不满，从而有效改善该位客户的满意度。那么，跨境客服应怎样处理收到的差评、中评和好评呢？而影响跨境客户满意度的具体因素又有哪些呢？

### 任务实施

　　步骤 1：处理评价。

　　（1）差评或中评。如果收到差评或中评，应及时联系客户，确认是否有回转的余地。平台支持卖家自行解决一些差评问题。

　　（2）好评。如果收到的是好评，应及时回复客户的评价。

步骤2：通过对评价的处理，掌握跨境客户满意度的影响因素。

 **知识铺垫**

客户满意度是客户对产品或服务的期望值同实际感知质量相比较后所产生的某种情绪，是基于物质感知的心理状态。客户的满意度决定了网络购物的重复购买率。

跨境电子商务是一种复杂的商业模式，它面对的是不同类型的客户个体及其不断变化的需求。一个不经意的疏忽，就会失去一个潜在的客户，而如果这个客户将他的不满向其他人进行宣泄，这种不满的情绪就会蔓延开来，一种不信任感就会产生。同时，它还有别于传统的消费模式，除了商品本身的特性，一些互联网特有的、非商品本质的要素也会影响消费者。

影响跨境电子商务客户满意度的因素主要包括以下几个方面，具体如表6-1所示。

表6-1　跨境电子商务客户满意度影响因素

| 网站（平台）特性 | 操作过程的便利性、设计的友好性、分类检索的便利性、网站服务器的稳定性、网站信息的质量等 |
| --- | --- |
| 网店情况 | 商品的种类、商品描述是否与实物相符、商品的质量、商品的价格等 |
| 客户服务 | 对于客户询问的响应、商品的退换、个性化服务、商家的信誉度等 |
| 支付方式 | 交易方式的种类、交易方式的安全性、客户隐私的保护等 |
| 物流配送 | 配送方式、配送时间、包裹的完整性等 |

## 一、网站（平台）特性

客户与跨境电商卖家通过网站提供的平台进行交易，客户对平台的满意度直接影响了其对跨境电商的整体满意度。网站（如速卖通、敦煌网等）操作过程的便利性、设计的友好性、分类检索的便利性、服务器的稳定性等都会影响客户的满意度。

### （一）操作过程的便利性

操作过程包括网页登录、购物导航、网站商品分类、购物车功能等诸多方面。操作过程是否便利会对客户的满意度产生影响。网上商家众多，并且提供的商品各异，客户要从海量的网站信息中用最短的时间找到自己需要的商品，这就要求网站的登录、导航服务和商品分类便于客户寻找。购物车是网上商店的一种快捷购物工具，可以使客户暂时把挑选的商品放入其中，以便删除或更改购买数量，或者对所挑选的相同商品进行比较和筛选，并对多个商品进行一次性结款。如果操作不够便利，将会影响客户在购买过程中的体验，进而影响客户满意度。

### （二）网页的设计

网页的设计包括网站的风格、色彩、文本、图片、主题等元素的运用。具有友好性和创意性的网页设计能够使客户对商家产生深刻的印象和积极的评价，这些都将会影响客户对商家的态度，因而会影响到客户的满意度。跨境电商平台的网站设计的友好性、分类检索的便利性、网站服务器的稳定性等均是影响客户满意度的重要因素。

网站设计的友好性，是指网站页面设计的整体风格是否便于客户浏览操作。

分类检索的便利性，是指平台网站对所有的注册商品的分类情况。详细的分类目录，可以帮助客户更加便利地找到自己需要的商品。

跨境电子商务客户的数量是极为庞大的，作为平台网站有责任提供并维护优质的网站服务。因此网站服务器的稳定性对避免当大量客户浏览时，造成服务器过载，影响客户的浏览和交易活动是极为重要的。

在电子商务活动中，网站为客户提供的信息服务也非常重要。客户会主动搜寻自己需要的商品信息，然后同卖家互动交流、获取更详细的商品信息，或者直接从网站获得有关商品的信息，以此作为依据进行购买决策。同时，购物网站作为买卖双方交易的平台，有义务对网站出现的买卖双方及商品的信息的质量进行监管，杜绝虚假不实的信息，确保买卖双方的利益。

## 二、网店情况

### （一）网络信息

网络信息是网络购物过程中的重要组成部分。客户通过购物网站或商家获得的有用的、准确的信息能够帮助他们做出决策并使整个购物过程更加便利。客户通过衡量获得信息的质量，对购物网站或商家的满意度做出判断。

网络购物与传统购物的不同之处就在于客户在选购商品时，不能通过看或触摸真实的商品来感知商品的质量等特性，只能通过商家提供的信息对商品有一个大概的了解。在选购商品的过程中，客户希望能够获得更多的关于商品的可靠信息，并在此基础上做出购买与否的选择。网上购物最大的缺陷就是不能实际接触商品，因此买家只能靠商品的信息描述来判断和衡量商品的质量。信息描述和实际商品的一致性会被客户看得格外重要。只有描述与商品实物一致，才能满足客户的心理预期。商家不能为了吸引客户眼球而任意夸饰自己的商品。因此，商家所提供的产品信息的质量、完整性、可靠性就影响着客户选购该商品的意愿，从而影响客户的满意度。

### （二）交易商品

商品是客户在整个购物行为中最为关注的，因为购买商品是购物行为的最终目的。如果跨境电子商务仅仅为客户提供一种有别于传统商务模式的全新的购物体验，但是商品本身没有达到客户的要求，那么这种新的商业模式也是失败的。客户在进行网上购物的时候，其最终目的依旧是购买到能使自己满意的商品。而在目前使网上购物客户不满意的所有因素中，商品品质问题是最主要的一个原因。其中，包括商品实物与图片、描述等不符，即卖家提供的产品质量不过关，商品是仿冒的，或者是伪劣残损物品等。因此，客户对商品的传统要求，如质量、价格、品种等，在跨境电子商务中仍然起着重要作用，同样影响客户的满意度。在电子商务中，由于产品质量的未知性，产品价格的差异性就成了影响消费者网上购物选择的主要因素。产品价格影响客户所认为的性价比，性价比高的，客户才愿意承担一些风险去购买。如果第一次购买产品后，经过质量与价格的比较，客户获得的满意度高，就会愿意在下次继续购买。商品因素中的质量和价格是影响客户满意度的主要因素。

### 三、客户服务

#### （一）售前与售后服务

售前对于客户互动需要的响应、售后商品的退换等都是网络购物前后影响客户满意度的因素。在网络购物过程中，客户通常会根据商家的信誉度来选择商家。由于信息的不对称，客户希望在购买之前能够更多地了解商品的情况，因此商家应该及时对客户的询问做出响应。如果商家向客户提供定制化的服务，满足客户的特定需求，那么将会促进客户的重复购买行为。在虚拟环境中的交易，退换商品的过程比较复杂，这也是影响客户满意度的重要因素之一。

#### （二）商家信誉

商家信誉是商家在网络购物环境中生存的重要保障。商家信誉好则表示商家的行为得到了客户的公认好评，如恪守诺言、实事求是、产品货真价实、按时付款等；而商家信誉差则表示商家的行为在公众中印象较差，如欺骗、假冒伪劣、偷工减料、以次充好、故意拖欠货款等。良好的信誉是商家的一张王牌，可以使商家在市场竞争中取得事半功倍的效果。在消费者进行网络购物决策之前，往往会先考察该网店的信誉度。如果一家网店的信誉比较好，客户往往更愿意选择在该店进行消费，就如同品牌的影响一样。当客户通过该店买到中意的商品时，会大大提高客户的满意度，并且有可能促成该客户下一次的购买。因此商家信誉也会对网络购物的客户满意度有影响。

#### （三）个性化服务

个性化服务是一种有针对性的一对一服务方式，它依据客户的设计来实现，通过各种渠道收集资源，并对其进行整理和分类，然后向客户提供和推荐有关信息，以满足客户的需求。具体到电子商务环境下，个性化服务是指网站为单个客户提供与其需要相匹配的产品、服务和交易的环境。网络购物最大的好处就是可以满足客户各种各样的需求，也可以让客户买到很多在外面实体店里买不到的商品。相对于其他的电子商务模式，跨境电子商务更能满足客户的个性化需求，所以客户选择网上购物很大一部分原因是因为自身个性化的需求，因此网店对于客户的个性化服务将显得异常重要。众所周知，每个人的兴趣、爱好和需要是不同的，可以针对客户不同的需求，为其"量身定做"从而满足其需要。同时，个性化服务也使商家吸引并留住了客户，提高了客户的满意度与忠诚度。因此，网络购物推荐、产品定制、在线设计等个性化服务，会提高客户的满意度水平。

## 四、支付方式

由于网络购物通常是先利用网上银行或第三方支付方式，先款后物，因此出于财务安全的考虑，许多消费者对在网上跨境支付还存有疑虑。鉴于此，商家应该选择安全性高的交易方式，并对客户的资料加以保护。同时，交易方式种类的多样性，决定了客户能否方便地购买产品。因此，客户对跨境电子商务支付方式的选择也是影响客户满意度的一个非常重要的方面。

## 五、物流配送

物流配送是为电子商务的客户提供服务，根据电子商务的特点，对整个物流配送体系实行统一的信息管理和调度，按照用户订货要求，在物流基地进行理货工作，并将配好的货物送交收货人的一种物流方式。电子商务中的每一笔交易都包括信息流、商流、资金流和物流。其中信息流、商流和资金流可以通过互联网完成，只有物流必须进行实物传递。物流是电子商务必不可少的重要环节，假如没有与之配套的行之有效的物流配送，电子商务就不能实现有效的运作，也就不能为客户提供满意的服务。如果产品配送不及时，或者传递过程中商品出现损坏，客户就会感到失望；如果产品能够被及时快速且完整无磨损地送到，则客户就会感到满意。因此，物流配送也是影响跨境电子商务客户满意度的重要因素。

 **案例解析**

### 一、案例背景

小王是速卖通平台的新手卖家，为了扩大销售，吸引买家下单，店铺采取了免邮的促销手段，并在标题上标注了"Free Shipping"。某天，小王收到了一封来自英国客户的信函，内容如下：

> Why I should pay 25 pounds for the package, you told me that was free to ship, how could you lie to me? I am very disappointed.

客户对收到货物之后还有收费感到困惑和不满。

### 二、案例分析

大部分卖家为了吸引买家下单，都会写上"Free Shipping"，而实际上大部分卖家也做到了免邮。但是，有时候卖家会忽略一些国家的进口政策。例如，在美国，高于 500 美元申报价值的货物，要按照重量收取进口关税；加拿大和澳大利亚则是对高于 20 美元的货物收取关税；在英国、德国等欧洲国家，货物的申报价值必须在 20~25 美元，一旦超出就会有更多的关税产生。

这样一来,案例中英国客户提出的问题就有答案了。一旦有关税产生,买家必须支付关税后才能拿到货物。

### 三、案例总结

上述案例中的情况会导致潜在的差评和纠纷,一些比较极端的客户会因为需要支付额外的费用而拒绝签收,从而导致客户的满意度较低。因此,跨境电商卖家在发商业快递的时候,要注意填写的申报价值。对于货值很高的快件,应提前和客户沟通好。这样不仅有助于降低售后服务成本,减少纠纷率,在一定程度上也能够帮助卖家提升客户满意度。

## 子情景三　如何提升跨境客户满意度

 **学习目标**

**知识目标**

- 了解提升跨境客户满意度的主要方法。
- 掌握跨境订单在不同阶段需要开展的客户服务的主要内容。

**能力目标**

- 掌握跨境电商交易中的有效沟通方式与技巧。
- 掌握避免和解决跨境电商交易中差评的方法与技巧。
- 掌握避免和解决纠纷的方法与技巧。

**素质目标**

- 培养有效提升跨境电商交易不同阶段的客户满意度的能力。

**项目背景**

某日,浙江英卡顿网络科技有限公司的跨境客服专员 Allen 收到了一个客户提出的问题:"How can I cancel it?"原来这个客户不小心下了重复的订单,必须取消一个,但是她又不知道该如何取消。于是 Allen 在邮件里详细地解释了如何取消订单,然后又打电话给客户确认是否操作成功。经过努力之后,客户给了卖家五星的好评,并且回复了一封邮件,主要内容如下:

> I now see that this store is the best, the communication is very good, ready to talk to customer anytime, although, there was a mistake, but she resolved it.

由此可见，顺畅的沟通、贴心的服务能够避免很多的纠纷和差评，从而有效地提升服务和客户满意度，进而转化为订单。那么，作为跨境电商的卖家还可以通过哪些方法提升客户满意度呢？

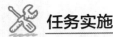

## 任务实施

步骤1：做好售前的客户服务。
步骤2：做好售中的客户服务。
步骤3：做好售后的客户服务。

## 知识铺垫

提高买家满意度可以给卖家带来额外的交易，影响产品的排序曝光、其他买家的购买行为、卖家的星级，以及能够享受到的资源，因此买家满意度对卖家非常重要。客户服务是影响买家满意度的重要因素。大中型网店由于订单繁多，咨询量大，售后服务内容多，因此对客服的分工要求也更加严格，通常会有一个专业的流程化的客服系统和模式。一般来说，客户服务可以分为售前服务、售中服务和售后服务3种类型，其主要流程如图6-1所示。

| 售前服务 | 售中服务 | 售后服务 |
| --- | --- | --- |
| 1. 进店问候 | 1. 尽快发货 | 1. 解答买家的使用问题 |
| 2. 解答买家问题 | 2. 装配打包 | 2. 询问使用体验 |
| 3. 确认订单 | 3. 联系物流 | 3. 应对解决纠纷 |
| 4. 引导付款 | 4. 跟踪订单，告知物流信息 | 4. 好评回复 |

图 6-1　客户服务流程

## 一、售前服务

网店客服的售前服务主要是一种引导性的服务，当买家对产品抱有疑虑时，即需要客服人员提供售前服务。从买家进店到付款的整个过程都属于售前服务的范畴，包括客户咨询、客服应答、了解和解决问题、达成订单、确定订单并引导买家付款、引导买家收藏店铺、感谢买家光顾等内容。在售前沟通的过程中，作为网店的客服人员，主要需要掌握的客服知识通常为商品的详细信息、产品推荐、与不同类型买家沟通的技巧等。

### （一）介绍商品

一名专业的网店客服，必须具有基本的专业素养，即必须掌握商品的专业知识和周边知识，了解同类产品信息和网店促销方案。

（1）商品专业知识。商品的专业知识主要包括商品质量、商品性能、商品寿命、商品安全性、商品尺寸规格、商品使用注意事项等内容。

（2）商品周边知识。商品的周边知识主要是指与商品相关的其他信息，如与同类商品进行分辨的方法、商品的附加值和附加信息等，这类信息有利于提高商品的价值，使买家更加认可商品。

（3）同类商品信息。同类商品是指市场上性质相同、外观相似的商品。由于市场同质化现象十分严重，买家会面临很多相同的选择，但是质量是影响客户选择的最重要的因素，因此客服人员需要了解自己的劣势，突出自己的优势，以质量比较、货源比较、价格比较等方式稳固买家。

（4）网店促销方案。网上商店通常会推出很多促销方案，客服人员需要熟悉自己店内的各种促销方案，了解每种促销方案所针对的客户群体，再根据买家的类型有针对性地进行推荐。

### （二）商品推荐

当客服了解了商品信息后，就可游刃有余地对商品进行推荐。对于网上商店而言，商品推荐包括商品本身推荐和商品搭配推荐两个主要方面。

（1）商品推荐。商品的推荐需要因人而异，客户的需求、使用对象、性格特点等不同，推荐的方式和类型就不一样。例如，如果买家购买自用商品，则实用性、美观性、适用性等就是首要推荐点；如果买家购买商品是为了赠送他人，则商品的包装、品牌、实用性、美观性等需要同时考虑。

（2）搭配推荐。商品的搭配主要包括色彩搭配、风格搭配、效果搭配等，在推荐搭配时，可以店内模特、流行元素等进行举例。

### （三）与不同买家沟通

一般来说，常见的买家主要有以下几种类型。

（1）便利型。这类买家的网上购物行为多以省时、快捷和方便为主要特征，特别是没有充足时间逛街购物的人群更愿意选择网上购物平台满足自己的需求，同时他们也是网络消费的一大群体。这部分消费者一般对网上购物的流程比较熟悉，且购物行为比较果断、快速，目的性较强。与这类买家交谈时，卖家只需提供优质的商品和良好的服务态度，注意倾听他们的需求并尽可能提供帮助即可得到认可。

（2）求廉型。这类买家大都喜欢价格便宜的商品，同时对质量的要求也不低。他们在购物时比较喜欢讨价还价。在应对他们时，首先应该以亲切热情的用语表达自己的态度，在语言上委婉地表明他已经享受到了足够低廉的价格。若买家一定要求店家降低价格，可在不造成自己损失的前提下，适当迎合客户的心理，如略微降低价格或赠送其他赠品等，以促进交易的成功。

（3）随和型。这类买家一般性格较为开朗，容易相处，与他们交谈时要保有足够的亲和力和诚意。他们一般很好交流，只要站在他们的角度尽可能地满足他们的需求，即可促成交易的达成。

（4）犹豫不决型。这类买家一般会在店铺浏览很长时间，花较长的时间选购商品，并且在客服人员的详细解说下，仍然犹豫不决，迟迟不肯下单。与这类买家交谈时，耐心非常重要，就算买家一再询问重复的或已经解释多遍的问题，也要耐心详细地进行说明，做到有理、有据，用事实说服买家进行购买。

（5）心直口快型。这类买家下单比较果断，看好了想要购买的商品后就会立刻下单，对于不喜欢的则直接拒绝。在与这类买家交谈时，尽量快速而准确地回复买家的问题，表现出自己的专业，用语亲切，以买家的立场来进行说服，就可以增加交易的成功率。

（6）沉稳型。这类买家较为精明，做决定时一般会仔细考量，缜密应对。他们的个性沉稳且不急躁。要说服这类买家，需要迎合他们的思路来进行沟通，让他们自己说服自己，从而实现购买行为。

（7）慢性子型。这类买家一般会花较多的时间查看商品，也可能会同时查看很多商品，并重复进行查看和比较，与他们沟通时，一定要有耐心，并详细回答他们提出的问题。

（8）挑剔型。这类买家很多都会对网上购物持不信任和怀疑的态度，认为商品描述的情况都言过其实，并会针对商品提出各种各样的刁难问题。与这类买家沟通时，首先要仔细说明商品的详细情况，消除他们的不信任，然后积极解决他们提出的各种问题，适当给予一些优惠和赠品等，从而促进其购买。

## 二、售中服务

售中服务是指商品交易过程中为买家提供的服务，主要集中在客户付款到订单签收这个阶段，包括订单处理、装配打包、物流配送、订单跟踪等内容。

（1）订单处理。订单处理主要是指对订单进行修改，如修改价格、修改买家的地址和联系方式等。

（2）装配打包。商品在寄出之前，需要对其进行打包，如果买家提出了特殊的包装要求，也要根据情况予以满足。

（3）物流配送。物流配送是指联系物流公司进行揽件并开始配送，注意物流信息要填写正确和完整。

（4）订单跟踪。订单跟踪是指随时跟踪订单的情况，并告知买家。

## 三、售后服务

售后服务是指买家在签收商品之后，针对客户对商品的使用、维护等进行的服务。售后服务质量是店铺服务质量中很重要的一个方面，好的售后服务可以吸引更多新客户，留住更多老客户。网店售后服务所包含的内容非常多，商品使用解答、商品维护解答、退换货处理等都属于售后服务的范畴，其中退换货处理是问题比较集中的一个方面。

### （一）售后客服注意事项

售后服务是交易过程中的重点环节之一，好的售后服务会给客户带来非常好的购物体验，因此客服人员在处理售后问题时要特别注意。

（1）态度端正。热情、耐心、礼貌、尊重是客服人员应该具有的最基本的素质，这一点在售后服务中也体现得非常明显。客服人员要耐心温和地处理各种售后问题，满足客户的合理要求。

（2）回应买家的投诉和抱怨。买家收到商品后，如果对商品的质量、性能或服务不满意，会有各种各样的投诉与抱怨。此时，客服人员要积极面对买家的投诉或抱怨，不能回避问题或消极处理。

（3）避免与买家发生争执。少部分买家如果对商品不满意，态度会十分恶劣。客服在遇到这类买家时，一定要避免与其发生争执，防止事态恶化，尽快提出切实可行的解决方法以安抚买家并解决问题。

（4）留住回头客。当买家在使用了商品并有比较积极的反应时，客服要抓住机会，将其发展为老客户。

（5）引导买家给予好评和收藏店铺。好评和店铺收藏对于店铺的发展非常重要，一个优秀的客服人员应该善于引导买家给予好评和收藏店铺。

### （二）退换货处理

退换货处理在网店中十分常见。当客户对物品不满意或尺码不合适时，都会申请退换货服务，客服应该根据实际情况快速做出相应处理。一般来说，在买家申请退换货时主要有退货、折价、换货 3 种处理方式。

（1）退货。当买家对收到的商品不满意时，即可申请退货。在买家申请退货时，卖家应该先了解退货原因，以及是否符合退货要求，确认符合要求之后再将卖家的退货地址告知买家并请买家告知物流凭证，并在收到货物后尽快给买家退款。目前，买家在淘宝申请退货时，淘宝网会对信用等级较高的买家直接退还货款。

（2）折价。当买家对商品不满意或商品存在细微瑕疵时，会向卖家进行反映，此时客服可以要求买家以拍照的方式反馈商品问题，再根据商品的具体情况判断是否折价、折价多少等，选择折价后再退还相应款项即可。

（3）换货。当买家觉得尺码、颜色等不合适时，即会申请换货。卖家首先需要判断商品是否符合换货要求，如果符合换货要求，则告知换货地址并请买家告知物流凭证，收到货物后尽快将新的货物寄出。

### （三）解决差评问题

#### 1．由于买家在下单前的细节要求没有得到满足产生的差评

有很多买家在下单之初，就在订单下面留言，如"这是为我的婚礼准备的，请不要让我失望"等。遇到这样的订单，首先，应该交代出货的人员，要特别注意该订单的质量和包装。其次，如果这个客户买了一件非常便宜的产品，但是从询盘的态度上又可以看出他很期待，这种情况下为了避免差评，应该考虑亏一点成本去满足这个客户的心理预期。

如果满足了客户的各种细节要求，在发货之前稍微揣摩一下客户的心理，一些不必要的差评是完全可以避免的。

### 2．由于质量问题产生的差评

对于单纯由于质量问题产生的差评是比较好解决的。首先，收到差评之后及时和买家联系，询问一下对产品不满意的具体原因。在此基础上，让买家提供相应的照片。此外，卖家要回看自己的出货记录并从中查找相同时间内其他产品的反馈，分析一下库存的货物质量。如果确实存在买家反应的问题，要及时积极解决。通过退款或换货的方式，让买家满意并且修改评价。

## （四）化解纠纷

针对各种类型的纠纷订单，卖家应及时积极地做出响应。因为，多数跨境电商平台会对纠纷订单按照买家提出的退款金额执行退款并结束订单。

若与买家因为各种原因引起纠纷，卖家除了要解决纠纷，还要承担纠纷带来的不良影响。买家可能对供应商、产品、电商平台产生疑惑，甚至质疑，而最终的结果是订单的回款周期变长，潜在的买家客源流失，或者失去与客户进行二次交易的机会。

在交易的过程中要尽量避免产生纠纷。如果真的产生了纠纷，也要快速地予以解决，从而让买家感到满意。这能够帮助我们留住客户，并且能产生口碑效应，从而赢得更多的客户。

### 1．常见纠纷类型和处理方案（见表 6-2）

表 6-2　常见纠纷类型和处理方案

| 常见纠纷类型 | 处理方案 |
| --- | --- |
| 物流原因 | • 先主动延长确认收货时间，给买家提供物流信息截图和查询网址，请他先取消纠纷再耐心等待一段时间<br>• 查看物流状态，建议买家积极联系当地邮局并及时关注邮件<br>• 对于货期耗时久的订单可选择退款并让买家在退款后又收到包裹的情况下返还退款金额<br>• 特别注意包裹是否被退回，若已被退回，可与买家商量重寄<br>• 如果遇到海关扣关，及时协助客户尽快完成清关，或者让客户在当地找一些清关公司帮忙处理<br>• 向买家保证如果真的没有收到包裹，卖家一定会全额退款<br>• 站在买家的角度考虑，出现问题想办法一起解决，而不只是考虑自己的利益 |
| 产品质量问题 | • 让买家提供详细的损坏图片<br>• 根据产品损坏程度和买家协商退回部分款项，或者重新发货，避免上交到平台处理<br>• 和买家协商下次购买时可以享受优惠或送一个小礼物 |
| 产品实物与描述不符 | • 及时修正产品描述<br>• 与买家商量退款金额 |

### 2. 速卖通纠纷解决流程与平台操作

交易过程中买家提起退款申请，即进入纠纷阶段，须与卖家协商解决。关于具体流程如图 6-2 所示。

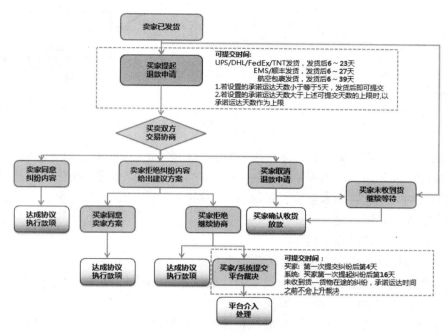

图 6-2 速卖通纠纷提交和解决流程

第一步：买家提起退款申请。

（1）买家提交退款申请的原因：

1）未收到货。

2）收到的货物与约定不符。

（2）买家提交退款申请时间。卖家填写发货追踪号以后，根据不同的物流方式买家可以在不同的期限内提起退款申请：

1）商业快递（UPS/DHL/FedEx/TNT），发货后 6~23 天。

2）EMS/顺丰，发货后 6~27 天。

3）航空包裹，发货后 6~39 天。

（3）买家端操作。在订单的详情页中，买家可以看到按键"Open Dispute"，点击该按钮就可以提交退款申请，当买家提交退款申请时纠纷即产生。提交后，买卖双方可以就退款申请进行协商解决，协商阶段平台不介入处理。

第二步：买卖双方交易协商。

买家提起退货/退款申请后，需要卖家的确认，卖家可以在纠纷列表页面中看到所有的纠纷订单。快速筛选区域展示关键纠纷状态："纠纷处理中""买家已提交纠纷，等待您确认""等待您确认收货"。对于卖家未响应过的纠纷，点击"接受"或"拒绝并提供方案"

按钮进入纠纷详情，页面如图 6-3 所示。

图 6-3　纠纷详情页面

进入速卖通纠纷详情页面，卖家可以看到买家提起纠纷的时间、原因、证据，以及买家提供的协商方案等信息。当买家提起纠纷后，请卖家在买家提起纠纷的 5 天内接受或拒绝买家提出的纠纷，若逾期未响应，系统会自动根据买家提出的退款金额执行。建议卖家在协商阶段积极与买家沟通。

情况一：卖家同意协商方案。

买家提起的退款申请有以下两种类型。

（1）仅退款。卖家接受时会提示卖家确认退款方案，若同意退款申请，则退款协议达成，款项会按照双方达成一致的方案执行。

（2）退货退款。若卖家接受，则需要卖家确认收货地址，默认卖家注册时候填写的地址（地址需要全部以英文来填写），若地址不正确，则点击"修改收货地址"。

情况二：新增或修改证据。

情况三：增加或修改协商方案。

买家、卖家最多可提供两个互斥方案（若方案一提交了退货退款方案，方案二默认只能选仅退款不退货的方案）。

情况四：删除方案/证据。买家、卖家可以对自己提交的方案或举证进行删除。

第三步：平台介入协商。

买家提交纠纷后，"纠纷小二"会在 7 天内（包含第 7 天）介入处理。速卖通平台会参看案件情况及双方协商阶段提供的证明给出方案。买家、卖家在纠纷详情页面可以看到买家、卖家、平台三方的方案。纠纷处理过程中，纠纷原因、方案、举证均可随时独立修改（在案件结束之前，买家、卖家如果对自己之前提供的方案、证据等不满意，可以随时进行修改）。买家、卖家如果接受对方或平台给出的方案，可以点击接受此方案。此时双方对同一个方案达成一致，纠纷完成。纠纷完成赔付状态中，买家、卖家不能够再协商。

第四步：退货流程。

如果卖家和买家达成退款又退货的协议，买家必须在 10 天内将货物发出（否则款项会打给卖家）。买家退货并填写退货单号后，卖家有 30 天的确认收货时间，如果届时卖家未收到货物或对收到的货物不满，可以直接将订单提交纠纷平台。纠纷部门会联系双方跟进处理。（注：买家退货后，卖家需要在 30 天内确认收货或提起纠纷，逾期未操作默认卖家收货，执行退款操作。）

若买家已经退货，并填写了退货单号，则需要等待卖家确认。卖家需在 30 天内确认收到退货：

（1）若卖家确认收到退货，并同意退款，则点击"确定"按钮，速卖通会退款给买家，纠纷解决完成。

（2）若卖家在接近 30 天的时间内没有收到退货，或者收到的退货有问题，卖家可以点击"升级纠纷"提交至平台进行纠纷裁决（见图 6-4），平台会在 2 个工作日内介入处理，卖家可以在纠纷页面查看状态及进行响应。平台裁决期间，卖家也可以点击"撤销仲裁"撤销纠纷裁决。

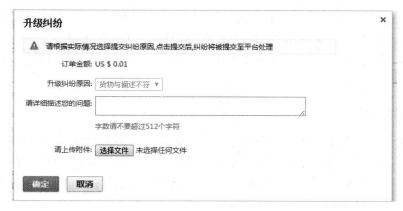

图 6-4　提交至平台进行纠纷裁决

（3）若 30 天内卖家未进行任何操作，即未确认收货，未提交纠纷裁决，系统会默认卖家已收到退货，自动退款给买家。确认收货后，纠纷解决完成。

### 四、跨境电商平台售后服务发展的未来趋势

#### （一）多样化开通售后服务渠道，完善用户体验

目前，电商平台或商家处理用户投诉的方式大都集中于网站及电话渠道，解决方式单一。并且电话投诉处理存在接听人员随机的情况，易导致用户多次描述投诉内容，解决问题效率低。未来可以将在线聊天工具与电话相结合，作为解决用户售后问题的渠道，减少用户的被动式等待，高效率处理用户投诉事件。

#### （二）电商平台加强商家审核，提高售后服务监督能力

随着大量中小型商家入驻各大跨境电商平台，各大垂直细分领域的商品供应日益完善。跨境电商平台应保证对入驻商家的资质进行仔细核查，并建立商家售后服务水平等级评价体系，落实对商家售后服务的监督，强化商家解决售后问题的意识。

### （三）强化售后服务人员素质，提升企业形象

售后服务人员对外服务水平的高低，会在一定程度上影响商家的形象。跨境电商平台应保证售前、售中、售后服务的专业性，提高问题解决的能力和水准，保障消费者合法权益，从而提升企业的盈利能力，以更高质量的售后客服体系服务消费者。

 **案例解析**

### 一、案例背景

2016 年 5 月 28 日，杭州优格电子商务有限公司收到一位速卖通买家的纠纷投诉。纠纷信息显示，买家提起纠纷的原因为款式不符。买家留言称，优格电子商务有限公司寄送了错误的鞋款给他，并上传了产品图提供给平台。杭州优格的客服人员开始处理时发现，当时记载的物流信息中产品重量为 300 克左右，并且客户上传的产品在店铺中并没有销售。她怀疑此订单为恶意订单，因此开始收集相关数据并与客户交流，最后该订单通过平台仲裁得以解决。

### 二、案例分析

（1）速卖通平台对于"恶意纠纷买家行为"的定义是买家通过滥用买家保护条例的手段，谋取不正当获利，扰乱速卖通平台正常交易秩序的行为。卖家有权使用举报功能，使用该功能后，只要是滥用平台买家保护条例、恶意威胁卖家、扰乱平台秩序的不实买家，都将受到应有的惩罚。

（2）平台对于恶意纠纷买家，有具体的处罚规定。一旦被定性为恶意纠纷买家，其账号将执行永久关闭处理。并且，对于情节严重、屡教不改的买家，将采取更加严厉的处理措施，包括且不限于限制其通过任何其他方式再在平台购物的行为。

（3）对于因恶意纠纷被封号的买家，平台将定期对其相关订单的数据指标进行清洗，即不计入卖家的服务等级指标考核中。

（4）当卖家遇到恶意纠纷买家时，首先，自查在订单操作中是否存在违规行为，以及是否有买家描述的错误。其次，要积极与买家沟通，了解其投诉的具体内容，保存全部聊天记录，将相关证据提供给卖家举报窗口，维护卖家利益。

### 三、案例启示

（1）卖家在处理纠纷时要有警觉性，避免出现不查原因就直接和买家进行私下协商的情况。坚定地向恶意买家说"不"，利用速卖通卖家举报窗口维护自身正当权益。

（2）坚定拒绝恶意买家的底气需要卖家对自己的商品有绝对的信心，除此之外，加快订单处理的速度，保证产品包装的质量和准确度。只有提高店铺的服务水平才能在出现恶意纠纷时及时察觉，最终避免被恶意买家牵制。

## 习题演练

### 一、不定项选择题

1. 关于产品咨询问题，售前客服主要提供（　　）消息。

A．关于付款方式和付款时间等交易流程咨询

B．产品的功能和兼容性

C．相关细节

D．包裹内件详情

2. 跨境电子商务客户满意度影响因素主要包括（　　）。

A．网站特性　　　　B．支付方式　　　C．物流配送　　　D．商品

3. 纠纷提交给速卖通进行纠纷裁决后的（　　）个工作日内，速卖通会介入处理。

A．2　　　　　　　B．5　　　　　　C．10　　　　　　D．30

4. 跨境客户满意度影响因素中网站（平台）特性主要包括（　　）。

A．网站设计的友好性　　　　　　　B．分类检索的便利性

C．网站服务器的稳定性　　　　　　D．网站信息的质量

5. 速卖通平台卖家分项评分是指买家在订单交易结束后以匿名的方式对卖家在交易中提供的（　　）服务做出的评价。

A．商品描述的准确性　　　　　　　B．沟通质量及回应速度

C．支付方式的便捷与安全性　　　　D．物品运送时间的合理性

6. 以下为服务分考核指标的是（　　）。

A．DSR 卖家服务　　　　　　　　B．成交不卖率

C．DSR 商品描述　　　　　　　　D．未收到货纠纷提起率

7. 对于包裹原件退回的纠纷，卖家应该注意（　　）。

A．在小包无运费订单下发生包裹退回，运费将不做补偿

B．在出现包裹退回问题时，积极与买家沟通查看具体退回原因，若因买家原因导致包裹退回，需要在响应期限内提供相关信息

C．积极与买家协商解决问题，达成一致的解决意见

D．在有运费的包裹退回的情况下，需要提供相应运费发票

### 二、判断题

1.（　　）速卖通的规则是，卖家在收到客户评价的邮件后，可先看客户给卖家的反馈，再对客户评价。

2.（　　）速卖通平台卖家分项评分中，各单项平均评分=买家对该分项评分总和/评价次数（四舍五入）。

3.（　　）速卖通平台的信用评价和卖家分项评分，是由买卖双方进行互评的。

4. （　　　　）速卖通规定，平台活动入选条件之一的纠纷率指标将由裁决提起率代替。

 **实践操作** ●

　　跨境电商交易纠纷常常给卖家带来许多烦恼。物流导致的包裹延误、海关扣关等问题都是造成纠纷的重要因素，这大大降低了客户的购物体验。某日，速卖通卖家李军收到买家的邮件，反映货物物流延迟的问题。经确认，是由于海关扣关而造成物流延迟。面对买家的催问，李军应怎样处理呢？请给出操作意见。

# 情景七

# 跨境客户的忠诚度管理

## 子情景一　跨境客户忠诚的内涵

### 学习目标

**知识目标**

- 理解跨境客户忠诚的含义。
- 了解跨境客户忠诚的意义。

**能力目标**

- 掌握跨境客户忠诚的衡量指标。

**素质目标**

- 能够分析客户忠诚度对企业的影响。

### 项目背景

　　浙江英卡顿网络科技有限公司的跨境客服专员 Allen，目前跟着张经理运营一个经营童装的速卖通店铺。张经理每天都要花一些时间整理当日下单客户的相关信息，并对其中回购的老客户的购买信息进行备注。几天后，张经理将表格交给 Allen，让 Allen 对跨境店铺客户的忠诚特征进行分析，并衡量跨境客户的忠诚度。

### 任务实施

　　步骤 1：理解跨境客户忠诚的含义。
　　步骤 2：分析跨境电商背景下客户忠诚的意义。
　　步骤 3：衡量跨境客户的忠诚度。

**知识铺垫**

客户群体的不断扩充是一个企业开疆辟土的必经之路，因此吸引新客户和维护老客户是企业赖以生存及发展的工作重心。但一个企业在大规模投入人力、物力和财力用于开发新客户时，切不可忽略对老客户的维护工作。否则，即使不断有新客户加入，但如果疏于管理或不善于维护，或者没有采取有效的实现客户忠诚的策略，导致没有留住新客户或老客户流失，那么我们的客户基数就不能实现真正的增长。跨境电商同样应双管齐下，一方面通过各种渠道挖掘客户资源，开发新客户；另一方面更要积极构建稳妥的客户关系，维护现有客户，培育忠诚客户。

> **案例**
>
> 在数码产品销售领域，有一群对苹果公司的产品情有独钟的客户，人称"果粉"。他们最初从 iPhone 开始接触苹果产品，通过对手机品质的认可与情感认同，延伸个人消费行为到苹果公司出品的个人电脑 Mac、音乐播放器 iPod，再到平板电脑 iPad 等产品。这群"果粉"总是异常执着，热衷于购买苹果公司出品的所有新产品，除了让自己所有的电子产品都打上"苹果"的标签外，还不遗余力地向周边人宣传产品品质与品牌服务，以期感染与带动周边人群认可"苹果"，成为"果粉"。这种对某一品牌或产品坚定的支持态度，就是高度的客户忠诚。

## 一、跨境客户忠诚的含义

### （一）什么是跨境客户忠诚

跨境客户忠诚是指客户对某一跨境电商或某一品牌的产品或服务表现出一种依赖及认可，并且一再地重复购买该品牌或该店铺的产品，甚至对同一品牌的系列产品或服务也进行重复购买的一种行为方式。这种行为方式是客户在长期购买店铺产品、享受品牌服务的过程中，所表现出来的思想方面与情感方面的信任及忠诚，客户忠诚能体现客户对该店铺或该品牌的综合评价，并不会受同类产品或品牌的竞争性营销影响。

> **案例**
>
> Allen 经营的速卖通童装店铺就有一批这样的客户，每到换季时他们都在这家店铺里为自己的孩子采购新装，即使有时候店铺的优惠与折扣力度低于平台上的其他童装品牌，这些客户依然毫无疑义地进行重复购买。还有不少客户热情地帮店铺宣传，发动自己的亲朋好友过来购买。

由此可见，忠诚的客户能对一家店铺或店铺中的一个品牌产生重复、持续、长期的购买行为，是一个跨境电商最值得依赖与重视的客户。而要正确判断客户是否忠诚，我们需要对"品牌（店铺）忠诚行为"和"品牌（店铺）忠诚态度"两个概念进行了解。

### （二）品牌（店铺）忠诚行为

品牌（店铺）忠诚行为主要用于确定客户在购买同一产品时选择品牌或店铺的一致性，即购买最为频繁的品牌（店铺）的购买次数和除以这类产品的购买次数。例如，一个有家养宠物猫的客户，在亚马逊上购买猫湿粮时只选择 Whiskas 这一个品牌，这位客户就属于"品牌忠诚客户"。有客户关系管理专家提出以下 5 种品牌忠诚的行为类别。

（1）完整忠诚。这类客户在购买一类产品时完全只认定一个品牌，基本上非它不买，甚至会因为对品牌的喜爱而入手该品牌出品的其他相关产品。例如，上面提到的养猫客户，除了购买 Whiskas 猫湿粮外，还会购买 Whiskas 出品的猫干粮、妙鲜包、猫零食等，是 Whiskas 的坚决拥护者。

（2）偶然变换。这类客户在购买一类产品时通常认定一个品牌，但偶尔可能会想要更换一下，或者在面对脱销的情况时，不得不更换购买的品牌。例如，有些养宠物猫的客户在亚马逊上除了关注 Whiskas 的产品，偶尔会想为自己的宠物猫购买几款 MIO9 的猫湿粮尝尝鲜，但其首选依然是 Whiskas 的产品。

（3）转换忠诚。这类客户对品牌并没有较高的忠诚度，但在某些情况下，发生了心态或品牌喜好转变。例如，有些养宠物猫的客户原先并不执着于 Whiskas 的猫咪食品，但可能在某次购物行为中，享受到了 Whiskas 与众不同的服务，还得到了客服妥帖的回访与寄送的赠品，在一系列的情感攻势下，这些客户将逐渐成长为 Whiskas 的忠诚客户。

（4）分割忠诚。这类客户是跨境电商平台上比较常见的消费者，他们往往忠于多个品牌，当需要购买一类产品时，会在多个品牌之间徘徊、选择。例如，在亚马逊上为自己的宠物猫选择猫罐头时，每次都会反复对 Whiskas、Frisian、Massimomo 几个品牌进行对比，并不固定选择某一品牌。

（5）无忠诚。这类客户也称为品牌冷漠客户，他们基本没有忠诚度可言，因为在他们看来，各种品牌都没有差别，能够决定他们购买行为的主要因素是产品的价格。这也是一类让跨境电商比较头疼的客户，很可能投入再多的精力，如做一次接近亏本的低价促销，这些客户也只会有一次偶然的购买行为。

### （三）品牌（店铺）忠诚态度

品牌（店铺）忠诚态度这一概念，主要是为了说明"忠诚"不仅仅指客户有重复性的购买行为，而且还应该体现出客户对一个品牌或店铺的认可、信任、情感依附水平、购买趋势感知及对品牌的偏好程度。而这一部分信息仅仅从购买频次上是体现不出来的。品牌（店铺）忠诚态度分为以下 3 类。

（1）无忠诚态度。这类客户重复购买的可能性比较小，对产品的价格较为敏感，总是倾向于购买优惠力度最大或看起来更划算的商品。也就是说，无论任何品牌的产品，只要价格够低，或者折扣力度够大，就有可能争取到这类客户。

（2）伪忠诚态度。这类客户其实对产品的品牌、供货商、销售的店铺并没有深入的了解，也未将同类产品的多个品牌进行区分，他们的购买行为可能只是习惯使然。例如，一个讲究效率的美国客户会为了节省时间，在需要购买袜子时，习惯性地从上次下单的商品链接直接点击再次购买。他们即使有多次重复购买行为，却并未对品牌表现出强烈的非其不可的忠诚态度，这是一种惯性忠诚。

（3）潜在忠诚态度。这一类客户与伪忠诚态度者正好相反，他们可能没有那么高频次的购买行为，却对品牌有着强烈的态度，特别满意且有明确的购买意向与购买欲望。这类客户有可能是因为购买能力不足，而无法进行持续重复的消费。例如，许多学生面对高端美妆产品时，或许对品牌有明确的偏好与极高的忠诚，却没有经常购买的消费能力。

## 二、跨境客户忠诚的意义

### （一）降低客户服务成本

#### 1. 节约开发新客户成本

跨境电商的终端购物者除了有网络购物者的特征外，还因为与卖家分属于不同国家而更缺乏安全感。当前各大跨境电商平台之间及各平台的店铺之间，都为争夺客户资源使尽浑身解数。但由于新客户之前并未接触过卖家的产品，一开始通常会有较长的观察期，因此卖家需要投入更多的成本用于争取这些新客户。

传统外贸企业的竞争对手之间更容易察觉彼此的动态，也更易分析对手的实力，因此可以有选择有针对性地进行新客户开发。而跨境电商平台卖家每天都可能在自己的店铺里进行操作，各个卖家对于新商情往往无法做出及时反应，这就需要卖家把握各大跨境电商平台提供的所有可能挖掘新客户的方法与渠道。例如，在速卖通平台上，需要进行联盟营销、参加平台活动、购买速卖通直通车推广、参加平台大促、进行 SNS 即社交媒体营销等，而这些都需要大量人力、时间及资金成本的投入。由于前期的投入较多，导致新客户可能给店铺贡献的利润在很长时间内低于开发新客户的成本。

相较于开发新客户的投入，店铺维护老客户的成本则低得多。只需要保证产品品质，做好售后服务、保持联系，以及定期回访或进行有效沟通等就有可能留住他们。而维护好一支稳定、忠诚的老客户群体，本身也是对店铺产品或品牌的一种宣传，尤其是一些忠诚度高且热心的老客户，会主动通过好评或网络社交平台将使用体验进行分享，吸引新客户的关注。

#### 2. 降低交易成本

忠诚客户对卖家的店铺、产品或品牌已经有较为深入的了解，认可卖家的产品品质、接受卖家的品牌理念，对卖家的店铺有较高的信任感。尤其是关键客户，无论售前、售中、售后都是最省心的一部分客户群体，高忠诚度使他们对卖家的产品、品牌及卖家服务高度认可，基本不会和客服进行讨价还价，也不需要和客服进行多次沟通，而是选择直接下单，很大程度上降低了卖家的交易成本。

### 3．降低服务成本

从卖家的交易平台站内信、社交媒体私信都可以发现，新客户的关于产品的相关咨询、疑问、纠纷会比老客户多得多，因为新客户对卖家的产品或服务不如老客户熟悉。许多新客户因为对产品不熟悉、对卖家不信任而缺少安全感，遇到类似产品使用疑问、货物漏发、物流延迟、包裹遗失等订单问题时更容易质疑卖家服务，需要较高的服务成本投入。忠诚度高的老客户对产品和卖家比较信任，会积极地协调沟通以解决遇到的问题，卖家熟悉老客户的预期和接受服务的方式，能更有针对性、更顺利地为老客户提供服务，极大地提高服务效率，从而降低店铺的服务成本。

### （二）树立良好口碑，壮大客户队伍

B2C、C2C 等跨境电商平台面对的购物者大部分是终端消费者，也就是说他们购买产品的行为是基于自身的使用需求。大部分消费者都是理智的，或者说现在越来越多的消费者不再盲目地相信广告，而是更相信"口碑"。即许多消费者在进行购买决策时，会受到周边亲朋好友或明星推荐的影响，因此，良好的品牌或产品口碑的树立将是最有说服力的宣传。忠诚客户常常会将使用产品或服务的满意体验通过好评或社交媒体途径向周边的人进行宣传，也会主动地向亲朋好友进行推荐，当周边的人处于考虑阶段时，甚至会极力地说服对方完成交易。忠诚客户无疑是跨境电商最有利的宣传者，优质的口碑使店铺的知名度和美誉度大幅度提升，从而树立良好的企业形象。

### （三）降低经营风险，为企业增收

如果企业不断地流失客户，会使企业经营过程中面临的不确定因素增加，带来更高的经营风险。尽管跨境电商面对的零售客户比传统贸易的大客户管理起来要复杂许多，但是相对稳定的客户群体和良好的客户关系，同样能够帮助卖家排除一些不确定的干扰因素。卖家不再需要花费太多时间用于应付不断变化的客户群体，可以集中精力和资源为稳定的忠诚客户群体提供更完美的服务。卖家熟悉忠诚客户的品质要求与服务需求，可以高效而熟练地为他们提供服务，更容易提升客户满意度，并且降低经营风险。

### （四）有助于店铺发展进入良性循环

拥有忠诚客户越多的店铺，利润增长速度越快，店铺资金回收越快，生产销售速度也会加快，店铺规模也会随之扩展，员工待遇得以增加，员工对企业的满意度和忠诚度也会进一步提升，也更能激发员工士气。员工干劲十足，工作效率更高，也能为客户提供更令人满意的产品与服务，有利于跨境贸易企业稳定忠诚客户资源，强化客户忠诚。而忠诚客户群体的不断增加，将为企业带来更多的经营收益，使企业发展进入新的良性循环。

## 三、客户忠诚度的衡量

### （一）客户重复购买次数

客户重复购买次数是指在一定时期内，客户重复购买某一跨境电商店铺内产品的次数。

客户对某一店铺出售的产品或店铺内某一品牌产品进行购买的次数越多，说明其对这一店铺（品牌）的忠诚度越高，反之则越低。为了更好地识别忠诚客户并进行有效管理，跨境卖家可以根据自身产品的特点，如是耐用品还是快消品而选择特定购买次数作为忠诚客户的量化标准。

### （二）购物金额的高低

客户在某一店铺或某一品牌支付的购物金额与购买同类产品支付的总金额的比值也可作为衡量客户忠诚度的重要指标。这个比值越高，则说明客户忠诚度越高，反之，则客户忠诚度越低。例如，一位西班牙客户一个月内一共在速卖通平台花费了 300 欧元购买服装，其中有 180 欧元的商品来自 A 店铺；另一位客户一共在速卖通平台花费了 160 欧元置装，所有商品均来自 A 店铺。那么虽然从购物金额的绝对数来说，前者更高一些，但就比值来说，后一位客户对于 A 店铺的忠诚度要更高。

### （三）择品时间的长短

由于对店铺或品牌的信任度不同，客户挑选商品的时间也有所不同。如果客户对某一店铺或品牌有足够的忠诚度，表示其对店铺服务或品牌品质有足够的信任，则挑选时间会比较短。反之，挑选时间越长，则说明其忠诚度越低。

### （四）客户对价格的敏感程度

因原材料、技术、人力、营销等各种因素的变化，商品价格极难做到一成不变，所以客户对价格变动的敏感程度也可以作为衡量客户忠诚度的指标之一。如果对于店铺里的某一品牌商品，客户对其价格变动的承受能力强，则说明他的价格敏感度低，同时也能体现他有较高的忠诚度。反之，若客户对商品价格变动的承受能力弱，即价格的变化会影响他的购物决策，那么他的价格敏感度则较高，也说明该客户对这一店铺品牌的忠诚度低。

### （五）客户对产品质量的承受能力

买卖双方最不愿看到的就是产品出现质量问题，但即使再高端再昂贵的品牌，其产品也无法做到完美。那么当发现质量问题时，积极主动地配合客户处理问题是卖家首先应有的姿态。在卖家主动承担责任的情况下，客户对问题的处理态度可以反映其忠诚度。如果客户的忠诚度高，则他们会更容易接受卖家的协商和解决方案，处理问题态度宽容，且在问题得到满意解决后，不会失去对品牌的忠诚度。而若客户的忠诚度低，则他们会更加介意产品问题给自己带来的损失，面对客服更容易情绪激动，强调正当权益的受损，并且极可能从此拒绝选择这家店铺或品牌的产品。

### （六）客户对同类产品其他品牌的态度

如果客户在选择商品时对平台上出售同类产品的竞争对手的品牌产品感兴趣并且更有好感，则说明他们的品牌忠诚度低；若客户对竞争品牌的产品没有兴趣，甚至带着一种排斥的态度，则说明他们对该店铺或品牌忠诚度较高。

**案例解析**

### 一、案例背景

Allen 在进行跨境电商店铺客户忠诚度分析时，发现有些客户回购率很高，并且热衷分享；有些客户对产品表现出很大的兴趣，也会给予较高的评价，但是购买次数不多；有些客户有几次回购行为，但似乎对产品评价并不高；有些客户只是一次购买，之后再无音信。张经理让 Allen 对不同客户进行归类，并概括出最理想的客户群体。

### 二、操作步骤

（1）区分忠诚客户与无忠诚客户。

（2）细分忠诚客户为行为忠诚、意识忠诚和情感忠诚。

（3）理想的客户忠诚是行为忠诚、意识忠诚和情感忠诚合而为一。

### 三、案例总结

对于跨境电商卖家来说，有一部分虽然没有意识忠诚或情感忠诚却有行为忠诚的客户，他们给店铺带来了实实在在的销量，应尽量去培养他们的意识忠诚与情感忠诚，以期达到真正长久的行为忠诚。如果只有意识忠诚或情感忠诚，但是没有行为忠诚，则无法给店铺带来直接利润，应该通过深入的了解与交流，提供更优质的产品和完善的服务，以刺激他们的购买欲望，从而达到行为忠诚、意识忠诚和情感忠诚合而为一。

## 子情景二　客户忠诚与客户满意的关系

 **学习目标**

**知识目标**

● 了解客户忠诚与客户满意的关系。

**能力目标**

● 掌握客户满意对客户忠诚产生影响的若干因素。

**素质目标**

● 能通过提升客户满意实现客户忠诚。

 **项目背景**

浙江英卡顿网络科技有限公司的跨境客服专员 Allen 收到了一位来自俄罗斯的新客户

发来的站内信，信件内容是向 Allen 咨询店铺里刚刚上新的某一款儿童冬装外套内衬的材质。Allen 认真地做了解答后，没多久客户就下单了。后来这个客户有了多次回购行为，几乎每个月都会在店铺内产生消费，购买的商品从外套、内衫到裤子、袜子不一而足。在后期与这个客户的沟通中，Allen 了解到：该客户原先在速卖通上的另一家店铺购买过两次童装，但是那家店的客服基本不会回应站内信中关于产品的详细咨询。在多次询问未果后，客户觉得自己不被重视，对服务非常不满，所以到平台上找到了出售同类产品的店铺，在得到 Allen 的回应后，下单购买了商品。这位客户的行为给了我们什么启示？

## 任务实施

步骤 1：认识到"不满意"有可能导致客户流失。

步骤 2：明确客户满意是形成客户忠诚的基础，是保持老客户的最好方法。

步骤 3：了解客户满意与客户忠诚的关系。

## 知识铺垫

跨境电商交易中，客户与卖家对于"满意"的认知立场不同。客户更关注的是自身对企业的产品或服务是否满意，并不会将自己局限于仅对单一店铺或品牌忠诚；而对于卖家来说，客户忠诚会给自己带来更稳定的购买群体，让店铺经营更为顺利，也就是前文我们提到的，行为忠诚的客户都是卖家需要的。

必须明确一点，"客户满意"并不等同于"客户忠诚"，满意只是一种心理状态，仅仅满意并不能决定客户的购买决策。也就是说，一个客户即使有了一定程度的"满意"也不意味着他一定会有多次重复的购买行为。因为任何一家出售同类产品的跨境店铺都有可能实现"客户满意"。例如，一位巴西客户想购买一顶假发用于参加派对，那么速卖通平台上大部分出售假发的店铺提供的产品可能都让他感觉到满意。也就是说，你的店铺能让客户"满意"，竞争对手也能做到，甚至可能让客户"更满意"，由此可见，培养"客户忠诚"才是目标。只有忠诚的客户才有可能长期持续地购买卖家的产品或服务，为店铺贡献利润并带来长久的利益。但跨境店铺卖家应认识到"客户满意"是培养"客户忠诚"的基础，也是推动"客户忠诚"的重要因素之一。

### 一、满意者有可能"忠诚"

如果一个客户不断地出现重复购买行为，那么大部分情况下，他对所购的产品应该是满意的，因为满意的客户必然比不满意的客户更愿意继续购买同一个店铺的产品或服务。根据客户满意程度可以将客户忠诚情况归纳为以下两种。

### （一）信赖忠诚

信赖忠诚是指客户在完全满意的基础上，对一个店铺或品牌的产品或服务进行长期持续的重复购买。即客户对一个店铺或品牌的产品及服务达到完全满意的程度而对这一店铺或品牌的产品及服务表现出信赖忠诚。

> **案例**
>
> 作为垂钓大国的法国有上千万的钓鱼爱好者，近年来不少垂钓者开始在跨境电商平台上购买渔具及其配件。当客户在跨境店铺中购买到价优而实用的渔具后，以更低成本获得的垂钓乐趣会让他们产生较高的满意度，进而产生信赖忠诚。信赖忠诚的客户往往会在以后购买渔具时开始具有明显的品牌指向性，在思想上对一个店铺或品牌的渔具有较高的精神寄托，当卖家在社交网络平台上建立垂钓爱好者沟通群组时，这些客户非常乐于在群组中沟通与分享产品使用经验及垂钓趣事。他们信任并依赖卖家，对卖家服务中偶尔的失误也较为宽容，甚至会主动为卖家提出改进渔具的一些方案与建议。当有钓友对他们购买到的物美价廉的渔具感兴趣时，他们也非常乐意为卖家进行免费宣传。

信赖忠诚的客户由于对产品或服务有较高的满意度，除了主动重复购买产品外，他们的购买行为还有明显的排他性。也就是说，除了他们完全信任和中意的那家店铺，他们一般不会在需要产品或服务时去寻找其他店铺再进行比对与选择，即使其他店铺在价格上有更多的优惠。所以信赖忠诚的客户对店铺拥有持久可靠的忠诚度，他们是一个店铺忠诚度最高的客户群体，是店铺最重要的资源。

### （二）利益忠诚

前文提到的信赖忠诚是客户对产品或服务达到完全满意的程度，那么当客户对一个店铺或品牌的产品或服务并未完全满意，而是对其中一个方面满意的时候，则可能表现出利益忠诚。利益忠诚往往不是真心实意的忠诚。利益忠诚的客户对企业并非全心全意信任与依赖，他们对企业的忠诚基于某些既得利益，一旦利益这一诱因不存在，他们的忠诚也将荡然无存。简而言之，这一客户群是因为某些好处选择对产品或服务进行重复性购买，一旦竞争对手提供更优惠的方案，他们很容易被挖走。

例如，利益忠诚的客户在亚马逊上购物时相较于自选物流发货更偏向于使用 FBA 发货的卖家，因为 FBA 发货对于买家来说更为快捷安全，他们的忠诚是因为物流方式让他们满意；利益忠诚的客户最为关注定价最诱人的店铺，他们的忠诚是因为最为便宜的价格的诱惑；利益忠诚的客户对店铺里正在进行的折扣、返现、赠品等优惠活动极为敏感，他们的忠诚是基于各种购物补贴的吸引。尽管利益忠诚的客户不如信赖忠诚的客户那么可靠，但是对于跨境电商卖家来说，信赖忠诚更难实现和维护，那么同样能带来回购行为并为店铺贡献利润的利益忠诚的客户一样值得我们重视。

## 二、满意者也可能"不忠诚"

有不少跨境电商卖家认为，只要客户对我们的产品满意，那么他们就一定是忠诚的客户。但实际上，我们会发现有时候即使客户对我们的产品或服务是满意的，他们也未必会有回购行为，且有可能在下次购物时选择其他的店铺或品牌。

　　一家出售丝巾的速卖通店铺，圣诞节时在包邮的基础上实行了购买丝巾赠送丝巾扣、购物金额达到 50 美元加赠精致胸针的大力度促销活动方案。活动期间的单日订单量达到了往常的 3 倍，在售后回访时客户满意率达到了 95%以上，但促销活动结束后，日销量又回到了节前的水准。由此可见，有时候满意者未必是绝对忠诚的，"满意"之外，还有许多决定客户是否忠诚的因素，因此卖家需要做的不仅仅是把注意力放在客户满意上。

## 三、"不满意"一般"不忠诚"

　　正常情况下，如果一个客户对某个店铺或品牌的产品及服务感到不满意却又保持忠诚的可能性是非常小的。整个订单履行过程有太多的环节可能会降低客户的满意度。例如，客户的咨询迟迟得不到解答；下单后发现卖家未按时间发货；物流延迟；收到货后客户发现货不对板，或者纯粹只是因为货物没有达到心理预期；收到货后客服不断催促买家确认收货并付款；不断发送营销广告邮件；等等。一旦觉得不满意，不少客户在后期再进行跨境平台购物时可能就会直接更换目标店铺或品牌。

## 四、"不满意"也有可能"忠诚"

　　当客户对某个产品或某次服务并不满意的时候，会因为以下两种情况出现长期持续购买该产品或服务而显示出表面的"忠诚"。

### 1．惰性忠诚

　　惰性忠诚是指客户对产品或服务并不是非常满意，但是因为自身惰性，懒得去重新挑选新的店铺，当有购买此类产品或服务的需要时，会为了省时省力而直接选择购买过的店铺进行回购。惰性忠诚的客户在遇到其他卖家主动出击后会非常容易流失。

　　有个日常工作比较忙碌的客户在速卖通平台上某家店铺购买了一盒白色的棉质袜子，收到货后发现并不是自己期待的雪白色而是稍稍有点偏暗的米白色，但由于袜子在着装上属于较不显眼的一部分，所以在不影响舒适感的情况下，他也懒得退货。当下一次又需要购买袜子时，为了节省时间，他会直接选择已经购买过的店铺。但一旦有店铺通过一些引流措施将自己的产品放到了他的面前，并且提供了更优惠的交易条件，这位客户会毫不犹豫地选择新的店铺。

### 2．垄断忠诚

　　垄断忠诚是指客户对产品或服务并不满意，但因为产品或服务的提供方在整个市场占绝对的主导地位，客户无法找到可替代品，别无选择只能"忠诚"。

### 案例

　　在我们的生活区域没有其他通信公司的基站时，即使我们觉得现有通信公司的信号再让人不满和抓狂，也只能选择继续使用。这种情况下，客户满意与否并不能改变客户的购买行为，但是垄断市场下换得的表面忠诚是非常脆弱的，一旦市场里出现了别的竞争者，客户会快速流失。

　　由此可见，客户忠诚与否在很大程度上取决于客户对产品或服务是否满意及满意的程度，忠诚的客户基本上来源于满意的客户，但同样有行为忠诚的客户事实上对产品或服务并不是很满意，同时也有许多满意的客户却未必忠诚。因此，除了做到客户满意之外，我们还应探索影响客户忠诚的其他因素，为提升客户忠诚而努力。

## 案例解析

### 一、案例背景

　　近年，瑞典市场成为跨境电商卖家竞相争夺的新舞台，但 2018 年 3 月 1 日起，瑞典海关对所有境内非欧盟电商物品（含邮件）征收增值税。有一个瑞典客户在速卖通平台一家常购店铺里购买的一双价值 30 欧元的男式休闲皮鞋入境时被要求缴纳 7.5 欧元的增值税（瑞典增值税税率为申报价值的 25%）。该客户向卖家小夏发站内信，表达了对额外缴税的不满。小夏从字里行间也感受到了一个忠诚的老客户不愿意缴税却又不好意思提出退件的顾虑。面对这种情况，小夏应如何处理才能让回购客户不会被增值税吓退而流失？

### 二、操作步骤

　　（1）向客户说明对于瑞典海关加收增值税给客户带来的损失表示遗憾；再说明瑞典邮政对货值低于 150 欧元的包裹收取 7.5 欧元的服务费，货值高于 150 欧元的包裹收取 12.5 欧元的服务费，所以本单货物物流成本也已经提高，但为了让客户能有满意的购物体验，店铺依然选择发货。

　　（2）向客户说明增值税征收的普及性，即客户只要通过跨境电商平台购买商品必然需要缴纳。但店铺未来将会通过从欧盟境内转运等方式对增值税进行规避。

　　（3）向客户承诺一些补偿服务。如果客户本次交易顺利完成，店铺将在后续的交易中给予较大力度的折扣、优惠或与产品可搭配使用的赠品以弥补客户此次的损失。

### 三、案例总结

　　很多时候，跨境电商卖家并不是做好自己的产品就能让客户满意并忠诚。在面对危机时，更不能仗着忠诚客户与我们的情感基础而不闻不问。要维护忠诚客户，更应通过提供让客户满意的贴心到位的服务。

# 子情景三　跨境客户忠诚度的影响因素

## 学习目标

**知识目标**

- 掌握影响跨境客户忠诚度的因素。

**能力目标**

- 能对影响跨境客户忠诚度的各因素进行分析。

**素质目标**

- 能有效提升跨境客户忠诚度。

## 项目背景

　　浙江英卡顿网络科技有限公司的跨境客服专员 Allen 刚刚接手公司在速卖通平台上的一家店铺,该店铺销售时尚耳环、耳钉等饰品。有一天,他突然收到好几封近两日刚刚下单的客户发过来的要求取消订单退回款项的站内信,问其原因,有客户让 Allen 去看看自己产品的评价。在店铺首页,Allen 看到了一条刚刚发布的评价,发布者是一名刚购买了两对耳钉的新客户。她在评论里说:自己在店里新购买的耳钉,佩戴以后耳部过敏,所以提出退货并要求卖家做出相应赔偿,卖家在一开始回复过一封邮件拒绝退货并请她提供过敏是由于耳钉引起的证明后,再无音信,所以她选择在评价里进行曝光。Allen 应如何处理?

## 任务实施

　　步骤 1:第一时间解决客户合理诉求。
　　步骤 2:鉴于跨境贸易平台交易的特殊性,与客户进行有效沟通,维持客户信任度。
　　步骤 3:认识到客户信任对培养忠诚客户的重要性。
　　步骤 4:掌握影响跨境客户忠诚度的因素。

## 知识铺垫

　　根据前文所述,要维护客户关系,提升忠诚度,首要是尽可能提高满意度,但仅仅如此是远远不够的,客户忠诚有时候是单一因素影响的结果,有时候又受多个因素影响。所以我们需要对可能影响客户忠诚的各个因素进行有效解析,避免可能削弱客户忠诚的事由发生,以提升客户忠诚度。

## 一、明确的客户利益

任何一个跨境电商卖家都不可能做到让客户无条件地对自己的店铺或品牌提供的产品及服务忠诚。客户在对卖家表现出忠诚时，无论是时不时地进行回购，还是积极主动地向周边人推荐，以及与卖家保持良好沟通等，从根本上来讲也是希望从高忠诚度行为中得到卖家的优惠或另眼相待等实际利益，而如果卖家对高忠诚度客户视若无睹，没有任何的特殊照顾，对忠诚客户与新客户一视同仁，那么忠诚客户必然失去继续"忠诚"的动力。

有许多跨境电商卖家觉得老客户是使用过他们的产品的，只要老客户认可他们的产品，自然就会保持着忠诚度，反而应该以最大力度的投入去吸引新客户。长此以往，老客户会逐渐流失，而新客户因为看不到成为忠诚老客户的优待，也不愿成为老客户，所以是否有忠诚奖励会影响客户是否忠诚。

由此可见，一个理智的卖家应该屏弃一切妨碍及不利于客户忠诚的因素，为老客户提供尽可能多而合理的实惠及权益，让他们切实感受到作为老客户受到的重视，从而激励老客户保持对产品及服务的忠诚。而新客户因为可以预见成为老客户后可收获的权益，其忠诚度亦会有所提升。

## 二、与客户之间的情感纽带

加拿大营销学教授杰姆巴诺斯通过调查研究指出，客户关系与人际关系有着一样的基本特征，包括信任、信赖、社区感、共同目标、尊重、依赖等内涵。客户关系的本质是建立客户与企业之间的情感联系，企业只有真正站在客户的角度，与客户建立超越经济关系之上的情感关系，才能赢得客户的心，赢得客户的忠诚。

鉴于当前越来越多的客户在进行购买决策时情感化倾向越来越明显，情感对客户忠诚的影响也应引起我们的重视。许多客户对一个店铺出售的产品或运营的品牌拥有高忠诚度要么是极度喜爱这个产品，对产品拥有好感；要么是对这个品牌比较认同，有一定程度上的情感依附。在此基础上，客户与客服之间，客户与品牌管理者之间，甚至客户与客户之间都有情感纽带维系着。就如我们可以给客户提供什么样的利益，竞争对手或许也能做到，甚至可能提供更多的优惠，但是如若我们与客户之间有了情感联系，他们将不会轻易从我们的店铺流失。而对我们的品牌与服务有高度认同感与忠诚度的客户在我们的品牌受到负面信息攻击时，甚至会站出来为品牌正名。

因此，客户忠诚的实现也离不开情感纽带的维系，我们应超越理性客户的看法，与客户建立情感与亲密感，进而获取客户信任。

## 三、信任因素

信任，往往与上文提到的情感纽带相互关联。在交易过程中，一方有信心可以并且愿意去依赖另一方的时候，双方就产生了信任。信任感可以说是构成客户忠诚的核心因素，因为信任，所以客户对店铺产生依赖；因为信任，所以客户愿意进行长期的重复购买行为。

信任在跨境电商购物行为中的重要性更应引起高度重视。对于通过跨境网络平台进行购物的买家来说，交易风险是他们最为担忧的一点。而网购的虚拟性使得交易双方不能同传统贸易那般进行面对面的沟通，客户只能通过交易平台上的信息对店铺的诚信进行判断。

### 案例

Tom 是一个有三年跨境网购经验的老买家，从最初在速卖通上尝试性购买一副太阳眼镜，到现在发展成孩子的玩具、家人的服装、家居用品甚至手机等电子产品也从速卖通上购买。他说自己有需求时喜欢到购买过并且体验比较良好的店铺回购，因为可以省去很多对陌生店家产品品质、售后服务等方面的担忧。

可见，客户为了避免和减少跨境网购履约过程中的风险，总是倾向于从自己信任的店铺购买产品与服务。因此，构建信任机制对于建立客户忠诚度来说意义重大。只追求眼前利益，不顾及客户感受的卖家必将失去客户的信任，得不到客户的满意与忠诚。

### 四、转换成本

在商品交易过程中，既有货币成本，也有转换成本。转换成本是指跨境客户在有需求时，从一个店铺更换到另一个店铺需要增加的成本及付出的代价总和。它主要分为这样几类：第一类转换成本是客户在时间和精力上的投入，包括学习成本、时间成本和精力成本等；第二类转换成本主要是经济上的支出，主要包括利益损失成本和金钱损失成本等；第三类则是情感上的转换成本，包括个人关系损失成本及品牌关系损失成本。

例如，客户在对某一类产品有购买需求时，要重新寻找一家新店铺进行消费，那么对比各店铺产品优劣花费的时间和精力就是转换成本。再如，一些使用起来比较复杂的产品，客户更换店铺后可能面临着要花时间和精力去学习一套新的使用方法，那么他们同样会重新审视自己更换店铺及产品的行为是否有必要。

### 案例

正在进行老客户回馈计划的速卖通某护肤品卖家，他们的活动方案是针对累计购物满 100 美元的客户赠送一盒价值 10 美元的面膜；向累计购物满 200 美元的客户赠送一瓶价值 25 美元的爽肤水；向累计购物满 300 美元的客户赠送一支价值 40 美元的紧致眼霜。频繁重复购买的客户可以享受到赠品奖励，而曾经有一定累计金额却转换到别家店铺购买的客户则会失去本可以得到的奖励，不少有转换念头的客户为了避免原先累计积累的利益因为转换而失效，会维持对原卖家的忠诚。

"If it ain't broke, don't fix it" 告诉我们一个道理，变化是有风险的。网络的虚拟性及多样性使客户在转换店铺的过程中难免受到更多的影响，客户心理上呈现的不确定性也增加了心理与情感方面的转换成本。当一个客户发现他从一个店铺转向另一个店铺购买时会损失大量的时间、精力、金钱、情感，他将重新衡量转换店铺的必要性。所以转换成本是影响客户忠诚度的重要因素之一。对此，卖家可以结合跨境平台购物的实际特点，贴近客户成本要求，来加大客户忠诚度的培养。但必须明确的一点是，如果店铺卖家仅仅依靠提高转换成本以维系客户的"忠诚"，却忽视了对自身产品品质的提高及服务的完善，则客户的"忠诚"必有耗尽之时。

## 五、替代选择性

替代选择性是指客户在做购买决策时选择竞争对手的产品的可行性。客户在线下实体店购物时，如果考虑更换供应商，可能需要花费更多的时间与精力用于寻找可替代产品。而网络工具的普及使得这一成本得以大幅度下降，跨境电商平台上卖家云集，所有的产品信息都是透明的，境外客户可以通过各大跨境贸易平台去搜索与挖掘各类产品的相关信息，如产品的价格、细节图、性能、品质、口碑等。客户可以将现有产品与可替代产品进行对比以确定是否更换店铺购买。也就是说，转换成本中的货币成本及时间成本会大幅度降低，从而增加了产品的替代选择性。

例如，在速卖通买家页面输入"rubber ring"会跳出许多相似甚至相同的产品，因为它属于替代选择性较高的产品；而输入"mobile phone"，页面显示出的产品及品牌则更有辨识度，界面操作及功能也各有不同。客户更换产品有可能意味着原先的产品经验无法用在新产品上，转换成本提高，则其替代选择性较低。

低价的、做工简单的及缺乏设计感的产品，替代选择性就非常高，而替代选择性越高的产品，其客户忠诚越难维系。这时，客户满意会成为客户忠诚的前提，信任及情感纽带的维系会对客户忠诚起到较大的决定作用。

## 六、产品经验

同时，我们还应考虑客户的产品经验对客户忠诚的影响。当前的跨境客户群体以中青年居多，他们在购买产品的过程中更注重对产品经验的体验。这些网购客户更愿意去尝试新的产品及新的店铺提供的多样性的产品及服务。在这种背景下，如果客户积累的产品经验较多，那么购物时会更有自主性及倾向性，对产品也会带着合理预期，较容易培养忠诚度。如果客户积累的产品经验较少，那么他会较为依赖与客服的沟通以及浏览页面产品描述和以往客户的评价等方式去收集、了解产品的信息，并在这些信息基础上对产品和服务进行比较分析，进而衍生出购买的预期期望。在此预期基础上，若客户对店铺产品比较满意，则会考虑继续购买相关产品；如果不满意，除了更换店铺或品牌购物外，还有可能会在产品评价页面甚至网络社交平台宣泄自己的不满，给企业带来负面影响。所以，产品经验也会影响客户忠诚度的提升。

## 七、联系紧密程度

跨境电商卖家与客户之间其实是一种合作关系，即以客户需要的产品价值为企业换取利润。那么企业与客户之间是否有清晰的互利意识，彼此是否保持紧密的合作联系，都会影响客户的忠诚度。如果一个企业的产品或服务具有显著的独特性与不可替代性，且让客户有强烈的归属感，意识到自己被这个企业重视与尊重，那么他们对企业的依赖程度也会越高，客户忠诚度也就更高。反之，若企业对客户常常是不闻不问，任其自生自灭，只关注客户是否及时付款，那么客户也会无声无息地流失。

## 八、企业内部因素

跨境电商企业对客户的忠诚及员工对企业的忠诚是两个极易被忽略的影响客户忠诚度的因素。如前文所言，跨境电商企业应明了交易行为是互利的，那么忠诚也应该是买卖双方双向的、互动的。企业不能单方向要求客户对其品牌或产品保持忠诚，却忽视了自身对客户也应有足够的忠诚。

企业对客户的忠诚度高，就会一切以客户为中心，以客户为先，全心全意地为客户着想，在任何生产经营方面的决策也都会有一个明确的指导方向。那就是向市场提供让目标客户满意的产品或服务，以忠诚相待，这也必将收获客户的忠诚。反之，若企业没有稳定的客户目标，运营跨境店铺时太过贪心，大品类里什么热销就想卖什么，东一枪西一炮，主要精力不是放在为客户提升产品和服务品质上，客户忠诚度自然就难以培养。

同时，员工对企业的满意度和忠诚度会在一定程度上影响客户的满意度和忠诚度。尤其是跨境电商，与客户之间的维系基本由客服完成。只有客服对企业是忠诚的、对自身待遇是满意的，他才有可能以饱满的精神状态和热情的工作态度为客户提供令其满意的产品和服务。

## 九、客户自身因素

客户可能会因为需求的变化而变更购物店铺。例如，原先一直在一家跨境电商店铺回购童装的客户，因为孩子长大了，这家店铺的服装不再适合，所以可能再也不来光顾了。还有些客户可能因为收入的变化，导致购买力有所改变，而不再选择原先常购的店铺或品牌。这些都是企业无法改变的会影响客户忠诚度的客观因素。

可能削弱客户忠诚的自身因素有以下几点。

（1）竞争平等。当不同公司的产品和服务无差异时，就是竞争平等状态。如果客户感觉所有品牌都相同，那么感知风险就非常低，而由于对产品的忠诚度降低造成品牌转换的倾向性也会比平时更高。

（2）求变行为。客户对一成不变的产品和服务感到厌烦后会有寻求差异化的求变行为。他们可能只是想要一种新的体验，因为重复地光顾同一家店铺给他们带来的购物满足感下降了，所以希望从全新的体验过程中获得新的兴奋点。企业可以通过满足客户需求和创建辅助品品牌、提供新的口味或其他基本产品的扩展等方式从求变行为中获益。

（3）低参与。个人客户对某种产品或服务的低水平的认知或感知重要性被称为低参与。低参与客户通常致力于制定"足够好"而并非最理想决策的"令人满足的"行为。如果某人对某一类产品的兴趣不大，那么他就不会对该品牌或生产这种产品的公司产生忠诚。低参与客户很可能是价格敏感的，这也是另一个削弱品牌或企业忠诚度的因素。相反，对产品十分关心的客户可能对价格并不敏感。如果企业能够提供低成本的产品，可以针对对低价及促销激励接受程度高的客户。

（4）品牌话语份额低。如果某个企业或品牌在同类产品市场里话语份额低或没有话语权，那么它们在客户群中就缺少认知度。如果不能相应提高促销成本，那么客户就无法获知产品相关信息，企业也无法得到客户及目标市场的基本情况，自然更没有客户忠诚度可言。

 **案例解析**

### 一、案例背景

跨境电商专员小张运营着一家销售品牌手机的速卖通店铺。他曾经遇到过一个俄罗斯客户，该客户最初在店铺里下单购买了一款中档价位的手机。除了售前咨询和售后寻求使用指导及帮助共发了十几封站内信进行沟通外，小张与之还通过三次电话，但小张一直保持着非常好的状态耐心解决该客户遇到的问题。最近三个月，这位客户又连续购买了两款价格更高的手机，说是送给家人。小张给客户赠送了一个新款的手机壳和一个MP3，使得客户欣喜若狂，还非常认真地在评论区分享了详细的使用心得。除了盛赞小张的服务态度，这位俄罗斯客户也指出这个品牌的手机用起来比自己之前使用过的手机都更加方便。小张与这位客户的交易行为给了我们什么启发？

### 二、操作步骤

（1）认识到客户忠诚会受到客户满意、既得利益、情感纽带、信任、产品经验等因素的影响。

（2）当客户对某一品牌或产品表现出忠诚时，应当加强联系，强化信任，提供对附件或配合产品使用的延伸产品服务，也让买家感受到企业对客户的忠诚。

### 三、案例总结

影响客户忠诚的因素包括客户满意、情感维系、明确利益、转换成本、替代选择性、信任、企业内部因素及客户自身因素等。客户可以从价格、品牌、企业等方面表现出忠诚。而且真正的客户忠诚是一种共识性忠诚。它建立在企业与客户之间有深度的沟通和价值认同、情感投合，产品和服务具有体验锁定和成瘾消费的特点上。

## 子情景四　如何提升跨境客户忠诚度

 **学习目标**

**知识目标**

● 掌握可提升跨境客户忠诚度的各种技巧。

**能力目标**

● 能运用各种技巧提升跨境客户忠诚度。

**素质目标**

● 能将提升客户忠诚理念运用到跨境客户管理工作中。

## 🏠 项目背景

各大跨境电商平台业务的爆发式增长，吸引了众多卖家入驻，日益激烈的竞争使每个卖家不得不面对这样一个现实：各个店铺出售的产品差异性越来越小，促销手段也是大同小异，竞争对手却越来越多，客户也正在变得越来越挑剔。在这种情况下，企业应如何生存？

## 🔧 任务实施

步骤1：明确客户忠诚度对企业利润贡献的意义。

步骤2：制订激励客户忠诚和约束客户流失的计划。

## 💻 知识铺垫

跨境客户忠诚是指在跨境电子商务环境下客户对商品或服务的偏好，并由此产生的重复使用或购买行为。跨境客户忠诚度则是指客户由于"忠诚"而产生的重复使用或购买行为的程度，衡量的是忠诚的程度的多少与高低。

在"互联网+外贸"大背景下，跨境电商各卖家之间要想在激烈竞争中获取市场份额，必须重视客户忠诚的特殊作用。只有加强客户忠诚度分析，科学利用好客户忠诚度，才能更好地提升企业在跨境电商领域的销售业绩，进而获得更好的经济效益及社会效益。影响客户忠诚度的因素包括客户满意、情感维系、明确利益、转换成本、替代选择性、信任、企业内部因素及客户自身因素等，那么针对这些影响因素，我们可以采取以下策略以建立激励忠诚的机制，最终实现客户忠诚度的提升。

### 一、努力实现客户满意

客户满意与客户忠诚之间有着千丝万缕的联系，客户满意是形成客户忠诚的基础，是保持老客户的最好方法。因此努力令客户满意是实现客户忠诚的重要途径之一。因情景六已详细介绍过客户满意度提升策略，这里仅做简单的概述。

客户满意是客户在购买前或购买时对产品或服务的一种预期评估与收货后产品为其带来的实际收益之间的对比。如果客户的预期太高，一旦企业销售的产品或服务的感知价值没有达到客户期望，就会引起客户不满。但如果客户预期太低，则可能根本不会选择购买我们的产品或服务。因此，跨境电商卖家应通过努力在业内树立良好的印象与口碑，进而使每一位客户形成对企业的良好期望。然后，再根据自身实力和产品实际情况进行恰如其分的承诺，以免因为承诺太高抬高了客户期望。例如，出售硅胶手机壳的卖家介绍其产品能较好地保护手机因硬物摩擦导致的损伤，而不是过度强调防水防摔防撞，可以在一定程度上降低客户的预期。

除了培养客户良好的预期，还应提高客户的感知价值。只要让客户的感知价值超越了客户期望，那么客户满意必然实现。提高客户的感知价值可以从两个方面来考虑，一方面是增加客户的总体价值，包括产品价值、服务价值、人员价值、形象价值等；另一方面是降低客户的总成本，包括货币成本、时间成本、精神成本、体力成本等。例如，部分速卖通平台上销售礼服的店铺提供的为客户量身定制的服务很好地提升了其产品价值。售前、售中、售后服务也是提升客户感知的重要环节。跨境电商卖家在售前应清晰并充分地向客户提供上架产品的价格、规格、性能、效用、使用方法等信息；在售中及时并准确地回应客户的咨询；在售后重视客户的反馈信息，及时答复客户的疑问，处理客户的意见，且积极处理客户纠纷。

## 二、奖励忠诚客户

让客户在忠诚中受益，才能更好地维护客户忠诚。

### （一）奖励方法

#### 1．累计消费回馈计划

这是最常见的一种对忠诚客户的奖励方式，它让客户在不断的重复购买中获益。通过向经常或大量购买的客户提供奖励，来达到维护现有客户对企业忠诚的目的。

有些卖家不会在产品详情页面写上活动内容，而是由客服向客户发送站内信或在发货包裹里附上小卡片进行说明。因为速卖通的后台活动是统一设置的，不能针对单个客户的订单进行改价，所以不少卖家会选择为客户建卡记录的方式。例如，销售儿童玩具和礼品的店铺，买家第一次购买可以享受卖家设置的平台活动（全店铺满立减、店铺优惠券、店铺打折等）；之后的每一次回购都可得到购物金额 10% 的返点；累积的返点达到 30 即可零元换购店内的价值 30 美元的商品。客户到时只需要留下一个地址，就能得到奖品。

#### 2．寄送礼品或升级赠品

这是比较"简单粗暴"的回馈忠诚客户的方法。例如，一个出售不锈钢滤茶器的商家，原定的赠品方案是单次消费满 10 美元的订单赠送一把金属小勺，消费满 20 美元的订单赠送一个硅胶滤茶网，消费满 35 美元的订单赠送一个 304 不锈钢球型滤茶器。对于回购客户，直接将赠品升级，即只需要消费满 10 美元即可获赠一个硅胶滤茶网，消费满 20 美元即可获赠一个 304 不锈钢球型滤茶器，如果客户消费达到 35 美元，则除了 304 不锈钢球型滤茶器再加赠硅胶滤茶网。对于多次回购并且金额达到了 200 美元的客户，卖家再加赠一个双层玻璃红茶杯。这种赠品方式往往会给客户带来意想不到的惊喜。需要注意的是，赠品与礼品最好应与客户所购买的产品有所关联，可以是同类产品或配合使用的产品，如果是毫无关联的物品可能达不到预期的营销效果。例如，客户购买的是滤茶器，卖家却赠送了一个金属戒指，可能会让买家哭笑不得。

### （二）提供奖励需要注意的问题

我们首先需要了解客户是否重视店铺提供的回馈利益。如果客户并不在意，那么店铺应重新审视奖励的必要性。其次，一视同仁的奖励方法不可取。按客户对店铺利润做出的贡献程度划分等级，对客户忠诚是一种有效激励。再次，还应关注奖励计划实施的效果，如是否有更多的客户有了回购行为，订单金额是否提升，社交网站上的客户群组里对奖励措施的支持与认可程度等。最后，我们应意识到，单次投入大量资金做一次促销活动并不一定能换得客户的忠诚，客户关系维护及客户忠诚的培养是一项需长期进行的工作，而且投入成本应该是在企业可控范围内的。

## 三、增加客户信任，增强情感维系

### （一）如何增加客户信任

在跨境电商平台上进行交易的买卖双方无法见面，他们都是在虚拟空间完成交易行为的，这使得客户的购买行为存在较大的风险，因此客户往往会更倾向于选择信任的店铺进行购买。累积的客户满意形成客户信任，长期的客户信任培养客户忠诚。对于跨境电商卖家来说，应更为重视客户信任因素，以获得客户的永久忠诚。

随着网购环境的整顿，跨境电商卖家的经营也越来越规范，买家整体综合素质也渐趋提高。越来越多的买家在选择店铺时，不再一味看重低廉的价格。他们更重视交易的安全，包括产品质量、交易过程中个人信息及支付方式的安全性。卖家需要做的就是让客户对其产生信任，进而放心地下单购物。

第一，应树立"以客户为中心"的理念，了解客户需求，为客户提供可以满足其需求的产品或服务；第二，确保客户在跨境电商平台购物时的支付安全及个人隐私保护，杜绝交易欺诈，尊重客户隐私；第三，在店铺首页、产品相关页面，或者有条件的也可以在企业官网上凸显企业资质与品牌形象；第四，应保证自身在平台上发布的产品介绍、发货时间及客服联系方式等真实、准确、有效；第五，应如实告知客户在使用产品时可能遇到的风险，针对性地提出保证或承诺，以减少他们的顾虑，如对一些由小件零配件组成的物品注明"远离儿童"等；第六，如期履行订单，尽早发货，并及时跟踪物流信息；第七，如果客户收到的产品发现了瑕疵或有质量问题时，应积极沟通，及时采取补救措施；第八，妥善、认真地处理客户投诉，一个差评带来的负面影响可能会抹杀前期的所有努力；第九，网购客户更为重视企业或品牌的口碑，所以卖家要重视客户评价，尤其是社交平台上客户群体的管理，以期打造值得信赖的舆论环境。

### （二）如何打造客户与企业之间的情感纽带

当你与客户之间产生订单关系后，还应努力寻找交易之外的关联，如与客户进行情感交流与投资，通过巩固和强化与客户之间的关系提高客户转换购买的精神成本。

卖家应根据客户分级积极地与客户进行定期或不定期的沟通，了解他们的想法与意见。对于关键客户，可以邀请他们加入新品开发、设计、试用等决策中，让他们感受到与众不同的待遇。如果条件允许，可通过重要客户留下的一些信息在一些重要的节假日以恰当的方式予以问候。联系得多了，客服会和部分客户成为友人，互关 Facebook，互加 LINE 或微信等，在平常也可为客户送上一些问候，解决客户在产品使用上的一些困惑等。例如，购买护肤品的老客户抱怨自己在网上找不到合适的面膜纸时，客服可以为她提供选购建议，也可以直接寄送一小盒试用品。推荐的可以是自家经营的产品，也可以是别家品牌的产品。细微处的贴心关怀能让客户感觉到特殊的关心，进而心存感激并回报以忠诚。

同时，及时恰当地处理好客户的异议能更好地维系与客户之间的情感纽带。因为分处两个国家的买卖双方能够基于网络建立好的信任关系非常艰难，客户在购买商品及使用商品的过程中，难免会因为感知价值与预期不符而有所抱怨。许多卖家会等客户投诉或留下差评时才着手解决纠纷，其实这是非常不明智的。我们应在客户有异议的最初，就耐心并细心地对异议部分进行解答与处理，并虚心接受客户的意见，承认自身工作的不足，提出妥善的解决方案。有担当的企业更容易得到客户的宽容与谅解，进而实现忠诚度的提升。

## 四、增加客户的转换成本

要提高客户的转换成本，首先应了解竞争对手会从时间、金钱和情感中的哪些部分入手来吸引客户，然后再通过提高客户转换成本中的一种或几种来增加客户转换的难度和代价。卖家可以先通过宣传产品及服务区别于市面上其他同类产品来让客户认识到转换成本的存在。意识到更换品牌或企业后，自身会损失原先获得的特殊服务或产品利益，或者面临新的投入与负担，就可以加强该客户的忠诚。但切忌一味地提高转换成本。增加了客户离开的障碍，却没有提供让客户满意的产品和服务，反面会引起客户的不满，从而损害客户忠诚。

提高转换成本的途径非常多，如航空公司提供的里程奖励、各大银行采用的信用卡积分奖励等，都属于客户难以轻易舍弃的转换成本。这些方式确实可以在一定程度上将客户"套牢"，使客户避免主观上的转换，却未必能换得真正的"信赖忠诚"。再如，销售电子产品的卖家可以提供有效的服务支持，包括免费教学、指导机器保养方法、提供维修服务及低价原厂配件购买服务等。卖家可以根据客户的需求提供人性化、定制化的产品，让客户加入产品的设计中，使其收到的产品拥有个性化和差异化优势，并与客户建立一对一的服务关系，这样在别的选择不能体现明显的优越性时，客户会逐渐成为忠诚客户。相对于时间与精力转换成本和金钱转换成本来说，情感转换成本更难以被竞争对手模仿。

### 五、提高产品的不可替代性

个性化的产品及服务是客户关系发展到一定程度时客户的必然要求。亚马逊、eBay、Etsy 等跨境电商平台上有越来越多的卖家精耕细作一个品类产品，步入个性化服务阶段。跨境电商卖家若能够为客户提供独特的、不可替代的产品或服务，包括个性化的产品外观、个性化的售后服务、个性化的技术支持、个性化的专属定制方案等，就可以将自己和竞争对手区分开来，发展成不可替代的优势，提高客户的依赖程度，实现客户忠诚。

许多电商平台发现了消费者的个性化需求，既而推出了个性化的推荐服务。它们根据客户的浏览习惯、购买记录等行为特征，将一些符合其消费习惯及品味的商品推荐到他们目所能及的页面。例如，亚马逊近年在首页置顶推出"有趣的发现"（Interesting Finds）页面。它类似于一个商店，用户可以在这里发现亚马逊全网站中好玩的产品。它的前身是"Amazon Stream"，亚马逊想把这个页面打造成人们发现新奇产品的地方，从而刺激消费。

之后，亚马逊又上线了一项"My Mix"的功能，用于向消费者推荐个性化产品。全新的"My Mix"功能位于"Interesting Finds"页面可滚动条类别栏的开头。当商店有新的推荐商品时，该商店旁边会显示一个红色的通知点。

"My Mix"中是一些客户喜欢的产品和亚马逊认为客户可能喜欢的产品，它相当于一个专门为某位客户所开设的商店。举例来说，如果你在"Interesting Finds"中的某件产品的左上角点了"喜欢"，亚马逊也就会在"My Mix"中放入它认为你感兴趣的东西，从而向你推荐产品。

亚马逊推出的这项功能备受消费者欢迎，短短几个月，它从最初四五个品类发展到了20 多个。可见，越来越多的客户期待拥有个性化的产品或服务。

无论是产品还是服务，客户都是为了解决某种需求而购买的，那么除了产品本身的使用功能外，客户可能还希望得到更为综合性的服务。例如，销售女装的卖家可以通过了解客户穿戴的场合、对服装功能的需求等来为其做出个性化的穿搭建议，从而给予客户时尚、尊贵的体验与感受，而不是仅仅向客户推荐合适的尺码。

### 六、通过社交网站建立网络客户社区

在传统客户关系管理中，企业会通过设立"会员卡"的方式为自己管理客户群体，以使企业与客户之间的关系更加正式、稳固，让客户产生归属感，感受到企业的重视。这有利于企业与客户之间建立交易关系之外的情感关系，以实现客户忠诚度的提升。在这个方面做得比较成功的有沃尔玛的山姆会员店，山姆会员店向会员收取年费，为会员提供区别于普通超市的舒适、高端、清静的购物环境。这种方式把大批不稳定的客户变成了稳定的客户，使得客户忠诚时间得以延长；同时，由于享受到了优质、舒适的购物环境，很多会员会逐渐形成在山姆会员店购物的习惯，从而发展成一支较为稳定的拥有品牌忠诚的客户队伍。可见，有效的客户组织管理可以让客户与企业之间基于交易的契约关系从短期变成长期，这可以更好地帮助企业维护现有客户，培养忠诚客户，建立一个基本的忠诚客户群。

那么面对跨境电商贸易的客户，企业进行客户组织管理较为可行的一个方法就是建立

网络社区。同时，跨境电商卖家还应运用软件或相关程序建立客户资料数据库，把客户相关信息纳入数据库，研究分析客户的产品需求、购买动因、回购因由，以优化产品服务、调整营销方案。卖家也可以为客户组建一个可以进行相互沟通交流的网络社交平台，如在Facebook上建立小组、在微信里建群等。在这些网络社区里，客户可以相互交流购买产品的体验；企业则可以在里面与客户进行有效交流，发布店铺促销活动消息、新产品信息，了解客户需求、对产品的评价和意见等。例如，客户是更看重我们的产品外观还是内在品质，更重视价格优惠还是文化内涵。然后，及时对客户在群组里提出的问题和建议予以反馈，让客户感受到来自卖家的重视与关怀。并且这也让忠诚客户有了分享产品的平台，来自以往客户的评价总是比来自卖家的推广用语更能获得新客户的信任。例如，销售我国特色文化礼品的卖家可以在群组里发布高品质新产品的同时，分享与产品设计相关的传统故事，如中国结、荷包、团扇等，以增加产品的文化附加值。但需要注意的是，不要在群组里发布大量的营销广告，应尊重客户的隐私，营造良好的网络社区交流环境，避免高质量粉丝离开群组。

## 七、培养员工忠诚

对于跨境电商平台店铺来说，客服人员是与客户最直接接触的一个群体，因此，需要培养忠诚的员工来为客户提供令其满意的产品和服务。首先，在招聘环节就应选择德才兼备、业务能力娴熟或有培养潜力、团队协作能力强的员工；其次，在培训环节让员工树立"客户至上"的理念，在后期的工作中做到想客户所想、应客户所需；再次，要有良好的规章制度规范客服工作，如合理排班、客户资源分组管理等；最重要的是，应对员工有最基本的尊重，将其视为团队伙伴而不是下属，理解员工的个人困难，寻找合理有效的方案减少客服工作难度，为其提供较好的工作平台，为其规划个人职业前景，再辅以有效的激励措施，从而激发客服的工作热情及工作潜力。只有客服对企业的满意度及忠诚度提升了，他们的服务才能实现客户满意度和忠诚度的提升。

## 📄 案例解析

### 一、案例背景

亚马逊卖家 Jack 在美国站销售帐篷及其周边产品。Jack 对自己的产品非常有信心，因为在线下销售时广受好评。但是在经营过程中，有兴趣的咨询客户非常多，订单量却非常少，而且每个客户在售前、售中和售后总是会耗费 Jack 大量的时间。因为帐篷不是一般的低价值产品，而且客户购买帐篷大部分用于露营，对帐篷的质量及安全性有较高的要求，又没有什么信息能够给网购客户以安全感，所以客户总是会就各种可能的安全隐患、质量问题进行咨询。Jack 想在 Facebook 上创建一个讨论小组以减轻工作负担，他可以做些什么？

### 二、操作步骤

（1）在 Facebook 上建立一个小组，根据出售的产品设置小组描述与标签，如野营、驴友、旅游等，以吸引有兴趣的潜在客户进入小组。

（2）邀请已购买的客户加入小组，请他们分享产品的使用体验与评价，提高新客户对店铺的信任度。因为帐篷的目标客户群体较易归类，且目标客户对帐篷的需求较为一致。

（3）上传一些在野外实景拍摄的帐篷安装及使用视频，便于客户在购买后参考以减轻客服负担。

（4）关注小组里客户的诉求，分析客户的产品需求、购买动因、回购因由，以优化产品服务、调整营销方案，逐渐培养客户忠诚。

### 三、案例总结

客户忠诚度受许多因素影响，有效的客户组织可以让偶然关系变成必然关系，有利于新客户的开发及现有客户的维护，能更好地培养忠诚客户，稳定客户队伍。

### 习题演练

#### 一、单选题

1．以下不属于品牌忠诚行为类别的是（　　　）。

A．完整忠诚　　　　　　　　　　　B．转换忠诚

C．偶然变换　　　　　　　　　　　D．潜在忠诚

2．客户"不满意"也有可能表现出"忠诚"的是（　　　）。

A．信赖忠诚　　　　　　　　　　　B．惰性忠诚

C．潜在忠诚　　　　　　　　　　　D．利益忠诚

3．以下属于客户更换购买店铺时的情感转换成本的是（　　　）。

A．时间成本　　　　　　　　　　　B．利益损失成本

C．品牌关系损失成本　　　　　　　D．学习成本

4．以下不属于客户忠诚的表现的是（　　　）。

A．重复购买　　　　　　　　　　　B．对企业及其品牌产生信任与依赖

C．即使对产品不满也懒得投诉　　　D．向周边人强烈推荐企业的产品

5．以下无法获得客户信任的方法是（　　　）。

A．优化产品描述　　　　　　　　　B．如实告知产品风险

C．如期履行订单　　　　　　　　　D．妥善处理客户投诉

6．以下属于忠诚客户的特征的是（　　　）。

A．持续回购行为　　　　　　　　　B．沟通困难

C．拒绝评价　　　　　　　　　　　D．喜爱低价

7. 在购买一类产品时完全只认定一个品牌，基本上非它不买，甚至会因为对品牌的喜爱而入手该品牌出品的其他相关产品的客户是（　　　）。

A．分割忠诚　　　　　　　　　　　B．转换忠诚
C．偶然变换　　　　　　　　　　　D．完整忠诚

8. 忠于多个品牌，当需要购买一类产品时，会在多个品牌之间徘徊选择的客户属于（　　　）。

A．分割忠诚　　　　　　　　　　　B．转换忠诚
C．偶然变换　　　　　　　　　　　D．完整忠诚

9. 有一类客户可能没有那么高频次的购买行为，但是对品牌有着强烈的态度，特别满意且有明确的购买意向与购买欲望，他们属于（　　　）。

A．伪忠诚　　　　　　　　　　　　B．潜在忠诚
C．无忠诚　　　　　　　　　　　　D．偶然变换

10. 有一类客户认为各种品牌都没有差别，决定他们购买行为的主要因素是产品的价格，他们属于（　　　）。

A．伪忠诚　　　　　　　　　　　　B．潜在忠诚
C．无忠诚　　　　　　　　　　　　D．偶然变换

## 二、多选题

1. 客户关系管理专家提出的品牌忠诚的行为类别包括（　　　）。

A．完整忠诚　　　　　　　　　　　B．转换忠诚
C．偶然变换　　　　　　　　　　　D．无忠诚

2. 品牌（店铺）忠诚态度分为（　　　）。

A．无忠诚　　　　　　　　　　　　B．潜在忠诚
C．伪忠诚　　　　　　　　　　　　D．分割忠诚

3. 根据客户满意程度可以将客户忠诚情况归纳为（　　　）。

A．利益忠诚　　　　　　　　　　　B．垄断忠诚
C．信赖忠诚　　　　　　　　　　　D．惰性忠诚

4. 客户满意与客户忠诚之间的关系有（　　　）。

A．满意者有可能"忠诚"　　　　　B．满意者也可能"不忠诚"
C．"不满意"一般"不忠诚"　　　　D．"不满意"也有可能"忠诚"

5. 当客户对我们的产品或服务并不满意的时候，会因为以下两种情况出现长期持续使用我们的产品而显示出表面的"忠诚"，它们是（　　　）。

A．利益忠诚　　　　　　　　　　　B．垄断忠诚
C．信赖忠诚　　　　　　　　　　　D．惰性忠诚

6. 影响跨境客户忠诚的因素包括（　　　）。

A．客户满意度　　　　　　　　　　B．转换成本

C．信任因素 　　　　　　　　　　D．可替代选择

7．可能削弱客户忠诚的因素包括（　　　　）。

A．竞争平等 　　　　　　　　　　B．求变行为

C．低参与 　　　　　　　　　　　D．品牌话语份额低

8．以下不属于忠诚客户的特征的是（　　　　）。

A．有持续回购行为 　　　　　　　B．沟通困难

C．拒绝评价 　　　　　　　　　　D．排斥品牌

## 三、判断题

1．（　　　）没有多次购买的客户必然不是忠诚客户。

2．（　　　）转换忠诚客户是指在购买一类产品时通常认定一个品牌，但偶尔可能会想要更换一下，或者在面对脱销的情况时，不得不更换购买的品牌的客户。

3．（　　　）伪忠诚态度客户其实对产品的品牌、供货商、销售的店铺并没有深入的了解，也未将同类产品的多个品牌进行区分。

4．（　　　）客户忠诚的意义包括降低交易成本、减少服务成本。

5．（　　　）客户忠诚度的衡量主要由客户的重复购买次数决定。

6．（　　　）客户在选择商品时对平台上出售同类产品的竞争对手的品牌产品感兴趣并且更有好感，则说明他们对我们的品牌忠诚度低。

7．（　　　）利益忠诚客户会在完全满意的基础上，对一个店铺或品牌的产品或服务进行长期持续的重复购买。

8．（　　　）惰性忠诚是指客户对产品或服务并不满意，但因为产品或服务的提供方在整个市场中占绝对的主导地位，客户无法找到可替代品，别无选择只能"忠诚"。

## 四、填空题

1．＿＿＿＿＿客户在购买一类产品时通常认定一个品牌，但偶尔可能会想要更换一下，或者在面对脱销的情况时，不得不更换购买的品牌。

2．＿＿＿＿＿客户没有那么高频次的购买行为，但是对品牌有强烈的态度，特别满意且有明确的购买意向与购买欲望。

3．生活中，用户对电力公司提供的服务保持忠诚属于＿＿＿＿＿类型忠诚。

4．客户从一个店铺转换到另一个店铺，经济上的转换成本包括＿＿＿＿＿和＿＿＿＿＿。

5．＿＿＿＿＿是客户在购买前或购买时对产品或服务的一种预期评估与收货后产品为其带来的实际收益之间的对比。

## 五、简答题

1．什么是跨境客户忠诚？

2．什么是分割忠诚？

3．根据客户满意可以将客户忠诚归纳为哪几种情况?

4．如何增加客户的信任?

5．如何衡量客户的忠诚度?

 **实践操作**

从速卖通上选择一个店铺等级为优秀的卖家，尝试为该店铺制订客户忠诚管理计划。

# 情景八

# 跨境客户的沟通

## 子情景一　跨境客户沟通概述

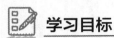 **学习目标**

### 知识目标

- 了解沟通的相关定义。
- 了解跨境客户沟通区别于国内电商沟通及传统外贸沟通的特点。

### 能力目标

- 能够充分利用跨境客户沟通的特点，与客户进行有效沟通。

### 素质目标

- 培养跨文化交际的意识，了解不同国家、民族和地区跨境客户的风俗和习惯、购买需求、消费心理、购买行为，从而进行有效沟通。
- 培养移动互联的意识，善于通过电子手段促进商务沟通。
- 培养全方位沟通的意识。

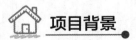 **项目背景**

不论跨境电商如何发展变化，沟通始终贯穿其整个业务。根据美国营销协会的研究，导致客户不满意的原因有 2/3 是出现在商家与客户的沟通不良这个问题上的。可见，客户沟通是使客户满意的一个重要环节，只有加强与客户的联系和沟通，才能了解客户的需求和期望。特别是在出现纠纷时，有效的沟通有助于获得客户的谅解，减少或消除他们的不满。

跨境电子商务每天的具体业务操作自始至终都离不开沟通，了解跨境客户沟通有别于国内的电商沟通以及传统的国际贸易沟通的特点，充分利用其优势，能使许多问题迎刃而解，反之则寸步难行。浙江英卡顿网络科技有限公司的跨境客服专员 Allen 开始学习如何与跨境客户进行有效沟通。

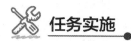

## 任务实施

步骤 1：掌握跨境客户沟通的特点。

步骤 2：采用电子商务手段与跨境客户进行有效沟通。

步骤 3：将跨境沟通贯穿于跨境业务的售前产品展示环节、售中业务洽谈环节和售后服务环节。

## 知识铺垫

### 一、相关概念

（1）沟通是指人与人、人与群体、人与社会之间双向地传递、接收、交流、分享信息的活动过程。

（2）客户沟通是指企业通过与客户建立互相联系的桥梁或纽带，拉近与客户的距离，加深与客户的感情，从而赢得客户满意与客户忠诚所采取的行动。

### 二、跨境客户沟通的特点

跨境电子商务是指分属不同关境的交易主体，通过电子商务的手段将传统进出口贸易中的展示、洽谈和成交环节电子化，并通过跨境物流送达商品、完成交易的一种国际商业活动。因此跨境客户沟通就是将沟通放在了跨境电商这个特定的业务领域，这就决定了跨境客户沟通有别于国内电商领域或传统国际贸易领域，它主要具有如下三个特点。

#### （一）沟通主体分属不同关境

跨境客户沟通的主体分属于不同的关境，可能具有不同的语言、文化习俗、思维方式、行为特征等，双方的差异是沟通的主要障碍。因而，跨境电商只有掌握这种差异性，即掌握全球不同的国家、民族和地区跨境客户的风俗和习惯、购买需求、消费心理、购买行为等，才能更好地进行客户关系管理，最终促进销售业绩的增长。

#### （二）沟通主要采用电子商务手段

跨境客户沟通的整个流程主要采取电子商务手段，而非其他手段，所有的沟通必须充分考虑电子商务手段的特性与特点。因而，选择合适的沟通工具可以让沟通效率得以提高。

由于存在时差，跨境客户在下单前，一般不喜欢过多的寒暄与交流，因而与跨境客户的沟通主要通过每个平台上的沟通工具，如站内信、订单留言和邮箱等。平台也鼓励买卖双方通过订单留言和站内信进行沟通，因为它具有以下几点优势。

（1）买方和卖方关于订单的沟通都在订单留言和站内信完成可以避免双方由于沟通方

式过多造成重要信息缺失。

（2）当发生纠纷时，订单留言和站内信沟通记录可以保证订单沟通信息的完整性，而其截图可以作为纠纷判责的重要举证。另外，卖家客服经常会通过邮件与买家联系，发送营销邮件、节日祝福、通知邮件及推广信等，这与外国客户使用邮件的习惯是分不开的。但是，涉及订单纠纷问题，建议买卖双方还是在订单留言与站内信中沟通，因为平台是不认可邮件沟通记录的。

### 1．平台在线即时通信工具

部分平台开发了自己的在线即时通信工具，供卖家及买家用户进行在线交流。接下来介绍几个平台的沟通工具。

（1）速卖通。TradeManager 国际版（又称国际版阿里旺旺）简称 TM，是阿里巴巴网站的在线即时通信工具，也是供阿里巴巴国际站的卖家及买家用户进行在线交流的软件，拥有在线沟通、联系人管理、消息管理、登录记录查询等基本功能。用户可以通过 TradeManager 主动和同行业的买家进行交流联系，还可以直接登录到 My Alibaba 操作系统。对于卖家来说，该软件不仅支持在线沟通，而且支持旺铺、网站快捷入口、定位沟通对象及文件图片互通等强大功能，方便了买家与卖家更轻松地进行沟通。

（2）敦煌网。为了方便卖家进行产品管理、双向沟通、订单交易等一系列操作，敦煌网平台特地准备了敦煌通供商家使用，以提高工作效率。敦煌通是为了方便买卖双方即时在线沟通交流的一种聊天工具，它能让卖家更加方便快捷地了解客户的需求及问题。其功能如下：①不仅能聊天，还能发送文件和截图；②记录买家信息，简单快捷地管理自己的买家；③消息预知功能，提前知道客户输入的咨询内容；④随时查询、导出聊天记录，并有多种搜索形式，可以快速锁定目标信息；⑤可以自定义问候语、自定义常见问题以提升回复速度和效率。

### 2．基于互联网的即时沟通软件

除了平台沟通工具以外，选择合适的即时性沟通工具也可以让沟通效率得以提高，但它应针对不同目标市场客户群的使用习惯来进行。国外主流的基于互联网的即时性沟通软件有以下几种。

（1）MSN。最早的在线聊天工具之一，并且有对应的邮箱，其在世界的地位，犹如 QQ 在中国的地位。但是现在 MSN 被 Skype 绑定了，有些地方必须得绑定 Skype 才能用。

（2）Skype。一款很流行也很方便的聊天工具，除了支持网上聊天外，也支持语音、视频。它可以绑定你的电话，以方便你和朋友间的联系。如果你想给远在异国的客人和朋友打电话的话，不妨试试 Skype。不过，你得先到 Skype 官网购买充值卡。

（3）Viber。其使用跟微信相似，较为高效快捷。用手机号注册成功后，装上软件，同步到通讯录，你就可以跟远在国外的使用同类软件的朋友畅所欲言了。这个软件不需缴费，只需流量，有网络就可免费使用。相比而言，这个工具比较流畅，不受 3G 网络或 WiFi 的局限，普通流量就可以拥有高音质的服务。

（4）WhatsApp。其使用与以上三种工具相差不大，下载后将对方的号码存到自己的通讯录，同步之后，就可以对话了。使用这个工具的大部分人都是中东、南美人，也有部分中国人。

（5）Facebook。也称脸谱网，它的定位是帮助人们通过社交网站更好地联系亲朋好友。它是以用真实身份注册的人们之间的关系为基础的社交网站，目前有超过 10 亿的注册用户。在上面可以看到客户的动态，有种 QQ 空间的感觉，很全面，也可以跟客户连线对话、建立群组等，是一个不错的交友网站。你还会看到"可能认识的人"，客户的朋友你也可以添加为好友。它还可以进行关键词搜索，然后将搜索到的对象加为好友。这也是一个非常实用的 SNS 网站。

（6）Twitter。非常实用的 SNS 网站之一，其主要可以推送博文，也有私信功能。

（7）QQ、微信。腾讯公司的软件，很多国外客户也在用，其微信摇一摇也别具特色，功能比较强大，也是非常实用的 SNS 软件之一。

（8）Google+。谷歌集团出的社交产品，其最大的特色功能是圈子、敏感话题。

此外，Camfrog、Paltalk、Kik、SKOUT、ICQ 等也是国外使用较为普遍的沟通软件。上述软件基本都有相应的手机版本，安装到手机上就可以和客户随时随地联系。

### （三）跨境沟通贯穿于跨境业务的各个环节

跨境沟通贯穿于跨境业务的售前产品展示环节、售中业务洽谈环节和售后服务环节，而非仅限于售中业务洽谈这一环节，因此应围绕沟通理念发展跨境业务的全面传播信息体系，借助消费者的各个接触点规划全方位的业务沟通。

在售前产品展示环节，店铺视觉描述和商品描述都属于交流与沟通的范畴。店铺视觉描述的内容主要包括店铺标志、店铺公告栏、商品分类栏、参数介绍栏、客服栏、联系方式名片、关键词设置、信用评价区、店铺内促销区等。商品描述一般包括图片（或视频）和文字两部分。图片（或视频）给客户以感性认识，好的图片带来好的视觉冲击感，会大大提高客户的点击率；文字则是对商品及服务的详细描述，是提高客户购买转化率的关键。

在售中业务洽谈环节，在订单生成前，客户对商品的咨询、支付方式、物流及其他的咨询都应及时且耐心、细致、全面地回复，任何一个和客户的接触点都是沟通的重点。客户拍下未付款，可以适当跟踪，弄清楚原因。若对方因为不熟悉跨境电子商务的交易流程，可以协助其完成流程，提供服务，促成订单。当订单生成后，无论是备货细节的确认，还是报价和清关的咨询（图片、发票、货运方式）等，都是沟通的重点内容，每一个细节处理得是否得当都是跨境电子商务业务成功与否的关键。

在售后服务环节，应做好后期的交流与沟通，跟踪服务，并对客户反馈及客户评价进行及时回复。必要时进行适当的关系维系和沟通联络。订单完成后不应仅视为上一笔业务的结束，也应视为新一单业务的开始。因为业务的良好执行及良好的购物体验，有可能会让同一客户重复下单，成为忠实的回头客，或者经由其好评和推荐（这又形成一个新的客户触点），别的客户也形成了购买。这样，售前的产品展示、售中的业务洽谈、售后服务就形成了一个良性的业务闭环，螺旋向上发展。

总之，无论是无声的文案描述，还是动态的业务洽谈及客户服务，一切客户能够到达的端口和接触点都应纳入沟通的全通道内。

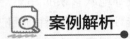 **案例解析**

### 一、案例背景

北京时间 2017 年 11 月 5 日晚上 21：18，一位巴西买家在店内想要购买一款耳机作为圣诞节礼物，但不知选择哪一款产品，留言给卖家让其帮助选择。

### 二、操作步骤

（1）收到订单留言之后，第一时间回复给买家，将店内卖得最好的产品推荐给买家，并介绍产品的性能、卖点等，让买家对其感兴趣。

（2）当买家没有及时回复站内信和订单留言的时候，可以采用 WhatsApp 和买家联系，方便沟通。

（3）在包装货物的时候要注意巴西的风俗习惯，因为是作为礼物，所以不能触碰巴西的禁忌。

（4）货物发出之后，将物流单号发给买家，让买家实时了解包裹的状态。

### 三、案例总结

在本案例中，由于买家是将产品作为圣诞节礼物的，因此虽然对方没有在包装上对我们做出要求，但是我们也要结合当地的风俗与习惯，避讳巴西买家的禁忌，这样才有机会将其发展成为我们的忠实客户。同时，由于存在时差问题，客服回复不及时，因此可以采用 WhatsApp 等聊天软件和买家沟通，保证消息的及时性。

## 子情景二　跨境客户沟通的内容

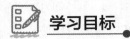 **学习目标**

**知识目标**

- 掌握跨境客户沟通的内容。

**能力目标**

- 能够明确跨境客户沟通岗位的工作内容和职责，顺利完成沟通工作。

**素质目标**

- 培养跨境客服主动积极的服务精神、诚信的素质、耐心细致的态度。

## 项目背景

在跨境行业中，"客户沟通"不仅仅局限于跨境客服的"售后服务"工作，它还涉及企业形象维护、产品销售及数据收集等方面的内容。浙江英卡顿网络科技有限公司的跨境客服专员 Allen 开始了解跨境客户沟通的主要内容。

## 任务实施

步骤 1：了解企业形象维护的内容。
步骤 2：了解产品销售的内容。
步骤 3：了解售后服务的内容。
步骤 4：了解数据收集的内容。

## 知识铺垫

### 一、企业形象维护

跨境电商到底卖的是什么？表面上看，只要是符合国家规定的产品都能卖，稍微深入一点就是卖图片和文字说明，而事实上，跨境电商真正卖的是信任和服务。客户在进入网页进行浏览的时候，看到的永远都是一幅幅的图片和一个个的文字，而人对于未知的事物总是充满了恐惧，有了恐惧就会衍生出距离感和怀疑。正是因为如此，客服人员在这个过程中与客户进行沟通，能够向客户阐述清楚店铺的经营理念、展示服务的态度等，顺利完成在客户心目中树立企业良好形象的过程。

### 二、产品销售

销售与营销往往被认为只是业务销售人员的工作。但实际上，在跨境电商领域中客服如果能够充分发挥主观能动性，也能够为企业和团队创造巨大的销售成绩。

跨境零售电商的商业本质是"零售业"的分支，而基于零售行业的特点，客户必然会对卖家提出大量关于"产品"和"服务"的问题。所以跨境客服人员承担着产品销售的职责，即解答跨境客户关于产品和服务的咨询，促成产品销售的完成。那么，承担着产品销售职责的客服人员就必须掌握关于产品和服务的知识。

在产品方面，跨境电商行业的产品种类极其繁多，从 3C 数码、服装配饰到珠宝首饰、运动、家居、家电、汽摩配等，涉及的行业越来越丰富，而同一种产品往往在不同国家有不同的规格，这就加大了跨境客服工作的难度。首先，在跨境电商行业中，国外的客户对于"店铺"的概念非常薄弱，如亚马逊、Wish 只有产品链接，没有店铺，因此对于同一个电商卖家，往往同时经营范围涉及多个行业的不同产品，而这就使得客服要掌握多类产品的专业信息。其次，同一产品在不同国家有不同的规格要求，这使得客服必须充分了解所经营产品在不同国家的规格、标准。例如，电器设备的标规问题，欧洲、日本、美国电器产品的电压都与国内标规不同，即使诸如电源插头这样一个小问题，各国也都有巨大的差异。中国卖家卖出的电器能用于澳大利亚的电源插座，但是到了英国可能就完全不能用了。又如令许多卖家头疼的服装尺码问题，欧洲尺码标准、美国尺码标准与国内产品总是存在差异。

在服务方面，跨境电商面临着产品运输方式、海关申报清关、运输时间及产品安全性等问题，跨境客服需要掌握跨境物流和通关知识，才能给客户满意的答案，使客户产生信任感，从而达成交易。

客服是将流量转化为实际购买的一个核心环节。客服人员在与客户沟通时不是你问我答的被动形式，对于商品的宣传信息一定要做到主动出击，向客户及时准确地传达有效信息，学会主动营销。例如，店铺上新、节假日促销、爆款推广等，客服人员可以在第一时间通过邮件、短信、平台交流工具、社交工具等途径将信息传递给客户。在传递信息时要让传递出的信息具有诱惑力，能够吸引客户的眼球，让他们产生购买欲望。

### 案例

亚马逊为方便平台商家开展主要营销活动而为其提供抽奖服务，使平台商家可以针对其商品发起传统抽奖或即抽即中式抽奖活动。平台商家可以向固定客户分享抽奖活动，也可以公开分享，以此来扩大影响力并将品牌介绍给更多客户。公开的亚马逊抽奖通过"今日抽奖"进行推广，这是一种订阅的电子邮件，注册获取新商品信息并参与抽奖的订阅者会收到这一电子邮件。通常，邮件的发送由客服人员来完成。

客服人员在推广营销时要牢记"凡事过犹不及"的道理。你可以给客户传递一定的信息，但是这些信息一定要在客户需要且不打扰客户工作和生活的前提下发送。因此，客服工作要注意以下几点：

（1）传递信息要遵循一次性原则。对于同一条信息发送一次即可，发送的途径也只需要选择方便客户接收的即可；过多次数的信息发送及多途径的信息发送不仅不能增加客户查看信息的欲望，相反还会让客户反感，以致将信息屏蔽或将跨境店铺或店铺的社交网络账号删除或拉黑，这样的宣传方式无疑会适得其反。

（2）信息发送的时间要选择恰当。对于即时性的信息，要注意不要选择影响客户休息的时间，如晚上 8:00 以后，这会使客户产生不满情绪。最佳的信息发送时间是上午 10:00到下午 3:00。对于跨境客户，由于国别不同，时间不同，因此要求客服人员对不同国家的时差要有所了解。

### 三、售后服务

售后服务是企业在客户购买商品后对其提供多种形式的服务的总称，其目的在于提高客户满意度，建立客户忠诚度。西方管理学者认为在跨境电子商务环境下的服务质量是指在虚拟网络市场上，客户对服务提供物的优越性和质量的总体评价和判断。

在国内电商平台，如淘宝网，绝大多数客户在下单前都会与客服人员就产品质量、是否免邮、可否提供折扣等内容进行多次沟通。而在跨境电商平台，由于时差、习俗等原因，客户下单前通常很少与卖家进行沟通，而是"静默下单"，即时付款。这种情况下，与跨境客户的售后沟通就显得尤为重要。据统计，跨境电商卖家每天收到的邮件中将近 70%都是关于产品和服务的投诉。换言之，跨境客户沟通中，客服人员在日常工作中最主要的任务就是解决售后问题。对售后服务的满意程度能在很大程度上加强或减弱客户的再次购买欲望。倘若客户对客服的服务不满，那么不满意的客户中将有超过 90%的客户不会再次购买，并且这其中将有 70%的客户会向周围 9~11 个人抱怨。这是一场服务的恶性循环，因此做好售后服务工作非常重要。

## 四、数据收集

跨境电商由于其交易跨国、订单零碎的属性，在日常的团队管理中往往容易出现混乱的情况。无论是在产品开发、采购、包装、仓储、物流还是海关清关等环节，可能出现问题的概率都比国内电商更高。

出现问题并不可怕，可怕的是出现问题之后由于环节非常多，责任无法确认到位，导致问题进一步扩张与恶化。如果整个团队工作流程中的缺陷在导致几次问题之后仍然不能被有效地发现和解决，那么对团队来讲无异于一个长期的定时炸弹。环节上的缺陷随时有可能爆发，并引起更加严重的损失。因此，对任何一个团队来讲，团队的管理者都必须建立一套完整的问题发现与问责机制，在问题出现后，及时弥补导致问题的流程性缺陷。

而这套机制的建立需要收集真实而有效的客户信息作为依据，否则难免会走入误区。电商在实际运作中，真正能够与客户有"亲密接触"的就是客服人员，只有客服精准地将客户的信息（如客户对于服装款式的修改意见、客户一般购物的习惯等）收集起来，企业的发展才不至于走入歧途。

另外，客户的资料是最为宝贵的财富，客服一旦掌握了客户的信息就找到了销售的门道，客户资料越多，客服可销售的渠道也越多，所以对于客户资料的维护也是相当重要的。客服人员可以按照客户资料的完整性将客户资料分为图 8-1 中所示的五个等级。

| | |
|---|---|
| 1. 客户购买行为分析 | ——保留信息 |
| 2. 客户的购买金额、购买单价、购买周期等信息 | ——高价值信息 |
| 3. 客户的生日、购买商品的次数等信息 | ——有价值信息 |
| 4. 客户的交流工具，如 Facebook、Instagram、Twitter 账号等信息 | ——高级信息 |
| 5. 客户的 ID、姓名、手机号码、电话、地址等信息 | ——基本信息 |

图 8-1 客户资料的等级划分

我们根据客服掌握信息的难度及实用性，将客户的资料分为基本信息、高级信息、有价值信息、高价值信息及保留信息五个级别。客服在工作过程中，对于客户基本信息的掌握可以通过客户的订单信息进行收集，客户的 ID、姓名、手机号码等基本信息都会在订单里出现；客户的高级信息是指客户在购买商品的过程中没有必要向客服透露的隐私信息，但由于与客服很聊得来，或者愿意与店铺保持长期的联系、愿意建立私人情感而留下的联系方式，如 Facebook、Instagram、Twitter 账号等信息；客户的有价值信息则是指有利于维护客户关系、分析客户等级的信息，如客户的生日、购买商品的次数等；高价值信息需要客服在长期的统计收集中获得，如客户的购买金额、购买单价、购买周期等信息；客服能掌握的最高级别的信息便是对信息进行综合分析之后，得出的客户购买行为，即保留信息。掌握了这几类信息，客服还愁没有销售渠道吗？

 **案例解析**

### 一、案例背景

一位俄罗斯买家在速卖通的某家店铺里看中了一款茶道六君子（杯托、茶笔、茶则、茶针、茶勺及茶夹），但是他不太了解每一件产品的用途，便留言给卖家想知道这六件产品的材质和使用方式等具体信息。

### 二、操作步骤

（1）向买家说明这款产品的用途及由什么材料制成。

（2）向买家说明每一小件茶具的使用顺序及贮存方式，用良好的服务态度向买家推销产品，并引导买家下单。

（3）告知买家物流方式并表明假如收到货物之后，产品有瑕疵，联系售后选择退换货、重发和直接退款。

### 三、案例总结

本案例中，卖家应根据买家的需求，逐一回答买家的疑惑，根据"凡事过犹不及"的道理向买家传递有效的信息，促使买家下单以体现客服的专业水准。当买家收到产品之后，如果对产品不满意，提供方案让买家选择，以便让买家感受到卖家的诚意，从而也有利于维护卖家的企业形象。

## 子情景三 跨境客户沟通的技巧

 **学习目标**

**知识目标**

- 掌握保持跨境客户沟通内容的完整性的技巧。
- 掌握确保跨境客户沟通的时效性的技巧。

- 掌握跨境沟通中淡化事件严重性的技巧。
- 掌握合理解释理由、勇于承担责任的技巧。
- 掌握及时与客户沟通的技巧。

### 能力目标

- 能使用跨境客户沟通技巧与客户进行有效沟通。

### 素质目标

- 培养主动、耐心、真诚地为客户服务的素质。

## 项目背景

　　跨境客户在下单前很少会与卖家进行联系，大部分联系都是出现在售后。一般情况下，客户在售后发起联系，往往是因为所购买的产品出现了问题，或者订单本身在完成的过程中出现了障碍，如货不对板、产品有瑕疵、运输不能及时完成等。这就意味着，在跨境电商交易中，当客户联系卖家时，往往是带着问题来的，通常还会怀着不满与抱怨。此外，物流路径长、客户等待时间久，以及语言与文化的隔阂，进一步加深了客户的不满与抱怨。这直接导致在实际操作中，许多客户缺乏与卖家沟通的耐心。因此，一个专业的、沟通技巧良好的客服人员应能够安抚客户的情绪，打消客户的顾虑，有效解决问题，促成客户的购买行为及再次购买，从而提高成交率。而 Allen 作为浙江英卡顿网络科技有限公司的跨境客服专员，将开始学习与跨境客户沟通的技巧。

## 任务实施

　　步骤1：注意沟通内容的完整性。
　　步骤2：确保沟通的时效性。
　　步骤3：淡化事件的严重性。
　　步骤4：合理解释理由，勇于承担责任。
　　步骤5：及时与客户沟通。

## 知识铺垫

### 一、注意沟通内容的完整性

　　客服人员在面对客户提问时，回答一定要全面、完整。沟通时，不但应该回复客户的表面问题，还应尽可能做到附带信息也回复完整，这样才算做到了真正的完整沟通。例如，客户只是问了产品的价格，那么应做好提供包括产品的质量、用户回馈、关联产品、售后服务等在内的信息的一切准备。

☞ **案例**

通过这个案例就可以看出什么叫信息的完整性。某个公司同时招进来两名员工，员工甲和员工乙。一年后的某一天，员工乙走进老板办公室，质问老板："我和甲是同时进公司的，工作也相同，可现在你却给他涨了工资升了职，我却原位没动，我没觉得我比他差在哪里。"老板停下手中的工作，说："小乙，这样吧，你先帮我办件事。你去东边市场看看有没有卖大闸蟹的。"员工乙倒也热情，二话不说奔向市场。几分钟后，员工乙又出现在老板面前："老板，东边市场上有卖大闸蟹的。""大概什么价格呢？"老板问。"哦，这个我没问，我再过去问问。"员工乙回答。几分钟后，员工乙回来："老板，我问了，180元一斤。""大概有多大呢？"老板又问。"哦，这个我没看，我再去看看。"员工乙说完就准备再跑一趟。老板叫住他，说："你先坐我办公室休息一下吧。"接着老板叫来员工甲："你帮我去东边市场看看有没有卖大闸蟹的。""好的。"员工甲答应完出去了。几分钟后，员工甲回来汇报："老板，东边市场上有卖大闸蟹的。我大概看了一下，基本上有两种规格大小，大的半斤左右，价格是200元一斤；小的只有不到三两，价格是180元一斤。我想中秋节快到了，咱们公司给客户送礼品的话，我觉得还是选择大的好一些。虽然贵了一点，但是显得大气。"老板扭头问坐在一旁的员工乙："你知道为什么你和甲同时进公司，但我给他涨薪升职了吗？"很显然，员工乙看似做事情积极热情，却不知道问题背后真正的潜在需求是什么，给出的信息总是单一的，不给出完整信息，就达不到解决问题的根本目的。

## 二、确保沟通的时效性

国内的电商客户对于卖家回复的时效性要求很高，往往要求第一时间回复。在跨境电商交易中，客户一般能够理解双方的时差问题，所以对于卖家回复的时效性要求没有那么高。虽然如此，作为跨境卖家，也应站在客户的角度为他们着想，尽可能早地回答客户的问题。建议买家在24小时内一定要回复客户。这对于提升卖家服务及买家购物体验大有裨益。若是超过24小时，建议在回信中首句进行道歉——"Sorry for the late reply"。如果暂时不能回复，如暂时无法得到确切的物流信息，可以告知对方"I will inform you of the shipping information as soon as the goods is sent out"。这样，会让客户感觉你是在为他着想，有得到尊重、受到重视的感觉，并且让他对这个订单的整个完成过程心里有数，而不至于产生焦虑感。这对于提高客户的满意度和忠诚度有很好的作用。

## 三、淡化事件的严重性

在跨境电商交易中，客户作为不专业的一方，不熟悉复杂的国际物流，可能也很难清晰地理解某些中国卖家所写的不甚清楚的英文产品说明。因此，当出现问题时，客户普遍会感到问题很棘手，并容易出现焦躁心态。

针对这种情况，卖家首先需要做的就是在沟通的每一个环节，特别是在与买家第一次的接触中，想办法淡化事件的严重性，在第一时间向客户保证能够帮助客户顺利解决问题。

这无疑给客户吃了一颗定心丸。客户得到卖家承诺一定会帮他解决这个问题，马上就会觉得事情没那么严重，很好解决，就容易消除对卖家的对立心理，并缓解不安情绪，这样有利于客户接受后续卖家对问题原因的解释及提出的解决方法。

☛ 案例

在邮件的开头明确地表明我们将会帮客户解决问题，以便安抚客户，让客户有耐心，继续看我们下面提出的解释与方案。

Dear Jane,

　　Thank you so much for your order!

　　I am really sorry to hear that and surely I will help you solve this problem.

## 四、合理解释理由，勇于承担责任

在沟通中，有时候简单地承认错误并直接提出退款、重发等解决方案，往往让客户感觉卖家不够专业。试想如果我们购买了两件产品，经过了几周甚至一个月的等待后，发现收到的包裹中只有一件产品，这时我们会是怎样一种心情？如果此时卖家简单地承认，是他们在发货时出现了错误，由于疏忽漏发了产品，那么就算卖家愿意免费重发漏下的另一件，作为客户，我们是否愿意再等第二个三十天呢？因此，客服人员要从客户的心理角度出发，找一个客户容易接受的合理的理由，并且这个理由最好是由第三方（卖家和买家之外）或不可抗力引起的。

需要注意的是，我们为买家寻找一个合理的理由（无论这个理由是否真实），并不是说我们不去承担责任，只是为了让买家能够更容易地接受我们提出的方案，我们的出发点一定是为了服务客户。也就是说，把错误合理地推诿到第三方身上，并表明"即使错误不在我们，我们仍然愿意为客户解决问题"，往往更能平息买家的怒气，使其更顺利地接受我们的方案。

俗话说"不打不相识"，有了矛盾不要紧，只要我们能够让客户感受到我们的诚意，完美地为他们解决一个又一个的问题，这些客户就更容易成为我们的长期客户。这种买卖双方的经历和感情更加珍贵。

☛ 案例

如果客户投诉购买的两件产品只收到了一件，我们可以这样回复：

Dear Mark,

　　We are sorry to hear this information!

　　We have just checked "warehouse sending memo" and confirmed that we did delivered 2 PCS of the product on Oct.10.

　　As it is known to all, all countries' Customs would randomly inspect some parcels for security reason. Sometimes, some small parts would be lost in this procedure. Maybe that's the problem your parcel met.

在这一段中，我们尝试为包裹中缺失的部分产品寻找一个可能的第三方的理由，为我们后面即将提出的解决方案做下伏笔。另外，我们在语言的运用上比较倾向于使用"可能""也许"等揣测性词汇，不把话说死，防止遇到一些比较认真的客人追究细节。

However, we still would like to help you solve the problem. If you accept, we will resend you a new one for free.How do you think?

寻找到合理的第三方原因后，再提出解决方案。两件产品漏发一件，如果仅承认漏发并提供补发，客户很可能不愿意再等而要求退款；将错误转出去，可以平息客人的怒气，增加同意补发的可能。

需要大家注意的是，即使在提出解决方案前，我们为客户找了一些第三方的原因，不论这些原因是真是假，我们提出的解决方案都应是真诚而有效的。也就是说，我们所涉及的所有谈判与沟通技巧都是基于我们真诚地为客户解决问题的初衷，而绝不是为了哄骗我们的客户，更不是为了逃避责任，以达到一些并不值得鼓励的目的。这也是我们需要再次强调的。

## 五、及时与客户沟通

交易过程中，客服人员最好多主动联系客户。客户付款以后，还有发货、物流、收货和评价等诸多过程，客服人员需要将发货及物流信息及时告知客户，提醒他们注意收货，出现问题及纠纷时也可以及时妥善处理。

### 案例

发货后，客服要及时跟踪发货动态，并不断告知客户完整的物流信息，包括可跟踪的包裹单号、可以追踪到包裹信息的网站和最新的追踪信息。三点缺一不可。只有当这三点信息同时存在时，对客户而言，他才可以找到对应的网站，并查询到真实、可靠的信息。这会增加客户的信任。让买家对日后的国际包裹运输时间持有信心是非常重要的。

Dear Mark,

We are glad to tell you that your goods has been shipped out on Oct.20 with ePachet. The tracking number is RA250500415CN, and you can track it on Russian Post website http://www.russianpost.ru/.

当包裹寄出后，马上通知客户寄出的时间，使客户可以预估包裹到达时间。告知快递单号及查询网站，证实物流信息的真实性，也方便客户自己查询。这些沟通既能让客户及时掌握交易动向，也能够让客户感受到卖家的重视，促进双方的信任与合作，从而提高客户的购物满意度。

## 案例解析

### 一、案例背景

某速卖通店铺客户反映当她收到产品时，产品有明显被打开的痕迹，外包装及内包装都是破损的。

### 二、操作步骤

（1）跨境沟通中特别是售后纠纷问题出现时，客服人员要把握沟通的时效性。在看到邮件的第一时间就一定要回复。考虑到时差的原因，至少也应该在 24 小时内回复。

（2）应遵循"淡化事件严重性"的技巧。客户从万里之外的异国购买商品，经过数周的时间收到商品后，第一眼看到的是破旧不堪的商品包装，心里可能十分恼怒。因此，客服人员应该尽量安抚客户的情绪，表示一定会帮助她解决问题。例如，可以回复"We are sorry to hear that and we will surely help you solve this problem"。

（3）客服应"合理解释理由，勇于承担责任"。出现问题时，客服应给客户一个合理的、易于接受的理由，这个理由最好是由第三方造成的，而不是卖家的原因。即便不是卖家的原因，卖家也应提出要承担责任，这样有利于平息客户的怒火。客服可以回复：

We have checked every item before sending, but the package was broken. I guess it may go through Customs Inspection be opened by Customs officers. I understand your feeling when you see the broken packing. As a seller, we don't really want you to have such an unpleasant experience. So, We would like to resend you a new inner packing for free and free shipping. How do you think?

### 三、案例总结

本案例中使用了跨境客户沟通中的一些沟通技巧。首先，跨境卖家应把握沟通的时效性，让客户感受到卖家的关注；其次，应"淡化事件的严重性"，给客户吃颗定心丸，这样客户才会继续听接下来的解释；最后，要"合理解释理由，勇于承担责任"。适当的沟通技巧有利于避免很多客户纠纷，跨境客户应熟练灵活运用。

# 子情景四 跨境客户沟通案例解析

 学习目标

**知识目标**

- 掌握售前、售中和售后沟通的内容和常用回复表达方式。

### 能力目标

- 能够妥善处理和回复售前沟通中的对产品、价格、物流和支付的咨询。
- 能够妥善处理和进行售中阶段的客户下单、物流跟踪及特殊订单等方面的沟通。
- 能够妥善处理和回复售后沟通中的售后评价、纠纷处理问题，并且能进行产品推介，维护新老客户。

### 素质目标

- 培养与跨境客户进行沟通的专业素质和能力。

 ## 项目背景

跨境沟通的特点之一是沟通贯穿于跨境业务的售前产品展示环节、售中业务洽谈环节和售后服务环节。本子情景主要探讨跨境客服岗位的沟通工作实训案例。根据图 8-2 所示的跨境客户沟通流程划分标准，我们将跨境客服岗位的主要沟通工作划分为售前沟通、售中沟通和售后沟通三个部分，并对三个部分分别进行讨论。

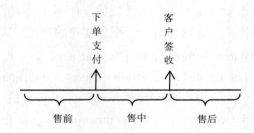

图 8-2 跨境客户沟通流程划分标准

 ## 任务实施

步骤 1：掌握跨境客户售前沟通的内容。
步骤 2：掌握跨境客户售中沟通的内容。
步骤 3：掌握跨境客户售后沟通的内容。

 ## 知识铺垫

### 一、售前沟通

虽然跨境客户往往进行静默式下单，但是也不排除下单前需要与卖家进行沟通，因此售前客服仍然要对售前沟通工作了如指掌。售前沟通主要是引导性的工作，它包括从客户进店咨询到拍下订单付款的整个工作环节。其主要工作如下。

**（一）关于产品的沟通**

在大部分情况下，卖家已经在跨境电商平台的详情页中详细地介绍了产品的信息，包括产品质量、颜色、规格、尺寸、材质和产品的销售方式等。但是，由于平台提供的仅仅是产品图片和文字描述，在对于产品的各个方面无法把握的情况下，客户可能会向卖家进行咨询。

（1）在质量或材质上，客户有时候无法直观把握，如某跨境平台上卖家收到客户的咨询："The coat is cheap, is it really 90% wool?"

 案例

【回复示例】

Dear Nancy,

　　Thanks for the interest.

　　The coat is sold in low price as it is shipped directly from our factory. We guarantee that it is made of 90% wool and 10% cashmere. It is of good quality, and we promise to give you a full refund if the material is not as described.

　　Best regards,

　　(Your name)

（2）在颜色选择上，卖家提供的备选颜色无法满足客户的需求和喜好。例如，客户询问："Hi，do you have the iPad case in golden color?"

案例

【回复示例】

Dear Nancy,

　　Thanks for your inquiry.

　　Sorry to tell you that golden color of the iPad case is not available at the moment. There are rose gold and champagne colors, which are similar and very popular in your market. Could you please consider about one of them? Hope to hear from you!

　　Best regards,

　　(Your name)

（3）关于产品的规格尺码，客服人员一定要耐心回复，避免因规格尺码的选择问题引发纠纷。特别是服装和鞋类产品的尺码，国内的尺码标准和国外不一样，经常混淆，客服人员应熟悉所经营产品的不同的国家标准，并准确给予客户建议。例如，某女装店铺收到买家询问某款连衣裙尺码的询盘："Dear friend, please help me choose the size for bust 89cm, waist 7cm, and hip 90cm."卖家应根据客户提供的信息，根据附图中的尺码标准图，给出参考尺码选择，吸引客户下单。

💡 案例

【回复示例】

Dear Nancy,

Thanks for your interest in our item. We offer three different sizes S, M and L(please refer to the attached size table below).

According to the information you offered, we suggest you choose size M. You can also get more information from the size table. Please allow 1-2cm errors due to manual measurement. And we do have this size in stock. We will ship it within 24 hours once you place an order from us. If you need any help or have any questions, please contact us. We will be here for you.

Best regards,

(Your name)

（4）关于产品的销售方式，目前跨境电商B2C平台以零售为主，但是也有打包批发、直接代发等方式，涉及非主流的销售方式或客户有这方面需要时，通常会向卖家咨询。例如，客户咨询："Hello. How much for 30 pairs of stockings with multiple colors and postage to the U.S.A?"

💡 案例

【回复示例】

Dear Nancy,

Thanks for your inquiry.

Sorry to tell you that we sell this item in dozens. You can choose the quantity of 3 dozens. And you can leave a message about the color you like in the order. We will make the delivery according to your requirement. And the shipping is free to the U.S.A by China Post Registered Air Mail or ePacket.

Looking forward to hearing from you again!

Best regards,

(Your name)

## （二）关于价格的沟通

与国内电商不同，跨境平台客户几乎不会与买家讨价还价。大部分客户直接根据平台上的产品价格直接决定下单或不下单。但是以下几种情况可能会涉及价格的协商。

（1）如果发现客户下单未支付，跨境客服应考虑对价格、运费等进行调整，主动联系客户关注下单产品，争取订单。

**案例**

【回复示例：产品畅销，尽快付款】

Dear Nancy,

Thanks for your interest in our item. However, we notice that you haven't made the payment yet. Please note that there are only 3 days left to get 10% off by making payments. Right now, we only have × lots of the × color left. The products may sell out soon for high popularity. We will prepare for your order at once after you pay. Hope to hear from you.

Best regards,

(Your name)

**案例**

【回复示例：给予折扣，尽快付款】

Dear Nancy,

We appreciate the order No.×××××× from you. For more future orders from you, we decide to give another 5% discount to you. We have adjusted the price for your order. Please check the price. We will ship your order within 24 hours once your payment is confirmed. If you need any help or have any questions, please let us know.

Best regards,

(Your name)

（2）客户拍下产品后，有时候会觉得价格不符合心理价位，客服提醒付款时，客户有可能会问："It is kind of expensive. Can you give me some discount？"

**案例**

【回复示例：拒绝还价】

Dear Nancy,

Thank you for your inquiry.

I am sorry to inform you that we are not be able to offer you any discount for the price listed is reasonable and has been careful calculated and leaves us limited profit already. You can compare the price to that of the other sellers.

We can promise that our product is of good quality.

Please let me know if you have any further question.

Sincerely,

(Your name)

👆 案例

【回复示例：给予折扣价】

Dear Nancy,

Thank you for your inquiry.

We'd like to offer you some discounts on bulk purchases. If your order is more than 10 pieces, we will give you a discount of 5% off.

Look forward to your reply.

Sincerely,

(Your name)

（3）跨境电商的一些小额跨境批发平台如敦煌网，是以批发的价格优势吸引众多的批发商的。因此，如果有批发询盘时，跨境客服一定要抓住机会，回复时将商品样式、采购量和相应的价格详细说明。批发价格一定要有竞争性，最好可以免邮，这样可以让客户觉得得到了一个特大优惠。

👆 案例

【回复示例】

Dear Nancy,

Thank you for your inquiry.

We hope to establish business relationship with you. Here is the links of the products which you are interested in. If your order is larger than 100 pieces, we could give you a wholesale price $25/piece (freight included). If you have any further questions, please let us know. We will try our best to help you. Looking forward to your reply.

Sincerely,

(Your name)

### （三）关于支付信息的沟通

在整个跨境交易的实现中，订单的支付起到非常关键的作用。没有支付就没有最终交易的完成。但是，很多买家，特别是新手买家，由于对平台的支付流程不熟悉，因此在下单后无法完成支付操作。

（1）如果客户支付失败，跨境客服人员在收到客户的求助信函后应该耐心地予以解答。

👆 案例

【回复示例】

Dear Nancy,

Thank you for your inquiry. If your payment for the order has failed, please check it is not due to the following situations:

    (1) Card security code failed.

    (2) Insufficient fund.

    (3) Exceed limit.

    (4) The 3-D security code failed.

    (5) Verification failed.

    If you have any other questions, please feel free to contact me.

    Best regards,

    (Your name)

（2）如果发现客户下单未支付，跨境客服应主动联系卖家询问是否遇到支付问题，并告知支付流程，争取订单。

 案例

【回复示例】

Dear Nancy,

    Thank you for your order. It brought to our attention that your payment hasn't been received yet.We wonder if you have any problems making the payment. If so, we hope the following instruction can help you.

    You can select the order and click the "Pay Now" button. Choose your preferred payment method on the checkout page. The platform supports Visa, Master card, Maestro Debit Card, Western Union, and wire transfer via banks.

    Thanks again! Looking forward to hearing from you soon.

    Best regards,

    (Your name)

（3）一个买家在同一店铺购买多样产品时，会产生多个订单发往相同的收货人及收货地址的情况，这对买卖双方都会造成不便。跨境客服人员可以引导客户使用购物车进行合并支付，并给予一定折扣来吸引买家。

 案例

【回复示例】

Dear Nancy,

    I'm writing to ask if you would like to place one order for all the items for I noticed that you have placed 5 orders in our shop. If so, Please try the following instruction:

    Firstly, click "Add to Cart", then "Buy Now", and check your address and order details carefully before clicking "Submit". After that, please inform me, and I will cut down the price to US$××. You can refresh the page to continue your payment.

Thank you for your attention! If you have any other questions, please feel free to contact me.

Best regards,

(Your name)

### （四）关于物流信息的沟通

跨境电商的痛点在于跨境物流，跨境物流的痛点在于配送时间长、包裹无法全程追踪、清关障碍、破损甚至丢包率高等。跨境客户往往不满意物流配送的速度和质量，常常引发纠纷。因此，在售前与客户就物流问题做好沟通，能够免去很多不必要的麻烦，并赢得客户的信任。

若是客户来函，要求尽快收到商品，如速卖通上一个美国客户来信问询："I would like to get the order within 10 days， would you recommend the best method of shipping， and if it is free shipping？"客服需要了解跨境物流的种类，并根据各种物流的时效、限制及运费向客户推荐最合适的一种。

 **案例**

【回复示例】

Dear Nancy,

Thank you for your inquiry.

According to your requirement that the order should be received within 10 days, we suggest one of the following express shipping options: UPS, FedEx, DHL, TNT, EMS. But you need to pay the extra freight according to the real cost.

Best regards,

(Your name)

## 二、售中沟通

售中沟通的工作主要集中在客户付款到订单签收的整个时段，主要是物流订单工作的处理。当然，在订单处理的过程中还会遇到一些特殊的情况，如客户临时更改物流地址或取消订单、客户拒签、重新发货等情况。其主要工作如下。

### （一）关于产品下单

随着跨境贸易的发展，"价格为王"已经转变为"服务为王"。特别是在跨境B2C贸易中，卖家直接面对的是个人消费者，而个人消费者更看重服务。因此，跨境商家除了提供的产品质量要过硬、价格要有竞争力以外，服务更要周到。客户有良好的体验，能感受到卖家对他们的重视，往往在该店铺的回购就会增加。

（1）客户下单之后，客服人员应在第一时间发送感谢信，感谢客户的购买，并告知会及时安排发货、更新物流信息。

 案例

【回复示例】

Dear Lucy,

Thank you very much for shopping with us.

We will prepare the item and send it to you within 1-3 days by ePacket. We will keep you informed with the latest shipping information. Please feel free to contact us if you have any question. We will always be there for you.

Sincerely,

(Your name)

（2）客户下单之后，也有可能由于种种原因取消订单。如果是由于卖家的原因而取消订单，会影响卖家的店铺等级，因此客服人员要耐心做出解释，适当引导客户在选择取消订单的原因时选择与客户自身有关的原因；如果客户由于各种原因取消订单，客服应积极跟进，询问缘由，争取挽回订单。

 案例

【回复示例：订单取消，重新下单】

Dear Lucy,

Sorry to tell you that your order has been closed because your credit card has not been approved by the Ali. We have already prepared the jelly candles for you. If you want the item now, please place a new order and you can pay by PayPal, Escrow, Payoneer, Western Union or T/T. Also, you can contact with the Ali.

Sincerely,

(Your name)

 案例

【回复示例：订单缺货，推荐新品】

Dear Lucy,

We are writing to tell you that the periwig you ordered is out of stock at the moment. We would like to recommend you some other items which are of the same style. Please click the following link to check them out.

http ://help. aliexpress. com/alert_subscribe. html.

If you are not satisfied with the items recommended, would you please apply for "Cancel the Order" and choose the reason of "Buy the Wrong Goods" or "The Repeat Orders" ? In that case the payment will be returned in 7 business days.

Sorry for the inconvenience and thank you so much for your understanding!

Sincerely,

(Your name)

（3）如客户提出需要更换货物，客服人员应及时查询货物库存情况，做出处理。例如，客户的来信要求将她购买的 L 码的 T 恤换成 XL 码。

### 案例

【回复示例】

Dear Lucy,

Thanks for your order. We have changed the T-shirt with size L to the one with size XL for you. Hope you would be satisfied with it.

Sincerely,

(Your name)

### （二）关于物流跟踪

客户下单后都希望尽快收到商品，经常是处于焦急等待的状态。此时，跨境客服若能及时跟踪订单，主动向客户反馈订单信息，或者在收到客户关于物流的咨询时，第一时间回复，让客户能够了解订单的进展，那么就会提高客户的满意度。

（1）在物流中的一些特定节点，如货物发出之后、货物到达目的国、货物抵达目的国海关、货物妥投等，客服人员都应该发送通知贴心地告知客户。通知中应告知物流方式、发货时间、物流单号、目前物流的状态及查询途径。

### 案例

【回复示例：发货通知】

Dear Lucy,

Thank you for shopping with us.

The item you ordered has been shipped out on Feb.27th by China Post Air Mail. The tracking number is ××××××××××, and you may track it on the website below:

http://www17 track.net/index_en.shtm

It will take 20-30 working days to reach your country

If you have any questions，don't be hesitant to contact us at anytime.

Sincerely,

(Your name)

☞ 案例

【回复示例：货抵海关】

Dear Lucy,

I am writing to update the shipping status of your order. The information shows it was handed to customs on Mar.10.

Tracking number: ××××××××××. You can check it through web: ××××××××××.

You may get it in the near future. Please pay attention to the package delivery.

I apologize that the shipping is a little slower than usual. Hope it is not a big trouble for you.

Sincerely,

(Your name)

☞ 案例

【回复示例：货物妥投】

Dear Lucy,

I learnt from the tracking information that you had received your order! Did it arrive in good condition?

If you are satisfied with your purchase and our service, please give us a five-star feedback and leave positive comments on your experience with us, and we will much appreciate it.

If you get problem, it will be appreciated too if you contact us directly for assistance rather than submitting a refund request.

We aim to solve all problems as quickly as possible. Thank you!

Sincerely,

(Your name)

（2）客户来信咨询发货时间或到货时间。

☞ 案例

【回复示例】

Dear Lucy,

Generally speaking, your package needs 1-3 days to pack up, and 20-30 days to arrive in your country. We will inform you as soon as we deliver your order.

Sincerely,

(Your name)

（3）客户未收到货物时，应耐心劝导。如果货物丢失，则要说明情况，引导客户申请退款，并致歉。

案例

**【回复示例】**

Dear Lucy,

Please don't worry, we will try our best to help you solve the problem.

We have checked with Post Office and found that your package was lost on the way. We are sorry for that and we suggest that you apply for refund. If you still want to buy these T-shirts, you can place an order again and for further cooperation, we will give you a 10% discount. Waiting for your reply soon.

Sincerely,

(Your name)

（4）由于特殊原因无法采用客户选择的物流方式，应先与客户沟通，取得其同意后，再更换，并及时告知更换好的物流单号。

案例

**【回复示例：更换物流，补付运费】**

Dear Lucy,

There is a backlog of orders for China Post Air Mail to ship. I don't know when your order can be shipped. How about changing the logistics company to EMS? But you have to pay extra freight for it.

Please writing soon to tell me your decision.

Sincerely,

(Your name)

案例

**【回复示例：更换物流，告知信息】**

Dear Lucy,

I have changed the logistics company to EMS. Now you can track your package on the web ×××××××××× with tracking number ××××××××××.

Sincerely,

(Your name)

### （三）关于特殊订单处理

跨境包裹运输的过程中由于不可抗力、节假日或其他因素无法按时到达时，客服人员应该主动告知客户，并保证及时更新订单信息，对此造成的不便致歉，希望客户能够理解。

（1）海关查验的原因。

🖋 **案例**

【回复示例】

Dear Lucy,

　　We received the notice from logistics company that customs in your country are inspecting the parcels strictly recently. In order to have the goods reach you safety, we suggest that the shipment be delayed.

　　Please let us know your decision as soon as possible. Thanks.

　　Best regards,

　　(Your name)

（2）节假日的原因。

🖋 **案例**

【回复示例】

Dear Lucy,

　　Thank you for shopping with us. However, in celebration of National Day as well as Mid-Autumn Day, all shipping services are suspended temporarily during the period, so your parcel is delayed.

　　We apologize for the inconvenience caused and appreciate your kindly understanding.

　　Best regards,

　　(Your name)

## 三、售后沟通

　　售后沟通的工作主要是指客户签收商品后，对商品在使用方面和产品维护方面存在一定的疑惑，客服与客户通过及时的沟通，帮助客户解决收到商品后的种种问题。售后问题主要集中在中差评和退换货两个方面，主要工作如下。

### （一）售后评价

　　评价是客户对商品和卖家服务的证明和反馈。好的评价能够为店铺带来源源不断的曝光、转化。因此，客服人员要力争获得好评。客户收到货却没有做出评价时，客服应该邀请其给出好评；客户给出好评时，客服要及时致谢；客服给出中评和差评时，客服应及时沟通，通过道歉、优惠措施解决问题。

🖋 **案例**

【回复示例：邀请评价】

Dear Ivy,

The tracking information shows you have confirmed receiving the order (Order No.: ×××××××××). If you are satisfied with your purchase and our service, would you please give us a positive feedback, which will be a great encouragement for us.

Don't hesitate to tell us if there's anything I can help you. Thank you very much.

Best regards,

(Your name)

 案例

【回复示例：回复好评】

Dear Ivy,

We are so grateful that you gave us a five-star comment. Your satisfaction is very important to us, and keeps us motivated to try harder for our customers.

We hope to have the opportunity to provide more high-quality goods for you and service you again. Please click the following link and check out more products if you are interested. We will offer a favorable discount or a gift to an old customer like you. Thank you very much.

Best regards,

(Your name)

 案例

【回复示例：回复中评】

Dear Ivy,

We feel so glad to get your feedback. But it seems that you are not satisfied with the item completely.

In order to express my sincere apology, we hope we can give you a good discount or send you a gift when you order next time. We deeply appreciate your suggestion and we will make some improvements on our products and our service.

Don't hesitate to contact with us if there's anything I can help you.

Best regards,

(Your name)

 案例

【回复示例：回复差评】

Dear Ivy,

We noticed that you gave us a negative feedback. We feel so sorry that you are not satisfied with your products.

From your comment, we learnt that the sleeves of the dress are too long for you. In order to show our sincerity to fix the problem, we would like to give you a 5% discount so that you can have the sleeves cut short with the refund money.

Here we sincerely hope that you can revise the bad valuation, for positive feedback is very important to us.

We apologize again for all your inconvenience. If you have any other questions, please let us know. We will definitely try our best to solve all the problems.

Best regards,

(Your name)

### （二）纠纷处理

在跨境电商交易中，常见的售后纠纷有客户未收到商品、商品与描述不符、客服回复慢等情况。纠纷产生时，跨境客户应与客户及时沟通协商，耐心解释；如果无法达成一致的解决方法，可提交平台进行裁决。

（1）没有在规定时间内收到货物。

☛ 案例

【回复示例】

Dear Ivy,

Thanks for your message.

Sorry to hear that you still have not received your order. Just now I checked the shipping record. It seems that your order has left China on Nov.23th.

You know Christmas and New Year is coming, and there are many more parcels than usual at this time of the year, which may cause delay of many parcels. I guess that may be the reason why you haven't received the goods. Normally it won't be lost. Would you please wait for one more week. If you don't get it after that, please feel free to contact me again.

Thank you for your patience!

Best regards,

(Your name)

（2）货不对板。

☛ 案例

【回复示例】

Dear Ivy,

Sorry to know that you received a wrong item. Please don't worry, we will surely try our best to solve the problem.

Although it hardly happen, as we have a serious package team, but I know nothing is impossible. So would you mind sending me the picture of the item you received? If we find out the problem is on us, we would like to resend you the right one or refund your money as you prefer. I assure you will not bear any loss.

I feel so sorry for the inconvenience caused to you, and I am looking forward to your confirm message.

Best regards,

(Your name)

（3）退换货。

 案例

【回复示例】

Dear Ivy,

We apologize for the inconvenience. But we sincerely hope to bring this matter to a successful solution.

As such, we would like to offer you the following option: 1. Keep the items you ordered and accept a partial refund of US$××; 2. Return the goods to us and you will receive a full refund; 3. Return the goods and we will give you a replacement when we receive it, and we will take responsibility of the shipping freight back and forth.

Please let us know your decision soon and whatever you decide, we hope to do business with you for a long time.

Best regards,

(Your name)

**（三）客户维护**

一笔订单的结束并不意味着客户关系的结束。即使这笔交易结束了，客服人员在平时也可以多多和客户沟通交流，如在节日、婚庆喜事、生日时送上真诚的祝福或一个小礼物，都会使客户非常感动。维护客户关系，留住回头客可以给卖家带来可观的订单。

（1）节日问候。

 案例

Dear Ivy,

Many thanks for your contiguous supports in the past years. We wish both business snowballing in the coming years.

May your New Year be filled with special moment, warmth, peace and happiness, the joy of covered ones near, and wishing you all the joys of Christmas and a year of happiness.

Last but not least, once you have any inquiry about products in the following days, hope you could feel free to contact with us, which is much appreciated.

　　Yours sincerely,

　　(Your name)

　　（2）祝贺信。

 案例

Dear Ivy,

　　Congratulations on your recent promotion to Deputy Managing Director of ABC Trading Company. Because of our close association with you over the past ten years, we know how well you are qualified for this important office. You earned the promotion through years of hard work and we are delighted to see your true ability win recognition.

Congratulations and best wishes for continued success.

　　Yours sincerely,

　　(Your name)

### （四）推广宣传

　　在电子商务时代，只有将信息推送到客户，让商品有一定的曝光才有可能实现销售转化。因此，推广宣传至关重要。推广宣传主要包括店铺推荐、产品推广、活动推广等宣传。例如，节假日促销、店铺推新品、限时秒杀、举办抽奖活动时可以发送营销邮件或通过社交媒体进行宣传，以达到吸引客户的目的。另外，做好营销关联，能有效地利用来之不易的流量提高转化率，从而降低推广成本。

　　（1）"黑五"促销宣传。

 案例

Dear Ivy,

　　Right now Christmas is coming, and Christmas gift has a large potential market. Many buyers are purchasing for resale in their own store. It's high profit margin product. Here is our Christmas gifts link. Please click to check them. If you want to buy more than 10 pieces, we also can help you get a wholesale price. Thanks.

　　Best regards,

　　(Your name)

　　（2）店铺推荐。

 案例

Dear Ivy,

Thank you for your interest in our products. In order to offer a better service and keep you updated with the latest promotions and products, please subscribe to my store. Any problem of subscribing, please refer to the following website:

http://help.aliexpress. com/alertsubscribe. Html.

Best regards,

(Your name)

（3）关联产品推介。

 案例

Dear Ivy,

Thank you for ordering our dress. The item has been shipped out today and you will get it in about 15 days.

We are selling a popular and nice belt which co-ordinates your dress ordered. For the detailed information you can click the link below:

http://posting.aliexpress.com/product/product_detail.htm?

If you have any question, please feel free to contact us.

Best regards,

(Your name)

## 案例解析

### 一、案例背景

某跨境店铺卖家昨天收到客户的差评，原因是客户觉得她买到的裙子穿起来效果没有图片模特的效果好。卖家客服人员应该如何与客户沟通，请求修改差评？

### 二、操作步骤

（1）向买家道歉。

（2）明确客户差评的原因并解释：客户期望值过高，产品没有达到他们的期望值。

（3）提出解决方法：给予客户一定的优惠，如返现。

具体回复如下：

Dear ×××,

We found that you gave us a negative feedback. We are so sorry that you are not satisfied with your purchase. We will make some improvement on our products according to your suggestion.

In order to show our sincerity to solve the problem, we would like to offer you a good discount on this order.

Honestly, we hope that you can revise the bad valuation, for a five-star feedback is really important to a new store like mine. If you don't agree, please give us a better suggestion, and we will try our best to fix the problem.

Sorry again for the inconvenience caused. Please let us know if you have any question.

Best regards,

×××

## 三、案例总结

客户差评的解决：首先，向客户道歉。其次，明确客户差评的缘由：是客户期望值过高，产品没有达到他们的期望值；还是物流速度慢造成客户满意度下降；还是沟通不够让客户的不满变成差评；抑或产品质量不过关、包装破损等，并做出解释。只有弄清楚原因，才能有针对性地解决问题。最后，解决问题，给予客户一定的"好处"。根据差评的原因，给予客户返现、礼物或折扣等优惠，用"诚心"感动他们，请求修改差评。

## 习题演练

### 一、单选题

1．We would be _____ if you could send the goods as soon as possible.

A．appreciated　　　B．grateful　　　C．thank you　　　D．pleasing

2．If your prices are found _____, we intend to purchase this article from you.

A．accept　　　　　B．accepted　　　C．accepting　　　D．acceptable

3．We look forward to _____ a trial order.

A．receiving　　　　　　　　　B．receive from you

C．receipt　　　　　　　　　　D．receipt your

4．We would like to quote the price for our leather gloves _____.

A．as follows　　　B．as follow　　　C．as following　　D．as followed

5．Please quote us your lowest price, _____ the earliest date of shipment.

A．stating　　　　　B．stated　　　　C．state　　　　　D．to state

6．Our quotation _____ your commission of 2%.

A．include　　　　　B．includes　　　C．including　　　D．inclusive of

7．If your price is acceptable, we shall _____ an order _____ you.

A．place/with　　　B．make/from　　　C．have/with　　　D．take/for

8．I suppose that the damage might _____ during the transportation.

A．happened　　　　　　　　　B．have happened

C．has happened　　　　　　　　D．happen

## 二、多选题

1．在跨境电商贸易中，与外商的平台沟通工具有（　　　　）。

A．站内信 　　　　　　　　　　　　　B．订单留言

C．邮箱 　　　　　　　　　　　　　　D．Facebook

2．跨境客户沟通区别于国内电商或传统国际贸易的三个特点是（　　　　）。

A．跨境客户沟通的主体分属于不同的关境，双方的语言、文化习俗、思维方式、行为特征等差异是沟通的主要障碍

B．跨境客户沟通仅限于售后服务环节

C．跨境客户沟通的整个流程主要采取电子商务手段

D．跨境客户沟通贯穿于跨境业务的售前产品展示环节、售中业务洽谈环节和售后服务环节

3．跨境客户沟通包括（　　　　）。

A．企业形象维护 　　　　　　　　　　B．产品销售

C．售前服务 　　　　　　　　　　　　D．售后服务

4．跨境电商企业每天收到的邮件中将近70%都是关于（　　　　）的投诉。

A．物流 　　　　　B．产品 　　　　　C．服务 　　　　　D．价格

5．发货后，客服要及时告知客户完整的物流信息，包括（　　　　）。

A．可跟踪的包裹单号 　　　　　　　　B．可以追踪到包裹信息的网站

C．最新的追踪信息 　　　　　　　　　D．航班号

6．以下属于产品方面沟通的是（　　　　）。

A．产品的支付方式 　　　　　　　　　B．产品的规格尺寸

C．产品的折扣价 　　　　　　　　　　D．产品的质量、颜色

7．跨境客户往往不满意物流配送的速度和质量，常常引发纠纷。跨境物流配送速度和质量的问题是由于（　　　　）等痛点造成的。

A．配送时间长 　　　　　　　　　　　B．包裹无法全程追踪

C．清关障碍 　　　　　　　　　　　　D．破损甚至丢包率高

8．货物发出后，客服人员应该在（　　　　）节点发送通知贴心地告知客户物流信息。

A．货物发出之后 　　　　　　　　　　B．货物到达目的国

C．货物抵达目的国海关 　　　　　　　D．货物妥投

## 三、判断题

1．（　　　　）客户沟通就是企业通过与客户建立互相联系的桥梁或纽带，拉近与客户的距离，加深与客户的感情，从而赢得客户满意与客户忠诚所采取的行动。

2．（　　　　）跨境客户沟通的主体分属于不同的国境，可能具有不同的语言、文化习俗、思维方式、行为特征等，双方的差异是沟通的主要障碍。

3．（　　　　）跨境电商真正卖的是信任和服务，因此，客服人员在沟通过程中要能够向

客户阐述清楚店铺的经营理念、展示服务的态度等，顺利完成在客户心目中树立企业良好形象的过程。

4．（　　）亚马逊、Wish 只有产品链接，没有店铺。

5．（　　）按照中国国内标规生产的电源插头在澳大利亚、英国、美国也能使用。

6．（　　）客服人员在与客户沟通时只需针对客户的问题"你问我答"，不需要画蛇添足，说些不相关的事情。

7．（　　）客户的资料是最为宝贵的财富，客服一旦掌握了客户的信息就找到了销售的门道。

8．（　　）在跨境电商交易中，对于卖家回复的时效性要求很高，往往要求第一时间回复。

9．（　　）在处理跨境客户纠纷时，不能简单地承认错误并直接提出退款、重发等解决方案。

10．（　　）如果发现客户下单未支付，跨境客服应考虑对价格、运费等进行调整，主动联系客户关注下单产品，争取订单。

## 四、填空题

apart from　　　screen shot　　　browse　　post　　reputation　　send

1．Our dresses are very competitive in price ＿＿＿＿ their top quality.

2．We can send pictures of our products through ＿＿＿＿.

3．"When will you ＿＿＿＿ the latest design？" asked my customer.

4．What I ＿＿＿＿ to you just now are the best selling ones in winter.

5．The producer of these earrings enjoys excellent ＿＿＿＿ in international market.

6．The buyers usually ＿＿＿＿ more than one store before placing an order.

## 五、中翻英

1．与其他厂商相比，我们的质量更上乘。

2．白色目前有货。

3．这款产品有 S、M、L、XL 各个尺码。

4．如果你购买 10 件或 10 件以上，可以享受 5%的折扣。

5．一般来说，包裹 1~3 天可以打包出运，3~8 周可到。

## 六、英翻中

1．You can choose another express carrier, such as UPS or DHL.

2．I'm afraid that we can't offer you that low price you bargained as the price we offer has been carefully calculated and our profit margin is already very limited.

3．If you do not receive your package, we will resend your order, or you can apply for a full refund.

4 . I would like to recommend some other items of similar styles and hope you will like them too.

5 . I guarantee that I will give you more discount to make this up next time for next purchase.

## 七、根据中文完成英文

您的满意与好评对我们非常重要。如果您对我们的产品和服务感到满意，请留下您的五星评价。

如果您对产品和服务不满意，请在给予差评前先与我们联系。我们将尽力解决任何问题，提供给您最好的客户服务。

Your _____ and _____ feedback is very important to us, Please leave _____ _____ feedback and _____ if you are satisfied with our _____.

If you have any problems, please feel free to contact us first before you leave _____ feedback. We will do our best to solve any problems and provide you with the best _____.

### 实践操作

客户 Johnson 一个月前曾经在你的店铺买过一双鞋子，但是后来没有重复买过东西。

（1）作为你的老客户，万圣节即将来临，向你的老客户表达节日的祝愿，并且将店铺新上的万圣节相关产品推荐给他。

（2）你的店铺开启了一系列的促销活动，如满 100 美元减 10 美元的活动，写信通知他。

（3）Johnson 在收到产品后没有给评价，写信告诉他对订单做出评价，希望给予 5 星好评。

（4）但是 Johnson 发信反映收到的鞋子的尺寸和产品的描述有出入，对订单表示不满意，在平台上开启纠纷，希望能够退款。请说服他关闭纠纷。

# 情景九

# 跨境客户纠纷的预防

 **子情景一** 选品环节预防跨境客户纠纷

##  学习目标

### 知识目标

- 能描述选品环节预防跨境客户纠纷的意义。
- 能描述选品环节处理不当可能会出现的跨境客户纠纷。

### 能力目标

- 能运用技巧有效预防选品环节的跨境客户纠纷。

### 素质目标

- 养成未雨绸缪预防跨境客户纠纷的好习惯。

##  项目背景

当跨境电商发生客户纠纷时,轻则失去一个客户,重则影响店铺产品在平台的曝光量乃至受到平台的警告。因此跨境电商企业必须未雨绸缪,从各个环节预防跨境客户的纠纷。选品决定产品的供货量和产品质量,做好选品才能从根源处预防客户纠纷的发生。浙江英卡顿网络科技有限公司的跨境客服专员 Allen 在吴经理的要求下,开始从选品环节思考如何预防跨境客户纠纷。

## 任务实施

步骤 1:认识到有效的选品对预防跨境客户纠纷的重要意义。
步骤 2:分析不当的选品可能会导致的跨境客户纠纷。

步骤3：能够针对选品环节提出预防跨境客户纠纷的策略。

 **知识铺垫**

## 一、有效的选品对预防跨境客户纠纷的意义

### （一）确保货源稳定，避免不能按时发货引发纠纷

在跨境电商选品环节，卖家首先要确定供货渠道：是自己的工厂直接供货，还是线下供应商供货，抑或在线上批发平台采购产品。无论何种供货渠道，卖家务必要确保货源的稳定，避免因为断货引发的成交不卖，导致客户提起纠纷。例如，国外市场的鞋子尺寸较国内市场偏大，若产品供货不足就容易导致成交不卖的客户纠纷。此外，各跨境电商平台都有自己的最迟发货日期，卖家必须在平台规定的时间内发货。卖家不能因为供应商发货不及时，导致不能在平台规定的时间内将货物发出。

保证货源稳定、供货及时，是店铺选品阶段非常重要的一个环节，稳定的货源能为店铺提供充足的货物。如果店铺成功打造了爆款产品，订单量猛增时，卖家要做好备货工作。可见有效的选品可以确保货源充足，避免出现成交不卖的客户纠纷。

### （二）保证产品适销，避免客户不满引发纠纷

在选品阶段，卖家要考虑产品是否适销。卖家在选择上架产品时要充分考虑好产品参数，如产品的图案、颜色、主要目标市场的风俗和客户信仰等。卖家在选品时要清楚平台的主要目标消费市场，了解主要市场的消费文化，了解客户的偏好和禁忌。避免因为客户对产品有认知差异导致客户纠纷。以速卖通平台为例，在该平台俄罗斯市场占到了半壁江山，卖家应主要从俄罗斯买家的消费习惯入手，考虑买家在线上购物的禁忌，并对促进买家网购的主要动机进行分析。俄罗斯人忌讳黄色，认为黄色是不吉利的颜色，送礼时一般忌讳送黄色的东西，衣服也忌讳纯黄色的，所以卖家在速卖通平台上针对俄罗斯市场一般不考虑黄色。在做跨境电商平台选品时，卖家务必要关注目标消费者的禁忌，做好选品环节的功课。有效的选品有利于选择适销的产品，避免客户不满引起纠纷。

### （三）保障产品知识产权，避免侵权导致的纠纷

专利具有地域性，卖家为了保护自身产品的专利权，一般会在主要市场申请专利保护。若卖家未获得专利保护，凡是含有品牌、商品商标或已经申请了专利的产品，卖家都不能贸然上架销售，除非卖家和工厂有合作关系，获得授权经营。在选品阶段需要特别注意，供货商给卖家提供的产品是否具有专利授权书。如果侵权一旦被同行发现，那么就有被举报的风险，平台会强行将侵权产品下架，扣除店铺分数。有效的选品有益于确保销售的产品不存在知识产权的侵权问题，避免客户因为知识产权问题认定自己买到仿品而提出纠纷。

### （四）保证产品质量，避免产品质量不合要求引发的纠纷

随着跨境电商各主流平台规则的不断完善，其对产品的质量要求也越来越严格。卖家

如果不严格把控产品质量，若出现产品质量要素和工艺要求达不到线上宣传水平的问题，则很容易引起客户对产品质量的抱怨，甚至会导致客户提出货不对板纠纷。而有效的选品环节中，卖家会高度重视产品的质量，选择上架销售的产品都为经过严格质量把关的产品，质量可靠。因此，有效的选品有利于保证产品质量，可以避免产品质量不合要求引发的纠纷。

## 二、选品不当导致的跨境客户纠纷

### （一）货源不稳定引发客户纠纷

不同的产品供货稳定程度略有区别，卖家需要选择较为稳定的产品。从零散小订单到大订单的转变，将改变原有的生产流程，而生产流程调整则可能导致工厂人员和生产设备的改变。若工厂没有相应的生产能力，则不能调整生产产能。如速卖通某店铺前期为了引流做了一款爆款万能柑橘榨汁机，以低价引流，薄利多销。该款榨汁机是一个由不同原材料的电子元件组成的复杂工艺品。结果在大量出单的情况下，因为其中一个零件短缺造成无法继续生产，出现了产品断货，最终客户提起成交不卖纠纷，对店铺损伤极大。因此在跨境电商平台上销售的货物一定要保证货物充足，卖家对自己的产品要做到库存稳定，不然前期苦苦经营打造的爆款，因为一个小的零件供给不足，导致成交不卖，引发客户纠纷，会对店铺造成巨大的影响。

### （二）产品不适销引发客户纠纷

跨境电商面向海外市场的产品要适销对路，首先要对消费者的偏好和要求进行前期调研，充分满足消费者的喜好和要求。在调查中，要尊重客观事实，切忌主观臆测，否则会把企业的营销推广活动引入歧途，同时还要对目标市场进行细分，查明各类客户对产品的爱好和要求。如速卖通平台上的一家销售闹钟的店铺，其所销售的闹钟功能越多则价格越高。有段时间，该店铺想要开拓俄罗斯市场，便不断给俄罗斯客户发营销邮件，一封邮件放置五个产品链接。然而有不少俄罗斯买家认为货不对板，要求退货，仔细分析原因后发现，图片与实物相比确实存在不小的色差，且每次推荐的闹钟功能偏多，但产品辨识度并不高，很容易导致客户选择不当，从而引发纠纷。

### （三）疏忽产品知识产权引发客户纠纷

部分跨境电商企业在选品时容易忽视知识产权风险。跨境电商卖家应强化知识产权意识，打造自主品牌，避免因知识产权引起纠纷。一家经营户外用品的速卖通店铺，上传了一款印有闪电图案标识的手套，但并未经过授权就销售这款产品。热销一段时间后，该店铺便收到了速卖通平台的侵权警告。经查实发现，闪电图案标识已被他人注册，然而该卖家在选品阶段并没有考虑到产品知识产权的问题。卖家在选择店铺产品时就应考虑自己的产品图案或文字是否会造成侵权，如果构成侵权就要向授权方提出请求，达成授权方的同意方可使用。

### （四）产品质量缺陷引发客户纠纷

在跨境电商选品环节，卖家要充分保证产品质量，而保证产品质量需要卖家与工厂不断地联系与协调。部分工厂由于缺少与卖家的沟通，会放松对产品质量的把控，从而不能保证产品质量。客户收到有质量缺陷的产品后会产生不满，极有可能导致客户纠纷。以速卖通平台上的一家销售耳机的店铺为例。该店铺经过一段时间的科学运营后出单量稳定，但由于节日出货量猛增，在订单量剧增的情况下，工厂生产压力增大，产品质量明显下滑。原本光滑的机身，出现了毛边，音质不如从前，于是纠纷订单剧增，甚至有客户发开包视频，证实了产品质量不到位。因此，卖家在选品环节应该高度重视工厂的生产能力，保证产品质量，从而有效防止因产品质量引发纠纷。

## 三、选品环节预防跨境客户纠纷的策略

### （一）保证货源稳定，供货充足

跨境电商平台上的卖家在选品环节要充分考虑产品的货源稳定性，确保产品供货充足。客户下单之后，卖家能够及时发货，客户看到自己购买的产品已发货，便会安心等待包裹，不再为发货而担心，从而可以提升客户的满意度，增加客户对店铺的信任感。

例如，在速卖通平台上的一家闹钟店，一位客户一次下单购买了 30 个同款闹钟。卖家在同供货商联系后得知，此款闹钟目前库存量不足，需要等待生产。卖家留言给客户，请求延长收货期，可是客户不能接受，于是引发了客户的不满。速卖通平台的规则中对卖家发货的时效要求非常高，如果不能在规定时间内及时发货，卖家就会受到平台的处罚。所以卖家在选品环节要确保货源的稳定和供应商供货充足。

### （二）保证产品适销，考虑主要目标市场需求

在跨境电商选品环节，保证产品适销非常重要，卖家要为不同国家的消费者制定差异化的选品策略，选品环节应充分考虑目标消费市场的风土人情，从而提升客户满意度。速卖通后台可以根据不同国家设置不同的详情页面，卖家也会根据选品有所调整。俄罗斯作为速卖通平台最重要的国家，卖家可对俄罗斯客户制定符合当地审美风格的详情页面，选择易于在俄罗斯销售的产品，以赢得俄罗斯客户的偏爱，促进客户对店铺产品进行选择。因此，选品环节充分考虑产品适销性可以为客户创出独特价值，同时可以避免因产品满足不了客户需求而引起纠纷。

### （三）保障产品知识产权，避免产品侵权导致纠纷

跨境电商平台卖家在选品环节要考虑产品的知识产权，避免产品侵权问题。卖家自己研发设计的产品可以申请专利，在境外销售时要查询商标等是否已经被他人注册使用。从供应商处采购的产品，要获取相关专利授权，从而避免因产品侵权导致纠纷。部分店铺卖家贪图短期利润，只考虑产品的热销情况，售卖侵权产品，并且没有与授权方达成协议，冒着店铺扣分的风险去提升店铺曝光度。这种对产品知识产权和法律概念认识不到位的行

为，极有可能导致客户纠纷。因此，跨境电商平台卖家在选品环节要保障产品的知识产权。杜绝产品侵权行为可以防范店铺风险，避免因产品侵权引起客户纠纷。

### （四）监督产品质量，及时沟通反馈

跨境电商产品的质量尤为重要。在选品环节卖家要保证产品质量，并与供应商进行及时有效的沟通，严把产品质量关。如一家在速卖通平台销售珠宝首饰的店铺，其所售产品款式多样，价格低廉，相比别的店铺，客户的纠纷也特别多。经过仔细分析客户的纠纷情况，发现纠纷基本集中在产品质量不过关、产品质量合格率低等方面。跨境电商卖家必须在选品环节强化监督产品质量，对订单量提前做出研判，及时与供货商联系。因此，卖家在选品环节要确保产品质量，从而减少因质量问题引起纠纷而造成的不良影响。

 **案例解析**

### 一、案例背景

一家速卖通机顶盒店铺打造了一款型号为 X36 的爆款产品，以期薄利多销，作为店铺引流的一款产品，其相关海报也经过了特殊处理。机顶盒是由不同电子元件组装的复杂工业品，若其中一个主板材料短缺，会造成不可逆的后果。同时，加上原材料涨价，导致部分零件断货，工厂已经没有办法正常供货。工厂老板告诉卖家，型号为 X36 的机顶盒因为原材料供货不足，要过一个星期才能正常供货，并且价格会比原先的高。结果卖家经过努力打造成的爆款却出现了供应商不能按时发货的情况。此外，店铺由于在选品阶段就确定了 X36 是作为主推爆款在卖，按照目前的价格出售本来就属于薄利的产品，所以现在将有一定的亏损。

### 二、操作步骤

（1）卖家在得知产品不能正常发货时应延长产品备货期，并向客户发站内信，表示歉意。

（2）卖家及时下架型号为 X36 的机顶盒，以免有新的客户下单，导致更多的纠纷。

（3）对于已经下单的客户，卖家优先向他们提供退款，并与已经提出纠纷的客户联系，请求他们取消纠纷。

### 三、案例总结

卖家在选品阶段不能盲目地选择一款产品将其打造为爆款，要对产品有足够的认识，确保产品的供货，所以在打造速卖通爆款时不仅要清楚产品的销量还要对产品的库存有所了解。在条件成熟的前提下，与供货商签订合同，保障货源和产品价格的稳定，以防成交不卖导致客户纠纷。

## 子情景二 产品上架环节预防跨境客户纠纷

### 学习目标

**知识目标**

- 能描述上架环节预防跨境客户纠纷的意义。
- 能描述上架环节处理不当可能会出现的跨境客户纠纷。

**能力目标**

- 能运用技巧有效预防上架环节的跨境客户纠纷。

**素质目标**

- 培养学生专注度，确保商品上架环节信息的精准性。

### 项目背景

跨境电商的运营区别于线下营销。卖家无法向客户开展面对面营销，只能通过网络传递商品信息。因此，卖家在产品选品、产品发布等一系列上架环节中需要注重更多的细节，避免出现客户纠纷。浙江英卡顿网络科技有限公司的跨境客服专员 Allen 在吴经理的要求下，开始从上架环节思考如何预防跨境客户纠纷。

### 任务实施

步骤1：认识到高质量的产品上架对预防跨境客户纠纷的重要意义。
步骤2：分析上架环节的失误可能会导致的跨境客户纠纷。
步骤3：能够针对上架环节提出预防跨境客户纠纷的策略。

### 知识铺垫

**一、上架环节高质量化对于预防跨境客户纠纷的重要意义**

**（一）优质的主图便于清晰真实地展示商品从而避免因图物不符产生纠纷**

速卖通平台本身对产品的主图上传有一定的要求，其图片的像素需要大于 800×800 像素，横纵比例建议在 1：1 到 1：1.3，并且背景应为纯色或白色。图片须真实展示商品，不可盗用，否则会被平台依照规则查处。模糊虚假的主图会导致客户对商品的认知发生错误，如拍摄时光线问题导致的色差，就容易造成货不对板纠纷。所以主图上传需要选用真实清晰的图片，并且多个角度展示商品，突出特性，这样可以避免后期因图物不符导致客户提起纠纷。

### （二）准确完整的属性填写令客户知悉商品属性从而避免客户提起货不对板纠纷

客户在浏览店铺商品时，商品属性会成为其中一个重要关注点。一些客户会从属性中找寻他们想要得知的信息，然后做出是否要下单购买的选择。通常每件商品都会有 10~20 个甚至更多的属性，这些属性看似普通，但是如果其中出现些许差错，则很容易导致客户认知错误，在其购买后提起纠纷。例如，一款半宝石材质的复古项链，石头材质的具体名称、链长、吊坠尺寸、珠子直径就可能成为客户的关注点，如果其材质是玛瑙石却填写了绿松石、珠子直径为 6mm 却填写成了 8mm，这些错误都会在客户购买收货后造成货不对板纠纷。因此准确完整的属性填写亦可有效避免客户纠纷发生。

### （三）优质的标题可避免客户因对商品特性或运费有误解而发生纠纷

跨境电商主流平台都对商品标题的制作有较为严格的要求，此外，标题中的商品描述也会向客户传递信息，如商品的特性、卖点、运费等，这些也会是客户的关注点。一旦标题中的这些关键描述出错，就易使客户产生误解，在后期造成纠纷。例如，商品不是全球包邮却写了 "free shipping"，吊坠材质为玛瑙石却写成绿松石等，这会导致后期客户提起货不对板纠纷，并使客户满意度大打折扣。制作优质的标题，保证商品特性的准确描述，可预防客户纠纷发生。

### （四）科学合理地设置运费模板从而避免因物流发生纠纷

运营跨境电商店铺时，在物流方面，卖家首先须考虑所选方式是否适合店铺自身情况，其次须考虑店铺的主要市场国家及特殊国家物流方式的选择。若是设置了不适用自身店铺的物流方式，当客户下单并选择该物流后就会因为未按客户意愿发送货物而导致纠纷。若忽略了店铺中一些国家的特殊性，当该国客户下单时，若无适用、便捷的物流方式，容易造成客户不满，导致纠纷。例如，美国不支持中国邮政小包，那么卖家就可以设置多个其他方案供美国客户进行选择，避免其不满。对于特殊的国家，就有特殊的物流方式，如 TNT 属于快速类物流，通关能力强，对于欧洲、西亚、中东及政局不稳定的国家比较适用。一旦店铺中有这样的国家市场，便可以考虑设置。科学合理地设置物流模板，可为客户带来便利，避免不必要的纠纷，同时赢得口碑与销量。

### （五）优质的详情页便于客户了解产品细节从而避免货不对板纠纷

对店铺商品具有购买意向的客户通常会浏览详情页来获取商品详细信息以做出决定。详情页信息的完整度、准确性都会影响客户对商品的认知和判断，若在这一环节出现差错，使客户产生误解，尤其在商品的细节问题上，会大大降低客户的满意度，同时造成货不对板纠纷。例如，一副骑行手套的详情页中特地展示了其某个特性——戴在手上不影响消费者使用触屏手机，但客户购买后发现并非如此，便产生不满，提起纠纷。由此，优质的详情页应能清晰地向客户展示商品的细节，确保商品详情信息的精准性，如此可避免因客户有认知误区而导致纠纷。

### （六）精简的售后咨询流程图便于客户快捷解决问题从而避免纠纷

多数速卖通卖家会在详情页最后加上一个服务模块，里面会有精简的售后咨询图及客户常见问题的解决方案，并且提醒客户出现售后问题可及时咨询客服，沟通解决。这种设置能让有疑虑的客户的焦虑的心情得到一些安抚，在与客服沟通后，自然能避免一些因无法及时解决的小问题而导致的纠纷和投诉。例如，某家流行饰品店铺的一部分米珠系列的手链在做工上存在问题，某客户在收到货物后遇到破损问题等，因详情页并未提供相关咨询流程，这些买家便提起了货不对板纠纷。由此，在详情页的最后放上一个温馨的提示与精简的处理流程图，便可以避免一些不必要的纠纷。

## 二、上架环节失误导致的跨境客户纠纷

### （一）由于主图与实物不一致导致的货不对板纠纷

速卖通平台注重主图上传的真实性和质量，因为主图传递的信息给客户的第一印象很重要。主图出现问题常常会带来客户的认知错误和货不对板纠纷的发生。以下有两则案例：

（1）因为主图与实物存在色差导致纠纷。如一家速卖通流行饰品店铺里有一款粉色珊瑚珠手链，客户在购买以后发现实物的颜色与图片所示差距甚远，并提供了照片，提起了货不对板纠纷，最后平台判定了卖方全额退款给买方。

（2）主图细节展示有误。如该流行饰品店铺中的一款半宝石串珠手链，其主图中带有一个爱心形镀银吊坠。一位客户被这个吊坠所吸引而下单购买，但是卖家因为成本问题早已不再在手链上加这个吊坠且并未说明，因此客户收到货物后很失望，提起了货不对板纠纷，最后平台判定卖方全额退款给买方。

### （二）由于产品属性展示有误导致的货不对板纠纷

客户在浏览一件商品的信息时，商品的属性也会是一个关注点。在速卖通平台上，产品的属性分为"必填属性""关键属性"和"自定义属性"，这些属性看起来密密麻麻，但也会是客户关注的细节，如果出了问题就会导致客户提起货不对板纠纷。如该流行饰品店铺里有一款波希米亚风格的项链，其吊坠是鸟的羽毛，与捕梦网吊坠相似。之前卖家也为区分普通羽毛吊坠和捕梦网吊坠，在上传时误填了捕梦网这一属性。一位客户在注意到这个信息之后下单购买，但收货后发现这并非捕梦网项链，于是客户提起货不对板纠纷，最后卖家只能给客户退款。

### （三）由于标题描述不符导致的纠纷

标题中的描述会给客户传递一些关键性的信息，如商品的特性、卖点、适用人群、运输方式等。这些关键信息传递失误同样会令客户产生误解从而导致纠纷，其中常见的就是运费误导和商品特性误导。以下有二则案例：

（1）运费误导，"free shipping"滥用。通常速卖通店铺中的商品能对全球包邮才可在标题中使用"free shipping"，但是很多卖家会忽略这一点，滥用关键词。例如，一家经营健身器材的速卖通店铺中，其挂号小包只对1~8区国家包邮，但是其一款扩胸肌器的标题中却出现了"free shipping"。正好一个9区国家的客户看到了这一信息，便下单购买，但是由于其不在8区范围内，需要收取一定的费用，这引起了客户的不满，在收货后给了差评，并且提起了纠纷。

（2）标题与商品特性描述不符。例如，一家经营骑行套装的速卖通店铺里，有一批特别的骑行手套，戴在手上不会影响触屏手机的使用，于是卖家把这一特性写入标题，但是许多客户购买后发现这一特性并未体现在他们的产品上，纷纷提出不满甚至提起货不对板纠纷。最后经过卖家自己的检验发现这一特性仅适用于部分安卓系统手机，于是只能将这一描述从标题中去除。

### （四）由于售卖方式填写错误导致的纠纷

在做跨境电商B2C零售时，售卖方式也是一个重要的细节，这一细节包含于产品上传这一环节。如果售卖方式出了问题，那么会导致大的亏本问题和客户纠纷问题。例如，某手机数码店铺中新上了一批DIY兼容器，其中一种兼容器由于制作成本高，价格为每件589美元，但在上传过程中卖家忽视了这一个细节，未对其原先的销售方式做出修改，上传价格就变成了589美元5件批发。结果在这款DIY兼容器上新的当晚，有位客户连下了10单，这时卖家才发现售卖方式上出了问题。因价格实在差太多，卖家在向买家解释了自己犯的这个错误后，与买家沟通，提出愿意以535美元一件的折扣价成交，买家在僵持许久后才勉强接受。虽然最后客户没有提起纠纷，但是这次失误让客户对店铺的满意度大打折扣。

### （五）由于详情页信息不符导致的货不对板纠纷

对店铺的商品有购买意向的客户会进一步通过详情页展示来了解商品更多的细节与信息，最后做出决定。详情页往往用来展示商品的详细参数，通过一些视觉效果设计等展示商品的特性，在此处出了差错也会导致货不对板纠纷。例如，一家主营手表的速卖通店铺，其中一款休闲风格的手表在详情页里做了些视觉效果，因为当时正处于夏季，详情页上为其做了张夏日清凉主题的海报，手表周围有水花扬起的视觉效果，以至于客户误以为这是防水手表。而客户下单购买后它却因沾水而损坏，于是客户提起货不对板纠纷，导致最后卖家全额退款。

### （六）由于售后咨询流程不明导致的不必要的纠纷

在跨境电商平台上有这么一部分客户，他们不经常进行跨境网购，对购买及客服咨询流程不甚清楚，以至于收到货物有问题之时会产生焦虑，未能及时咨询客服便直接给予差评或提起纠纷，所以提供一个简要的咨询流程和常见的问题解决方案还是很有必要的。

例如，在流行饰品店铺中，经常会有一些客户查询不到物流信息，等待时间较久了之后他们便产生焦虑，也没有及时询问客服，直接就向平台提起了物流纠纷，同时他们对店铺的满意度也大大地降低。为了避免出现这样的情况，卖家最好在详情页的最后加上客服咨询流程，并特别指出对于货物长时间未到达的情况，可以及时与客服沟通，由此物流纠纷便能得到一定程度的减少。

### 三、上架环节预防跨境客户纠纷的策略

#### （一）清晰真实拍摄主图，避免色差问题，多角度展示商品

对于主图上传来说，首先最关键的就是要符合平台的规定，如速卖通平台要求为背景纯色或白色、像素在 800×800 以上、无水印等。其次主图的拍摄需要真实、清晰，调整好灯光，避免其造成色差问题；多角度地拍摄商品，包括细节拍摄，以便于在多张主图中展示一些商品细节、卖点，让客户于其中获得一些重要信息。例如，一款七色脉轮学说半宝石手链，其卖点为七色的半宝石、链长尺寸，于是在主图中就可以有一张图专门展示七颗颜色不同的珠子，一张图用来标注链长，这样一来就做到了多角度展示，从而更全面地向客户传递信息。

#### （二）了解商品信息，准确完整填写商品属性栏目

卖家首先要了解店铺商品的属性，便于填写信息时能抓住关键与细节问题。商品属性分为"必填属性""关键属性""自定义属性"，前面两者必须按照要求如实填写，必须保证信息的完整性和准确性，最后的 10 个"自定义属性"则是对商品属性的补充，可以为颜色、形状、卖点、包装特色等，这些需要结合商品本身及客户的关注点来填写。如半宝石项链手链，客户便会关注其准确的材质名称、珠子的大小、金属材质等，所以这些属性即可在自定义属性中添加，便于客户知悉。

#### （三）标题中关键信息描述准确，避免"free shipping"滥用

商品标题应该简要地描述商品信息，其中应该考虑到商品特性、客户关注点等，并且结合店铺自身物流状况，慎用"free shipping"字样，避免客户误解。例如，一款七色脉轮学说半宝石手链，应先从其特点中提取重要信息和客户关注的信息，包括：主材质为虎睛石，特色卖点为七色脉轮学说珠子，男女皆适用，适合冥想、瑜伽爱好者佩戴。于是这就可以组成一个标题：7 Chakra Bracelet Men/Women Bracelets Natural Stones Tiger's eye Beads Yoga Jewelry Meditation Gifts 2017 New。关于免运费的使用，就必须考虑店铺的物流方式是否对全球都包邮，如果是全球包邮才能使用"free shipping"，否则即便只对一个国家不包邮也不能使用，避免造成客户的误会而引发纠纷，并且平台也会抽查这种情况，一旦查到便会予以处罚。

#### （四）详情页展示符合商品本身特性，准确传递细节信息

详情页的制作与优化，主要用来详细地传递商品信息，提供更大空间来展示产品卖点与细节，必要时使用一些视觉效果来吸引客户下单。在制作详情页时，首先信息要准确详

细，包括使用商品的注意事项提示；其次商品图片要展示细节、卖点。这比其主图有更大的发挥空间，一是它更清晰，二是可使用特写镜头和视觉效果来凸显细节卖点。实例展示流行饰品店铺里的一个爆款——半宝石佛头手链，其材质为绿松石（A 款）、火山熔岩石（B 款），尺寸链长为 19 厘头，石珠直径为 8 毫米，特色卖点为镀银的佛头装饰。所以在制作详情页时，卖家可在顶端介绍这些信息，接着是关于产品使用的一些注意事项（如不可暴晒、不可碰水、禁止过度拉扯等），然后就是高清的图片展示，从尺寸图到多角度的细节展示、珠子尺寸标注、AB 款材质标注，以及佛头的高清特写镜头展示，这样就可以让客户一目了然，准确获取信息，得知特色与卖点，纠纷也能有效避免。此外，在详情页中展示精简的物流方案对照表也可给客户提供参考，避免物流纠纷。

### （五）结合店铺本身，设计精简的售后咨询流程及常见问题解答

在详情页的最后需要添加一个简要的售后问题咨询流程，便于客户遇到疑问时可以及时联系客服。此外，根据跨境店铺客户常出现的问题，给予解答，便于客户知悉并按步骤解决问题。例如，流行饰品店铺经常发生一些客户因为产品有瑕疵或有色差，或者因为长时间未收到货物，在没有联系客服的情况下直接提起纠纷的现象。针对这些情况，卖家在详情页的后面添加常用的物流方式的费用与到达不同国家的时间表格，以及当客户未收到货物或收到货物之后有问题时的处理流程，让客户知悉处理方式，不至于导致客户心急或问题无法及时解决而慌乱，避免了一些不必要的纠纷。

 **案例解析**

### 一、案例背景

2017 年 3 月，Shinus 流行饰品速卖通店铺中上架新品，新品中有一批流苏吊坠，售卖方式上有零售的，也有 10 件批发的，这些在上传过程中就需要特别注意销售方式的选择和价格的填写。但是卖家在这个操作过程中仍然出了问题。一款制作成本较高的单件零售流苏吊坠，其上传价格为 9.99 美元/件，然而卖家在类似产品导入后，忽略了销售方式的修改，沿用了类似产品的 10 件批发方式（见图 9-1）并上传，价格也成了每 10 件 9.99 美元。在上新后的当晚，有老客户看到了这个商品信息，被流苏的做工及价格所吸引，立即连下 6 单。在这时候卖家才发现自己犯的错误，于是修改了成交金额，这引起了客户的不满，提起成交不卖纠纷。

### 二、操作步骤

卖家在发现问题之后，应立刻将此流苏吊坠下架，避免有更多的客户下单。然后将订单中的支付金额改为原价，并给客户留言解释卖家在后台操作产品上传时出现错误，希望能谅解，并且提供解决方案：

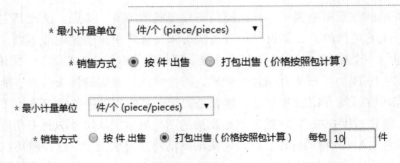

图 9-1　销售方式对比图

（1）客户可取消订单，卖家协助他找相似的批发销售的流苏以优惠价格卖给他。

（2）客户如果还是想要这个流苏吊坠，因为它本身成本高，无法按 9.99 美元 10 件售卖给他，但可以在每件 9.99 美元每件的价格上打对折出售。希望客户能取消纠纷。

由于这个客户是店铺的常客，对之前的购买体验都是满意的，而且确实喜欢这一款流苏吊坠，于是接受了第二种方案，取消了纠纷。

### 三、案例总结

产品上架环节中有很多的细节需要注意，细小的问题若被忽视就很容易在后期导致客户纠纷。售卖方式是很重要但又很容易被忽视的一点，出了错误之后在造成亏损的同时更是导致了客户的不满与纠纷，这对整个店铺都会产生一定的影响。所以在速卖通产品上架环节中，需要细心。在产品上架的过程中，尽量直接选择上架而不是"类似产品导入"，在上传过程中也一定要注意产品售卖方式、产品价格、产品属性等。把握好细节，才能避免纠纷的发生。

## 子情景三　包装环节预防跨境客户纠纷

 学习目标

**知识目标**

- 能描述包装环节预防跨境客户纠纷的意义。
- 能描述包装环节处理不当可能会出现的跨境客户纠纷。

**能力目标**

- 能运用技巧有效预防包装环节的跨境客户纠纷。

**素质目标**

- 培养注重产品包装的意识，并能够按照正确的包装要求进行发货。

## 项目背景

产品包装既可以保护产品在运输途中减少破损，又可以将产品美化。通过产品包装预防跨境客户纠纷，提升客户的满意度，可以树立良好的店铺和品牌形象。浙江英卡顿网络科技有限公司的跨境客服专员 Allen 在吴经理的要求下，开始从包装环节思考如何预防跨境客户纠纷。

## 任务实施

步骤 1：认识到优质的产品包装对预防跨境客户纠纷的重要意义。
步骤 2：分析包装环节的失误可能会导致的跨境客户纠纷。
步骤 3：能够针对包装环节提出预防跨境客户纠纷的策略。

## 知识铺垫

### 一、优质的产品包装对预防跨境客户纠纷的意义

**（一）注重实际包装与宣传相符，可树立良好的店铺形象，避免产生客户纠纷**

俗话说，佛靠金装，人靠衣装。跨境电商各平台销售的产品同样需要一定的包装来加深客户对产品的印象。但是如果卖家采用的实际包装与宣传描述不符，极易导致客户不满，引起客户纠纷。例如，速卖通上有一家数码产品店铺，卖家在对产品进行宣传和描述时讲明了产品是采用材质较好的水晶盒包装，但实际发货时却采用普通的 PP 胶袋包装。这样一来，便会引起客户不满，降低客户对店铺的信任感，容易导致客户纠纷。由此可见，注重实际包装与宣传或描述相符，可树立良好的店铺形象和品牌形象，赢得客户认可，避免客户纠纷。

**（二）牢固结实的包装可有效保护产品，避免其破损导致客户纠纷**

优质的产品包装可以保护货物在运输途中不受破坏。属性不同的产品其包装方式也有所差异，但优质的包装能在一定程度上保护产品在运输途中的安全，所以卖家要确保包装的牢固和安全。由于跨境电商各平台是面向跨境客户销售产品的，跨境物流运输时间长，途中存在许多不确定性因素，随时可能会碰到各种恶劣的环境，致使包装产生破损以及因震荡等特殊情况祸及产品。如玻璃米珠材质的波希米亚风格手链，若是不注重包装的牢固性，在运输途中受到碰撞挤压，就容易破损。因此，根据产品特性考虑包装材质，为客户提供牢固结实的包装，可以有效地保护产品，避免产品在运输途中因不确定性因素而受损，令客户不满，提起货不对板纠纷。

### （三）按客户需求定制包装可提升客户满意度，避免产生客户纠纷

在跨境电商各平台中，客户需求的差异化导致其对产品的包装亦有不同的要求。对于包装有特殊要求的客户，卖家应根据客户需求定制产品包装，从而提升客户满意度和忠诚度，避免客户纠纷。如速卖通上有一位客户为自己的女友购买了水晶钻戒作为生日礼物，为了给女友一个惊喜，他对包装也有着特殊的要求，这时如果卖家不能按照其要求来制定包装，便会引起客户不满，提起纠纷。所以当客户对产品包装有特殊要求的时候，卖家应按其要求落实，充分考虑客户的特殊需求，按客户需求包装，提升客户满意度，从而有效避免客户纠纷。

### （四）优质的包装信息可加强与客户的联系，避免产生客户纠纷

优质的包装信息可以优化企业形象的塑造，同时提供完善的售后信息，可加强与客户之间的联系。在跨境电商各平台上，有一定能力的卖家通常会在包装上印有其店铺的售后信息，如客服邮箱、Skype 账号等。当客户有任何问题时可根据包装上的信息及时咨询卖家，客户有任何意见时也可及时反馈给卖家，这样客户的问题可以迅速得到解决，卖家也可以进行自我完善，避免客户遇到问题时因无法及时解决而导致不必要的纠纷。例如，一些不熟悉跨境网购的客户在店铺中购物后发现产品有问题，就可以便捷地从产品包装上获取卖家信息，及时联系卖家并解决，这样可以避免客户纠纷，同时也能留住客户。所以提供优质全面的产品包装信息也能有效预防跨境客户纠纷。

## 二、产品包装不当导致的跨境客户纠纷

### （一）实际包装与宣传或描述不符而导致客户纠纷

部分跨境电商卖家存在发货时实际的包装与其宣传或描述的包装不符的情况。卖家为了降低成本，采用成本比较低的包装材料，而店铺产品详情页上面的包装描述得非常精美、时尚，导致客户收到包裹后因包装与实际宣传或描述不相符，而向平台提起纠纷。例如，在速卖通平台上有一家流行饰品店铺，卖家在店铺产品的主图和详情页上都放上了自己工厂里新出的一种包装，材质为麻布袋，袋子上印着自己的品牌 logo。有很多客户因为对此包装袋十分喜爱，所以在店铺里购买了手链、项链、吊坠等产品。但是因为这种麻布袋的制作成本较高，卖家在发货时仍然使用之前的 OPP 胶袋包装。若客户想要麻布袋包装则需额外支付费用。但这一点卖家并未在产品页面中详细说明，客户不了解情况，因此在收货后纷纷给予店铺差评并提起了货不对板纠纷。

### （二）劣质包装使商品在运输途中受损而导致客户纠纷

牢固安全的产品包装可以保护货物在运输途中减少破损，而劣质的产品包装不但不美观，并且不利于保护货物在运输途中的安全，导致货物容易遭到破损。例如，一位速卖通客户在店铺中买了两个马克杯，卖家发货的时候把杯子放进了纸箱，也没有用气泡纸对杯子进行包装，只是将纸箱简单地进行了包装，也并未使用废纸、聚苯乙烯填充物或用硬纸

板将杯子与杯子之间的空隙填满。另外,像杯子这种易碎品,卖家也未在箱子外面注明"易碎"的标志。由于包裹在运输途中受各种因素的影响,客户收到货后发现商品破损,又看到如此简陋随意的包装,认为卖家不重视客户,没有责任心,于是向平台提起了货不对板纠纷。

### (三)未按客户要求制定包装,引起客户不满而导致客户纠纷

目前,许多国外客户的消费偏好偏向个性、独特,所以部分速卖通平台卖家是支持批量定制的。例如,一位速卖通客户需要定制一批茶具作为圣诞礼物送给公司员工,要求在包装的左上角统一印有客户公司的 logo,外包装的颜色统一采用白色礼盒包装。卖家最后完成的成品却是将 logo 放置在包装的右上角,还因为白色礼盒数量不够,客户就采用了现有的淡黄色礼盒包装。这些都并未按照客户的要求来制定产品包装,卖家以为这些小问题客户应该不会介意。结果买家收到货物后,发现产品包装上的 logo 位置和自己要求的不符,礼盒个别颜色也不一样。买家找卖家进行沟通,卖家并没有及时地进行回复,且回复速度慢,并且没有给客户一个满意的解决方案,导致客户极度不满,觉得卖家未按他的要求来制定包装,不重视他的要求,故向速卖通平台提起了纠纷。

### (四)产品包装信息缺乏,客户无法及时联系卖家而导致客户纠纷

产品包装上的信息极为重要。若信息缺乏,客户收到包裹后遇到问题就无法及时联系到卖家,无法跟卖家进行有效沟通,从而导致客户的不满和抱怨,给客户留下一种不好的购物体验,这就极有可能导致客户纠纷。例如,一位速卖通客户在"双十一"当天购买了一双白色运动鞋,但是收到包裹后发现鞋子尺码不一致,左脚的尺码要比右脚的大一码。由于客户是第一次进行跨境网购,也不知道如何处理,想要联系卖家进行沟通,但是包装上并没有注明能够联系到卖家的方式,如卖家的邮箱、旺旺、WhatsApp、Facebook 等信息。客户只能在平台上面给卖家发站内信和留言,但也没有得到卖家的回复。因为"双十一"客服可能比较忙碌,会导致回复不及时或遗漏掉一些信息。这就有可能让客户非常着急,觉得卖家售后服务做得很不到位。客户因为找不到其他更有效的方法,于是向平台提起了货不对板纠纷。

## 三、产品包装环节预防跨境客户纠纷的策略

### (一)确保产品包装样式与宣传包装相符

跨境电商平台上的卖家对产品进行包装时要注意与宣传或描述的相一致,如包装的材质、颜色、图案、风格等。这样,客户在收到包裹后,发现实物和描述相符,一方面可以提升客户的满意度,另一方面也可以增强客户对卖家的信任。这样既可以有效地帮助卖家维护客户关系,也可以避免客户纠纷。例如,速卖通某位卖家发货实际采用的产品包装样式并非其宣传或描述中的包装。若客户需要宣传或描述中的包装样式,则需额外支付包装费用,但这个情况卖家并未详细地在产品详情中提及,导致客户不明情况,因此产生了客

户纠纷。针对这种情况，首先，卖家可以对产品使用统一的包装，也可以对其分类包装，但这些都要在产品详情里面做出详细的说明，要让客户了解情况。其次，在宣传自己店铺产品的包装时一定要说明其适用的产品类型和特殊要求，如流行饰品店铺的麻布袋包装就应该说明其制作成本高，在大订单金额（可计算出具体金额）时可免费赠送或另外需花费多少费用可赠送这个包装，这样就可以在做宣传的同时不被客户所误解。但是一旦对产品包装做出宣传之后，就要按照其承诺履约，避免产生客户纠纷。因此，包装样式与宣传或描述做到相符，可有效预防客户纠纷，提升店铺形象。

### （二）注重包装材质，保证包装质量

在跨境电商卖家的产品包装中，产品的包装材质非常重要，可以保护货物的安全，避免货物在运输途中遭到破坏。例如，一位客户在速卖通平台的某家化妆品店铺购买了几瓶化妆品，因卖家粗心，未对其进行细致的包装，使得产品在运输途中破损，从而与卖家产生了纠纷。针对该类产品，卖家应采用充气包装，或者蜂窝纸板包装箱，以达到保护易碎品的目的。部分较轻或本身抗压强度较高的产品，如玻璃空罐等，在使用托盘运输时，应采用缠绕薄膜包装代替瓦楞纸箱。针对此类商品，卖家在发货环节一定要注意包装，必要时可以使用双层包装。最后，在箱子的外侧一定要注明"易碎"的标识。这样既可以保证包装的质量，也可以保证货物在运输过程中的安全，有效地降低货物的破损率。因此，跨境电商平台卖家应该注重产品的包装材质，保证其质量，做到足够安全和牢固，确保货物完好无损地到达客户手中，避免客户因产品包装不当而导致货物受损提起纠纷。

### （三）按客户要求制定产品包装，保证服务品质

跨境电商平台 C 端客户的主要特点是"小""散""杂"，B 端客户一般是国外的批发商或零售商，其中部分客户可能拥有自己的品牌，并且具有一定的影响力。这类客户一般会找自己信任的卖家进行批发定制。例如，一位速卖通客户订购了一批情侣水杯套装，要求在包装的右下方印有规定的名字与图案，所有水杯采用客户规定颜色的礼盒包装。结果，卖家因效果不好，自行对产品图案进行了调整，导致买家提起货不对板纠纷。就算按客户要求的产品效果不好，卖家也应该先跟客户进行沟通，找到解决办法，而不能加入任何自己的主观想法。如有更好的意见，可以跟客户沟通，如果客户采取了方可再按需定制，若客户并未同意，则必须按客户要求进行包装。除此之外，产品的包装要根据不同国家客户的禁忌、风俗习惯、文化理念采取差异化处理，尤其是对图案、色彩、数字等包装细节要充分尊重各国家民族的喜好，尊重其文化，避免导致客户纠纷。

### （四）完善产品包装信息，便于客户及时向卖家反馈问题

跨境电商平台卖家为了给客户提供良好的售后服务，一般会在包装上印有店铺的相关信息，如店铺的品牌 logo、网址、客服邮箱、旺旺、WhatsApp、Skype、店铺二维码等。这些都是方便后期客户收到货物后有任何问题或建议，可以快速有效地反馈给卖家，加强

沟通交流，有利于维护客户关系，避免客户纠纷。例如，一位速卖通客户购买的一双白色运动鞋尺码与订单不符，想要联系卖家处理这个问题，却无法找到卖家的联系方式。针对这个情况，若卖家优化了包装信息，在包装上面印有其速卖通店铺的信息，那么客户联系卖家的渠道也将增多，卖家也可以及时看到消息，第一时间跟进并回复客户的问题，让客户的问题得以快速解决。所以及时有效地和客户进行沟通，加强与客户的联系是非常有必要的，因此跨境电商平台卖家应完善产品包装信息，避免客服因回复不及时或客户对客服的解答产生误解而导致纠纷。

 **案例解析**

### 一、案例背景

速卖通平台上的一家有一定知名度的彩妆店铺，想对其产品的包装盒进行宣传以达到推广产品的目的。在这个过程中，卖家对其店铺产品的主图和详情页都进行了修改，放置了自己工厂出的一款新型包装（星空礼盒），此包装更符合产品的形象。并且礼盒上分别设计了几款不同样式的 logo，因此受到了不少客户的青睐。但经过一段时间后，卖家觉得此制作过程甚是烦琐，需要投入较多的时间、财力和物力。因此决定，如果客户想要这样的包装，需要自付包装盒费，不然就改为普通纸盒包装，但卖家并未将此情况在产品详情页上说明。而卖家在发货时随即使用了普通纸盒包装，因此新老客户收到货物后，非常不满意，纷纷给予了差评，因此产生了不少纠纷。

### 二、操作步骤

（1）卖家若继续使用此款包装进行销售，则应该第一时间在速卖通平台对宣传时涉及此款包装的相关产品上调价格，定价时充分考虑包装的成本。若并不打算继续使用此款包装进行销售，则应该对主图和详情页中所有涉及此款包装的信息进行修改替换，避免产生新的客户纠纷。

（2）与已产生纠纷的客户进行沟通时，需要诚恳地向客户说明情况并希望得到客户的谅解，接着提出为客户解决现有问题的方案：

① 补上部分包装盒差价，给客户补寄包装盒，由卖家承担运费。

② 鉴于这次失误，在该客户下一次的订单里予以相应优惠或赠送小礼品。

本案例出现的纠纷是由于卖家自身的失误造成的，如果客户不愿意接受解决方案，认为卖家对这个包装做了宣传又没说明需要额外付费，那么卖家依然需要承担责任，将此款包装盒补发给客户，从而避免纠纷的进一步升级。

### 三、案例总结

首先，卖家要决定好对产品使用统一的包装还是对其分类包装；其次，在宣传自己店铺产品的包装时一定要说明其适用的产品类型或特定状况。例如，彩妆店铺的包装盒就应该说明其制作成本高，在有大订单时免费赠送或另需花费多少费用可以赠送，这样就可以在做宣传的同时不被客户所误解。一旦对产品包装做出宣传之后，就要按照其承诺实际执行，避免产生客户纠纷。

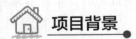

## 子情景四　物流环节预防跨境客户纠纷

 **学习目标**

### 知识目标

- 能描述物流环节预防跨境客户纠纷的意义。
- 能描述物流环节处理不当可能会出现的跨境客户纠纷。

### 能力目标

- 能运用技巧有效预防物流环节的跨境客户纠纷。

### 素质目标

- 培养主动与客户沟通物流情况的意识，并掌握各国适用的物流方式。

**项目背景**

阿里巴巴全球速卖通作为我国发展较好的第三方跨境运营平台，深受跨境物流导致的海外买家购物体验不好、满意度不高等问题的困扰。我国物流体系虽已相对完备，但在跨境物流方面，与 DHL、UPS、FedEx、TNT 四大国际快递公司之间还存在巨大差距，难以满足我国跨境电商现阶段的发展需求。阿里巴巴全球速卖通作为覆盖全球 220 多个国家和地区的第三方运营平台，对于跨境物流存在的配送时间长、包裹无法全程追踪、包裹破损甚至丢包等问题应予以尽快的解决，否则物流效率差将给客户造成不好的体验，导致投诉和纠纷增加，直接影响平台的运营。浙江英卡顿网络科技有限公司的跨境客服专员 Allen 在吴经理的要求下，开始从物流环节思考如何预防跨境客户纠纷。

**任务实施**

步骤 1：认识到有效的物流对预防跨境客户纠纷的重要意义。
步骤 2：分析物流环节的失误可能会导致的跨境客户纠纷。
步骤 3：能够针对物流环节提出预防跨境客户纠纷的策略。

### 知识铺垫

## 一、有效的物流对预防跨境客户纠纷的意义

### （一）有利于避免客户查询不到物流信息而直接提起纠纷

我国物流体系较为完善，像申通、顺丰等国内快递业巨头，在配送时间和物流信息的查询上能够给客户带来良好的体验。跨境物流相比国内物流则有许多不确定因素，使得发展过程相对缓慢。速卖通平台虽然有经济类、简易类、标准类和快速类四类物流，但平台以小额商品售卖为主，快速类物流收费高甚至超出产品自身成本，因此对于 DHL、UPS、FedEx、TNT 等快速类物流方式不划入卖家的主选范围。如果卖家将自己的默认物流方式设置为快速类，那么在其他条件一样的情况下，产品的定价就会比选择普通物流方式的同行高出很多，这样不利于店铺产品的销售。因此，平台卖家一般选择邮政或与邮政合作的专线物流的方式配送包裹。由于邮政在各地政策条款上存在差异，以及邮政自身的时效问题与其他外界原因，直接导致了包裹在物流配送上的问题层出不穷。

大部分消费者都非常关心物流信息。国内消费者一般在配送 3~4 天后开始查询物流信息，达到一周，就会询问客服包裹没有收到的原因，甚至会因此申请退款。同理，速卖通平台通常选择的物流方式是邮政，其配送时间从 15~60 天不等，通常情况下是一个月左右。如此漫长的配送时间，国外买家们自然会随时追踪物流信息。假如物流信息突然停止更新或无法查询，会造成买家心理上的焦躁，在询问客服未果后甚至会直接发起纠纷。

有效的物流方式要求对物流信息每个环节的跟踪都需要非常到位。让客户了解自己的包裹经历了哪些环节，才能让其安心，以此有效地避免客户因物流信息无法准确跟踪而直接提起纠纷。

### （二）有利于减少因货件丢失及被海关扣关而引起的客户纠纷问题

国际快递扣关扣件是很常见的问题。包裹在收件国海关被查扣，大多是因为以下几种情况：申报价值和估价不一致、品名和产品不符、装箱清单不详、收货人条件不允许（没有进出口权等）、包裹价值超过收件国免税金额（需要补缴关税）、属于违禁产品。另外，几乎所有物流配送都存在一个问题——包裹"不翼而飞"。

以速卖通平台为例，首先，速卖通普通的跨境物流方式并不像其他物流方式一样具备相对完善的跟踪体系。包裹一旦进入机场转运，物流信息就进入一片"灰色地带"。在目的国机场扫描记录之前，无法得知包裹好坏与否，这段时间是包裹最容易丢失的时候。其次，进入目的国境内后，国内的物流运输方应与对方做好衔接，及时跟进，减小包裹的丢失率。因为物流运输过程中，卖家无法确保不可抗力因素对包裹的影响，所以卖家要尽最大努力去保证包裹运输的完整性。同时，具备一个良好的物流运输方及一种有效的物流方式能够及时做好清关手续，避免产生不必要的麻烦，且能在考虑客户基本利益的基础上，减少客户纠纷。

### （三）有利于避免买家临近最后确认收货日期而开启纠纷

收货时间是客户非常关注的问题。速卖通店铺后台有一个延长确认收货期限的设置按钮，能根据不同物流方式设置相应的确认收货期限。这种方式的设定是为了减少买家和卖家因物流配送时效产生问题而引起纠纷。归结起来就是卖家在物流模式选择问题上应力求完善，从而缩短跨境物流的运输时间，降低因物流时效问题而引发弊病的概率。

客户有一个收货所能承受的心理预期，如巴西客人的收货心理承受预期是 60 天，一旦超过 60 天，就会很难向其解释。因此，有效的物流方式能够适应不同国家的客户的心理承受预期。根据客户的情况及时安排配件与送件，避免去挑战不同类型客户的心理承受能力，尽可能为客户营造一种良好的物流体验，避免客户因临近最后确认收货日期但并未收到包裹而直接开启纠纷。

## 二、物流不当导致的跨境客户纠纷

### （一）物流时效慢

当前跨境电商如火如荼的发展带动了国际物流产业的蓬勃发展，然而跨境物流的盲区与时效问题依然存在，跨境客户对跨境物流体验性差、满意度不高的问题依然存在。

对于速卖通平台来说，产品自身问题是一方面，物流问题也是至关重要的另一方面。邮政作为比其他物流覆盖面积更广的物流方式，由于价格相对便宜，邮政小包自然而然成了速卖通平台上很多卖家的首选。虽然中国跨境电商出口业务 70% 的包裹都通过邮政系统投递，还有香港邮政、新加坡邮政等也是中国跨境电商卖家常用的物流方式，但是邮政投递的弊端却不容忽视。速度较慢、丢包率高是邮政最显著的不足，并且邮政运输限制比较严格：食品不能发，带粉尘、电池、磁性的不能发，三边（长宽高）长之和不能超过 90 厘米，单边长不能超过 60 厘米，单件物品首重不能超过 2 千克等。作为速卖通最常用的邮政小包，几乎 80% 以上都是超过 30 天递送，碰到圣诞旺季时，这个时间将有可能无限延长。

邮政小包的丢包率也较高。如果不是挂号件，就无法进行跟踪。大部分卖家不愿意增加挂号费用等成本，因为以私人包裹方式出境，无法享受正常的出口退税。另外，如果小包清关时被查出含电池、粉末及液体等特殊物质，包裹将很难通过，甚至会被整包退回或直接扣下。这些问题都极大地影响了物流的配送时效，而国外买家们虽然对跨境物流的投递时效有一个心理预期，但是运输中的不可知性往往会导致投递时效临近买家的心理界限而使其选择提起包裹还在运输途中或超时的纠纷类别。

### （二）物流信息的更新和提取错误

速卖通平台常用的物流方式虽然是邮政小包，但是因个别买家的特殊需要，卖家在设置物流模板时，除了设置默认物流模板外，通常还会设置一个买家自主选择物流方式的模板。买家也可以直接和客服沟通，表达自己的物流诉求。但往往有些时候，因为卖家原因或购买平台的系统修复等问题，会出现物流方式提取错误的情况，导致卖家未按照买家所要求的物流方式进行包裹投递，这就可能造成不必要的纠纷出现。

此外，卖家在收到订单后，应与买家确认默认收货地址。国外买家会存在出差、搬家、外出旅游等日常性的事件，为了避免这些不必要的麻烦让店铺产生纠纷，在店铺产生订单后务必要确认物流投递地址的准确性。

卖家确认地址是一方面，物流配送方投递也是一方面。有些买家在网上购物时遇到过物流在分拣时将包裹分拣到了另一个城市，导致卖家延长了收到包裹的时间或收不到包裹。在跨境物流上同样也存在此类情况，现在的物流分拣虽然已将机器人投入使用，但人工分拣还占主体，而且机器人的系统故障也是一种不可控的因素，双方的问题都是引起买家提起纠纷的因素。

除了以上两个问题，客户还经常遇到物流信息的跟踪不及时或查询不到物流信息的问题。速卖通平台常使用的邮政小包，以私人包裹的形式进行报关，形成了一个灰色清关区域。卖家不清楚海关滞留包裹的时间，导致包裹进入他国境内后，经常会信息跟踪不及时，这就容易引起买家对包裹的担忧，导致纠纷的出现。

### （三）包裹遇到退回及妥投失败

包裹退回可能是因为海关检测到产品存在特殊物质或存在包装等问题造成清关失败，抑或某国（如美国）不支持中国邮政平邮小包，而卖家却选择了这种物流方式。另外，因买家收货地址有误或不完整也会导致包裹直接退回给卖家。

卖/买家填报的最终投递地址非买家实际收货地址，或者邮局误将包裹送往非买家实际收货地址，都会造成包裹妥投失败。买家都会在不了解具体情况的状态下，对卖家店铺开启纠纷。

### （四）包裹或产品因运输造成损坏

在物流运输过程中，包装材质、天气及运输分拣等原因都会影响包裹到达买家手中的最终形态。一般情况下产品包装表层不会附上"小心轻放"等提示性标语，常用的瓦楞纸也会因为雨水天的不注意而导致包裹浸水破损。在分拣过程中，多数轻质包裹都是被分拣员以抛掷的方式送上分拣带，这就是买家看到包裹有撞击、挤压状态的原因之一。

此外，类似于纺织类物品虽不易损坏，但是在包裹破损的情况下容易造成产品受到雨水的浸湿或受潮进而影响买家收到产品后的心情。同时玻璃、陶瓷制品都是易碎易刮花的产品，卖家通常会贴上"轻拿轻放"标识，但是刮花等意外情况是需要物流在运输时亟须注意的。

## 三、物流环节预防跨境客户纠纷的策略

### （一）针对配送时效的物流选择

跨境电商平台的卖家应经过多方面因素的综合考虑，针对不同国家采用不同的物流方式，争取最大限度地提高物流的时效性，减少清关及配送等环节给跨境出口造成的影响。针对2千克以内的包裹，可以使用覆盖范围广、物流成本低的邮政小包；运往美国的包裹，

建议选择中国邮政的专线物流——E 邮宝，官方 7~10 天可以送达，根据实际情况在 20 个工作日左右可以妥投，而且清关稳定，配送有保障；配送至欧洲的包裹，建议选用顺丰的经济快递——欧洲快递，覆盖面广，运输时间快；运往俄罗斯、巴西和中东国家的包裹，可以选择有针对性、包清关的专线物流。此外，利用海外仓形成集成化仓储模式，将产品通过空运或海运头程运输和当地二程拖车的方式进行商品配送，从而减轻货物配送旺季的压力，缩短配送时间，提升客户满意度。同时，速卖通平台鼓励第三方物流公司以海外仓的形式给众多卖家提供服务，并给使用海外仓的卖家予以特殊标识，以此来改善客户购买体验。

### （二）物流信息准确度的提高

eBay、亚马逊、新蛋网等电商平台鼓励中国卖家采用海外仓的方式发货，兰亭集势启动全球跨境电商物流平台"兰亭智通"，以开放平台模式为跨境电商卖家整合全球各地物流配送服务商，从而达到全球智能路径优化、多物流商协同配送、大数据智能分析，使市场资源配置达到最优化。

速卖通物流配送模式与之还存在很大的差距，因此目前卖家可以与第三方跨境物流公司合作。专业的跨境第三方物流公司可以充分利用境外配套设施和资源，以及结合自身在该领域的了解程度，根据不同客户需求，采用智能分单系统，根据目的国、重量、品类选择一套最佳的物流配送模式，为客户提供高效、快捷、个性的境外物流方案。阿里巴巴全球速卖通与菜鸟网络合作提供的第三方物流服务——无忧物流，可以有效地追踪包裹物流信息，同时依靠速卖通平台资源，帮助卖家处理物流纠纷及售后服务。

### （三）退回或妥投失败包裹的处理

首先，保证物流面单信息的准确性，买卖双方的物流地址完整，条形码可以被识别，提供税号，特别是欧洲包裹需要增值税税号。其次，针对海关要求退回的商品，假如该商品本身价值低于或等值于物流费用，建议给海关就地销毁，避免造成更大的损失。

在目的国境内投递遭遇退回或妥投失败的包裹，速卖通卖家可使用无忧物流以确保买家收货地址的准确性，减小包裹妥投失败的概率。另外，采用海外仓先发货后销售的模式，提前解决在销售过程中清关带来的问题。同时，海外仓能够提供快速的退换货服务，可以对退回与妥投失败的包裹进行合理的处理，避免包裹直接退回国内而产生高额的物流费用。

### （四）包裹或物品需要得到更好的呈现

部分物流商在分拣时为了提高效率常使用抛掷分拣的方式，这就需要物流服务商们在追求效率的同时，要保证包裹的完整性。同时，因为跨境电商的产品具有多属性的特点，导致商品存放杂乱无章，这也在一定程度上对包裹和产品造成了损坏。对仓库管理的合理性优化，不仅能够提高订单处理的效率，也可以针对卖家的包裹包装进行相应处理，减少不必要的损坏。

递送时，车辆要尽量避免大幅度的颠簸和晃动，以防易碎易刮花产品在送达买家手中时存在运输造成的瑕疵。

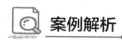 **案例解析**

### 一、案例背景

2017 年 5 月 23 日，嘉兴某跨境电子商务公司运营人员在速卖通平台上收到一位巴西客户关于茶具的询盘，该客服给出了适当优惠，并告知了 DHL 等物流的运输时间及费用。除去快递类物流，其余物流到达巴西的基本等待期为三个月。最终客户自主选择了中邮挂号小包下单，包裹正常运输，直至 8 月 22 日，客户以未收到包裹为由，向平台提出物流纠纷。经查，包裹在邮政中转过程中丢失。

### 二、操作步骤

收到提起的纠纷后，卖家应立即与客户联系引导其修改纠纷并给出如下相应措施供其选择：

（1）让客户重新下单，形成一个 0.01 美元的新订单，有了新的跟踪号就会生成新的保护期。

（2）承诺下次购买向客户发送一个定向优惠券，抵消这次的退款。

（3）买家近期要下新订单的话连同新订单一起发送给客户。

（4）下一次订单额外优惠 5%（按产品实际价格）。

（5）PayPal 退款给买家。

（6）买家修改物流原因为个人原因，卖家同意纠纷。

### 三、案例总结

发往巴西的包裹需经迈阿密中转，采用 EDI 电子报关进口。包裹类货物在经迈阿密中转时即已知关税金额，服务商会与收件公司联系确认关税的支付情况。在确认已收到收件人的关税后，方可准允从迈阿密转进巴西，故将影响货物的派送时效。案例中因为长时间的运输导致包裹的丢失，因此作为运营人员要时刻关注物流情况，及时发现并解决问题，以免因为物流问题引起纠纷，使自己处于被动处境。同时，巴西客户相对喜欢关注优惠的产品，所以卖家在沟通的时候要让对方感受到卖家是在给予优惠，以便更好地解决纠纷。

## 子情景五　沟通环节预防跨境客户纠纷

 **学习目标**

### 知识目标

● 能描述沟通环节预防跨境客户纠纷的意义。

- 能描述沟通环节处理不当可能会出现的跨境客户纠纷。

**能力目标**

- 能运用技巧有效预防沟通环节的跨境客户纠纷。

**素质目标**

- 培养与跨境客户进行良好沟通的能力，能有效避免因沟通问题引起的纠纷。

## 项目背景

随着生产技术的提高，企业生产的产品之间的差别越来越小，通过产品差别化来增强企业的竞争能力变得越来越困难。激烈的市场竞争也使客户资源变得越来越稀缺，而企业只有赢得客户才能赢得市场。要赢得客户就要避免与客户产生纠纷，同时也需满足客户个性化和多样化的需求，而在此过程中沟通环节对预防跨境客户纠纷至关重要。浙江英卡顿网络科技有限公司的跨境客服专员 Allen 在吴经理的要求下，开始从沟通环节思考如何预防跨境客户纠纷。

## 任务实施

步骤 1：认识到有效沟通对预防跨境客户纠纷的重要意义。
步骤 2：分析沟通环节的失误可能会导致的跨境客户纠纷。
步骤 3：能够针对沟通环节提出预防跨境客户纠纷的策略。

## 知识铺垫

### 一、有效的沟通对预防跨境客户纠纷的意义

#### （一）有利于客户了解产品及店铺活动，避免客户因不明细节产生纠纷

有效的沟通能使客户了解产品的特性，避免客户因不明尺寸、材质等细节，导致实际收到的产品不符合产品描述或产品与心理预期相差较大等问题，从而因货不对板提起纠纷。有效的沟通同时也能使客户了解店铺活动，避免客户因不了解店铺活动而提起纠纷。因此良好有效的沟通能够降低客户对产品的差评率和退货率，减少客户对于店铺不必要的误解，降低企业的营销成本。客户根据产品的描述而产生购买行为，客户对产品了解得越多，客户的预期也会更加接近实物，降低货不对板发生的概率，因此真实全面的描述是避免纠纷的关键。而全面详细地向客户介绍店铺活动，能够拉近与客户的距离，利用给予优惠的方式，来促进客户的二次消费。

### （二）有利于迅速解决客户问题，避免因客服回应慢产生纠纷

快速有效地解决客户可能会提起的纠纷问题，不但能够解决客户的燃眉之急，同时还能够照顾到客户的情绪，避免客户因为过于急躁的心情而给店铺带来纠纷。及时有效的沟通能够给予客户满足感并且提高其关注度。卖家设身处地为客户解决问题，不仅拉近了与客户的距离，增加了客户对店铺的忠诚度，而且还提高了二次购买的可能性。及时发现客户的问题，也能立刻把重要的信息反馈给店铺，为后期的包装及物流等环节提供方便。

### （三）有利于提高客户的满意度和忠诚度，降低纠纷发生的可能性

在竞争日益激烈的市场环境中，追求客户忠诚度和满意度成为永不过时的真理。因此在与客户进行沟通时，通过不回避客户的提问、换位思考、注重细节，用积极的服务态度、亲切的语气等方式拉近与客户之间的距离，减弱网络的虚拟性，来提高客户对店铺的满意度，给予客户一种归属感。而提高客户忠诚度和满意度不但可以给企业创造更多的利润空间和销售业绩，还能降低差评及退货率，减少客户流失，促进客户二次、多次购买。提高客户忠诚度和满意度也能够增进企业与客户间的沟通与交流，拉近客户与客服之间的距离，并从中了解到客户的真实需求，将信息及时地回馈给企业。

### （四）有利于了解个性客户的个性需求，从而准确地提供个性化服务来避免纠纷发生

沟通是交易的纽带，客户下单只是交易的开始。良好的沟通能够满足客户的个性化需求。对特殊客户的特殊要求进行特殊处理能避免纠纷的发生，并且能够提高客户满意度，拉近与客户的距离。而对于老客户，了解他们的特殊需求，可在其准备再次购买时优先提出给予满足，从而给予对方一种归属感。例如，节日前夕，客户在购买产品的包装上有特殊的要求，抑或对产品的物流选择有特殊的要求等。满足客户的个性化需求，给予客户关心，在很大程度上能促成二次交易。

## 二、沟通不当导致的跨境客户纠纷

### （一）由于沟通不当，导致客户因不明产品细节而提起纠纷

若沟通不当，未能使客户了解产品的特性，易导致客户因不明细节而提起纠纷。类似电子产品等若未向客户全面说明产品功能、使用方法及适配的型号等，易导致客户收到货物后与预期产生偏差，因无法与自身产品相匹配或无法合理使用而提起纠纷。例如，速卖通平台某店铺出售耳机，因售前客服未与客户进行沟通，导致在客户收到耳机后因不会正确使用而怀疑产品损坏，直接提起纠纷。服饰、鞋类产品若未给予准确的尺码表、材质及色板，易导致客户因尺寸不合适、材质与预期产生偏差或色差大等问题而提起纠纷。若急于达成交易而对客户有所欺骗，隐瞒产品的瑕疵及缺陷，易导致客户收到产品后提起纠纷。若未向客户提供产品授权证明，更易导致客户认为货物为假货，进而向平台进行举报。

### （二）由于沟通不当，导致客户不了解店铺活动而提起纠纷

若沟通不当，易导致客户不能理解店铺活动的规则，从而产生纠纷。例如，速卖通平

台某店铺以"店铺优惠券""满立减"等方式给予客户优惠，但因客户不了解店铺活动，产生了未领取优惠券就直接下单的情况，而付款后客户发现有未享的优惠从而导致其提起了纠纷；或者客户对店铺活动不够了解，以为优惠券能够叠加使用，因为对店铺有误解从而提起纠纷。而这种原本想给予客户优惠的政策，却因沟通不当导致了不必要的纠纷，影响了店铺的整体评分，降低了客户对店铺的满意度，实在是得不偿失。

### （三）由于沟通不当，导致客户的特殊需求没有及时被满足而提起纠纷

若沟通不当，易造成对客户的特殊需求未及时进行处理，如客户对产品包装有特殊需求、需要卖家提供商业发票、需要附赠贺卡及要求使用指定的物流渠道等。因客服没有注意到这些细节，或者忽略了客户的特殊需求从而导致纠纷，会大大降低客户再次购买的可能性。客服对大客户、老客户不实行区别对待，让他们没有体会到与普通客户的差别感，也会导致他们的满意度下降，从而对产品不再进行购买，卖家会因此流失重要客户。或者客服未及时与客户沟通，因有些客户需要快速得到客服回应，而客服未能及时解决客户的燃眉之急，可能会给客户造成经济损失和不必要的麻烦，客户也会因此对店铺提起纠纷。

### （四）由于沟通不当，导致没有照顾到客户的情绪而提起纠纷

若沟通不当，没有照顾到客户的情绪，未用正面积极的态度与客户进行交流，回避或无视客户的问题及需求，则会给客户带来较差的购物体验。而客户在购买过程中遇到问题时，往往情绪不够稳定，这时客服若未用积极的态度与客户进行沟通，或者沟通太过官方、敷衍、消极，语气带有个人情绪色彩，可能会火上浇油，导致客户提起纠纷。在与客户进行沟通时，也要照顾好客户的情绪，用不专业的态度来进行沟通很有可能会影响店铺的整体评分。

### （五）由于沟通不当，使客户不明物流状况而提起纠纷

若沟通不当，未与客户协调好货运方式、物流公司、送达地区、预期所需的运输时间等，会给客户收货带来麻烦及不必要的经济损失，因此客户有可能会对店铺提起纠纷；而未向客户解释海关清关缴税、产品退回责任和承担方等内容，可能导致货物被海关扣留、因不明由谁来缴纳关税而延滞货物的送达，且很有可能会影响到客户的资金流转，使客户提起纠纷；或者因产品被退回而不明原因导致纠纷；未能主动通知客户货物是否发货，以及运输情况，从而导致客户对店铺的满意度下降，在收到货物后就物流方面的不足而给予差评，从而影响产品的综合评分。若在与客户沟通前没有了解各个国家的禁忌，导致在沟通过程中，某些用词冒犯到了客户，导致订单无法促成，或者客户直接给予差评，就会失去与其再次进行交易的机会。

## 三、沟通环节预防跨境客户纠纷的策略

### （一）产品描述符合实际情况，做到真实全面

例如，电子产品等需将产品功能、使用方法及适配装置给予客户完整的说明，避免买

家收到货物后因无法合理使用、无法与自身产品适配及功能与描述不符合而提起纠纷；服饰、鞋类等产品应及时向客户提供标准的尺码表及色板，并准确告知产品的材质，不能为了急于出单而有所欺骗隐瞒，导致客户在收到货物后因货不对板、尺寸不合、色差大等原因提出退货或提起纠纷。若客户提起纠纷投诉卖家"销售假货"，应提供相应的产品授权证明，避免在客户退货的同时还要遭受平台相关规则的处罚。同时，也不应该上架未得到授权的产品，避免被客户举报而影响整个店铺的产品。而对于某些瑕疵产品也不应该对客户欺骗隐瞒，真实全面的产品描述是避免纠纷的关键，也是促进销售的重中之重。

### （二）对店铺活动描述做到清楚全面

客服在熟悉店铺活动的情况下，在客户下单前可提前告知店铺现阶段所有的优惠活动，这样不仅能避免客户因未享受店铺优惠或对店铺活动造成误解而提起纠纷的情况，还能因主动推广优惠从而增加客户对店铺的好感，降低差评率和退货率，较大程度上促进客户的二次消费。例如，速卖通某店铺前期通过营销活动吸引了大量的客户，但后来因客户不了解店铺活动，最终导致因优惠不能叠加使用而出现了纠纷。经过客服与客户的良好沟通，挽回了这一局面，还促成了新的订单。因此，作为客服要详细了解店铺活动，并与客户进行真诚的沟通，使客户对店铺优惠规则有所了解，避免产生不必要的纠纷。

### （三）对有特殊需求的客户的订单进行单独处理

有特殊需求的客户的订单需进行备注，并且进行特殊处理。有些客户对于产品包装、运输方式、商业发票、物流渠道等可能会有特殊的需求，如在重大节日前夕，客户可能会要求放置贺卡。对于这些特殊需求，应及时备注，注意细节，进行特殊处理，不可忽略或回避客户的特殊要求。如果不注重这些细节问题，可能会让客户产生差评，并且降低了其二次购买的概率。例如，速卖通平台的俄罗斯某大客户要求卖家选择 E 邮宝的物流方式，而店铺规定发 UPS 和 TNT，并且该店铺的订单超出 350 美元便可免邮。但客服由于粗心没有注意到俄罗斯客户提出的特殊要求，直接发了 UPS。虽仍是免邮，但因未满足客户的速度需求，仍然导致客户对这次卖家选择的发货方式非常不满，结果降低了这位老客户的二次购买概率。同时，针对老客户、大客户，卖家可以赠送一些小礼物，将其与普通客户进行区别化、特殊化，从而给予老客户、大客户一种归属感。店铺大部分的销售额需要依靠老客户及大批量订单的促成，因此对于老客户、大客户进行特殊对待，可以提高客户二次购买的可能性。在做售前沟通时，尽可能保持 TradeManager 在线，及时、准确地回复客户的疑问，尽量做到 8 小时内准确回复站内信和订单留言。有些客户因为特殊情况，需要与客服进行及时沟通。例如，客户在客户保护期第 59 天时提出延长保护期的请求，但由于时差导致未能及时延长保护期，从而致使客户提起纠纷；或者客户的大订单临时需要更改地址，若未及时得到处理便发货，也有被提起纠纷的可能。

### （四）与客户进行耐心和真诚的沟通

在与客户沟通时，要做到自然不做作，用真诚的语气拉近距离，降低跨境网络的虚拟性。同时，也要合理嵌入产品的推广，清晰的构思更加容易使客户接受产品的推销。切忌生搬硬套广告词汇，要做到取材于生活，与客户保持有效沟通。也可用与买家同为受害者的语境进行对话与沟通，可委婉抱怨形成共鸣，增进彼此的关系；语气应积极，但绝不能回避客户的提问，可采用转移注意力的方法。例如，针对物流纠纷，可提供海关、邮局等的联系方式，并且告知客户对方正在调查，需等候一段时间。切记，不可用不耐烦的语气回复客户，对于客户提出的问题要积极应答，直接面对，不回避、不逃避，注重细节，否则会导致客户满意度的降低，并且不会对店内产品进行二次购买，甚至直接提起纠纷或退货。并且客服要提前做好功课，熟知各个国家的禁忌及各国买家的购物习惯，如美国人不爱用先生、夫人、女士等太过郑重的称呼，比较喜欢别人直接称呼其名字，因为他们认为这是亲切友好的表现。提前熟知这些爱好，有利于订单的促成，也在很大程度上避免了因文化差异而带来的误会。

### （五）在运输途中要及时反馈物流信息，及时回复客户的疑问

货物发出的当天，卖家应该及时告知客户物流跟踪号和预计妥投时间，让客户胸中有数。至少每周查询一次物流信息，即使未有物流状况更新也要告知客户，给予客户更多的关心能够提高客户的满意度。如果包裹发生延误，应及时通知客户，解释包裹未能在预期时间内到达的原因，例如，因天气及物流旺季等非人为可控的因素，可主动告之货运延误，争取获得客户谅解；若包裹因未付关税而被扣留，应该及时告知客户，由客户缴纳税费，对于大客户可提出为客户分担一些关税，增进与客户的伙伴关系；及时处理客户关于物品迟迟未收到的询问，不仅能够降低退货率，还能提高客户的满意度。如果包裹因无人签收而暂存邮局，应及时提醒客户找到邮局留下的字条，并在有效期内领取。在交易过程中，与客户保持良好有效的沟通不仅能够促使交易的顺利完成，还能获得客户的二次青睐。若已确认物品已寄达，但客户称物品未收到，可以上传订单号让平台进行仲裁。同时，企业要选择有跟踪信息的快递方式，避免客户因长时间无法收到货物或长时间不能查询到物流更新信息而直接提起纠纷。

### 案例解析

#### 一、案例背景

嘉兴某跨境电子商务公司，在速卖通平台上收到了来自巴西老客户的询盘。在与客服沟通之后，该客户下了一笔大批量的产品订单，并告知客服需要采用 FedEx 的物流渠道。而该店铺只支持 DHL 的物流方式，并且规定每单超过 200 美元便给予免邮的优惠。客服未告知客户店铺关于物流的优惠方式，也没有备注客户要求的物流需求，最后仍旧以 DHL 的物流方式发出，引起了客户的不满，导致了纠纷的产生。

#### 二、操作步骤

出现客户纠纷后，客服应尽快与客户进行沟通，引导客户在平台上修改纠纷，并提出

相应的解决措施。

（1）首先向客户进行道歉，说明是由于客服的疏忽，未能按照客户要求的物流方式进行发货。

（2）告知客户，店铺给予订单金额满200美元免邮的优惠，客服想要给予客户优惠才会直接选择DHL的发货方式，博得客户的同情。

（3）考虑到客户是店铺的老客户，尽可能挽留，告知客户下次购买时作为补偿会给予一定的优惠。

### 三、案例总结

客户下单只是交易的开始，而沟通是交易的纽带。良好的沟通能够满足客户的个性化需求，对客户的个性化需求进行特殊处理才能避免纠纷的产生。在与客户沟通时要注意细节问题，如果忽略细节问题就很有可能导致纠纷产生。而店铺在很大程度上是靠老客户和大客户支撑的，一旦这些客户流失便会给店铺带来很大的经济损失。所以在与客户进行沟通时，如果客户提出要求，就要进行特殊备注，并且需要保持及时的沟通，不能直接根据自己的主观判断决定。

## 子情景六 售后环节预防跨境客户纠纷

## 学习目标

**知识目标**

- 能描述售后环节预防跨境客户纠纷的意义。
- 能描述售后环节处理不当可能会出现的跨境客户纠纷。

**能力目标**

- 能运用技巧有效预防售后环节的跨境客户纠纷。

**素质目标**

- 养成良好的针对售后服务进行总结与反思的习惯。

## 项目背景

跨境电商B2C模式下，客户出现"小""散""杂"等新特点。并且客户个性显著，需求差异大，导致售后问题颇多。所以平台卖家要熟悉平台规则，知晓产品细节，把握客户需求，在售后环节避免客户纠纷，提高客户的满意度。浙江英卡顿网络科技有限公司的跨境客服专员Allen在吴经理的要求下，开始从售后环节思考如何预防跨境客户纠纷。

**任务实施**

步骤1：认识到有效的售后对预防跨境客户纠纷的重要意义。

步骤2：分析售后环节的失误可能会导致的跨境客户纠纷。

步骤3：能够针对售后环节提出预防跨境客户纠纷的策略。

## 知识铺垫

### 一、有效的售后对预防跨境客户纠纷的意义

#### （一）有利于避免因客户对客服服务不满而直接提起纠纷

有效的沟通是解决客户纠纷的重要途径。

> **案例**
>
> 一位俄罗斯客户在速卖通平台上满怀期望地给自己买心仪的产品，经过数周的等待及无数次地关注物流动态后，收到的包裹却是少件的。内心极大的落差感促使客户向售后人员提出质疑，并告知售后人员要提起平台纠纷。售后客服此时应该做的就是倾听客户的不满，并以最抱歉的语气向客户解释并道歉：
>
> "Dear customer, I am very sorry that a few parcels have been left behind by the seller. However, the seller will contact the factory immediately and send the missing goods to you as soon as possible. The seller will also send a small gift to you for an apology. Please wait for a few more weeks!"
>
> （亲爱的，非常抱歉，包裹少件是卖家的疏忽。卖家将以最快的速度联系工厂，将缺少的货物快速发送给您，还会附赠一件小礼物表示卖家的歉意，请您再等待几周！）

诚意的道歉可缓解客户的焦躁心理，也能得到客户的谅解。沟通技巧不在于"花言巧语"，只需"对症下药"，把握好客户的心理需求，客户纠纷也就迎刃而解。

良好的客服态度是影响客户购物体验的重要因素。在速卖通平台上，售后人员的工作态度对店铺的销售额有着直接的影响。

> **案例**
>
> 一位巴西女客户在速卖通平台上购买了一款蓝牙运动耳机，经过两个半月的时间等待，包裹一直没有进行安全的妥投，客户内心的不安感越发严重，于是每天咨询售后客服：
>
> "Where is my package now?"
>
> （我的包裹现在到哪里了？）

无论何时，售后客服都不能因为客户的反复询问而反感，而是应该站在客户的立场上，为客户打消顾虑，安抚客户情绪。当客户收到包裹后，即便货物有一点破损，但是良好的售后服务也可以降低客户提起纠纷的概率。

### （二）有利于避免因客户对产品认知与实际不符而直接提起纠纷

明确的产品描述有利于避免客户的错误选择。客户在速卖通平台上消费时，多数是沉默式购买，很少会咨询客服。速卖通平台上的产品，多是通过在详情页上以图片和文字进行展示，以便客户一目了然。但由于语言不通和产品信息模糊，部分客户不能很明确地理解产品的英文说明。

> **案例**
>
> 一位美国女客户在跨境电商平台上购买了一件毛衣。根据产品尺寸描述，客户认为自己能够穿上这件毛衣，便没有咨询客服。但当客户收到包裹后，发现试穿不上，气愤不已，向售后投诉：
>
> "According to your description, my figure can be put on. This sweater is loose, it is bloated on me and it's a bit small for me! This is the wrong version of the goods."
>
> （根据你的描述，我的身材是可以穿上的。这件毛衣是宽松的，穿在我身上却很臃肿，并且有点小！你这是货不对板。）
>
> 售后客服在收到客户这样的投诉后，要沉着冷静地询问客户：
>
> "Dear, what is your height and weight?"
> （亲爱的，你的身高和体重是多少？）
>
> 客户回复：
>
> "66 in, 160 lb."
> （66英寸，160磅。）
>
> 美国公民习惯的长度单位是英寸，重量单位是磅。1英寸约2.54厘米，1磅约0.454千克。
>
> 此时售后明白，客户是因为毛衣尺寸的单位不同，导致数值理解出现偏差，从而提出纠纷，认为产品货不对板。

这告诉我们，售后客服要用平和的心态跟客户解释这是因为计算单位不同而造成的错误，并不是产品质量的问题。有效的售后环节有利于卖家弥补客户对产品的认知不足，从而保障客户的利益，避免客户纠纷。

### （三）有利于避免因客户对物流方式不满而直接提起纠纷

在跨境电商交易中，客户不熟悉物流的各个环节，也不了解海关的各项查验过程，如果又是特别着急的包裹，客户必然很焦躁。此时售后客服必须提前表述清楚，这有利于避免客户认为物流速度慢而提出差评或纠纷。

### 案例

一位俄罗斯男客户想要给自己的儿子买一件生日礼物，但由于生日即将到来，仅剩14天，普通的包邮快递很难在短时间内到达。售后客服在了解情况后，跟客户进行商榷，让客户自行选择商业快递。售后客服将应当注意的问题明确告诉客户：

"Dear, if you want to ensure that the goods in the 14 days to vote properly, the ordinary postal delivery is difficult to reach. If you are willing to pay the logistics costs we will provide you with a better choice of commercial express, we can guarantee the arrival time."

（亲爱的，如果要保证在14天内货物妥投，普通的包邮快递是很难到达的。如果您愿意支付物流费用，卖家将会为您选择更优的商业快递，肯定可以保证到达时间。）

通过有效的售后环节，有利于让客户知晓物流的时效，避免客户纠纷。

## 二、售后服务不当导致的跨境客户纠纷

### （一）售后回复效率低导致客户纠纷

售后的工作态度及效率是影响订单成交的重要因素。部分成熟店铺，伴随着每天大批量的成交订单，也带来许多层出不穷的售后问题，无形中加大了售后客服的工作压力。售后客服不仅需要回复大量的订单留言和站内信，还要处理后期纠纷问题，难免会出现疏漏，造成没有及时回复客户而造成客户不满的现象。

### 案例

一位日本客户在购买的蓝牙耳机到货后，对产品属性特征不太清楚：

"How is this Bluetooth connected? How to stretch the headset, and why the details page picture is somewhat different?"

（这个蓝牙是如何连接的？这个耳机线是怎么拉伸的，为什么和详情页的图片不一样？）

但是多次联系售后客服却迟迟未收到回复。客户原本只是对产品不熟悉，但售后客服没有及时回复，效率低，从而导致客户觉得售后人员不礼貌，对客户不重视，不满情绪愈发，直接导致客户提出差评，使客户纠纷升级。

### （二）售后沟通不当导致客户纠纷

沟通方式不当会直接影响客户的情绪，从而促使客户提起纠纷。

### 案例

客服在回复一位美国老客户的过程中，推荐了店铺的活动。他使用POP广告（卖点广告）方式强调重点，将大段的文字标成红色并且用大写标注：

"Dear, YOU CAN BUY ONE GET ONE NOW! Very cost-effective !"

（亲爱的，现在买一送一，非常划算！）

他希望客户能够一眼看到卖家的关键内容，再次购买。但不曾想因为文化差异而起到了反作用。美国人不喜欢红色，认为红色代表邪恶。客服弄巧成拙，客户因此投诉：

"Why you always shout out to me ?"

（你为什么总对我嚷嚷呢？）

售后客服通过与客户沟通了解到，在英文书信里成段的大写表示愤怒、激动喊叫，使得客服的推销显得非常没礼貌。

简洁明了的沟通方式更能让客户接受。

### 案例

一位日本客户收到自己的包裹后，售后客服给他发了一堆文字。这位售后人员在同客户沟通时喜欢用长句或复杂句式表达，但这很不利于与客户进行有效的沟通。

"Dear, Leave a comment, share your experience with us and other clients. Your review will help us improve and better serve our future customers and guide prospective customers in making the right choices at the time of purchase! Your time and energy sharing are highly appreciated by both parties at AliExpress!"

（亲爱的，请发表评论与卖家和其他客户分享您的经验。您的评论将帮助卖家改进并更好地为卖家的未来客户服务，并指导潜在客户在购买时做出正确的选择！速卖通和我们真诚感谢您付出的时间与精力！）

复杂又烦琐的句式会令客户看不懂卖家的真正用意，一些非英语母语的国家更难明白卖家的意思，更容易出现误会和纠纷。

所以，售后客服应该多用口语化的表达方式，这更适合与客户的沟通交流，便于客户理解。

### 案例

"Thank you for ordering a wireless bluetooth headset! We noticed that your order display has been received. Headphone how? Do you have a chance to try? Your feedback is very important to us !"

（亲爱的，感谢您订购无线蓝牙耳机！卖家注意到您的订单显示已签收。耳机怎么样？你试用过了吗？您的反馈对卖家非常重要！）

简洁明了的口语表述利于客户明白卖家的用意，避免售后沟通不当造成不必要的客户纠纷。

### （三）没有成熟的售后解决方案导致客户纠纷

成熟的售后解决方案可以应对许多棘手的客户纠纷。

> ### 案例
>
> 一位巴西客户在店铺购买了一款蓝牙运动耳机，等待了足足 3 个月后，却收到了一副坏掉的耳机。客户在第一时间联系售后：
>
> "Why I received the headset is bad, can not listen. Are you going to give me a refund return or exchange? But if exchange I can not wait for such a long time of logistics. Logistics money returned must be out of your business. So, how do you deal with this matter?"
>
> （为什么我收到的耳机是坏的？根本不能用。你是要给我退钱还是换货？但是换货我等不了这么长的物流时间，退货的物流钱必须是你们商家出。所以，你们要怎么处理这件事？）
>
> 新手售后客服人员遇到此问题时，因为没有好的解决方案，又不想让客户变得更加生气，便在站内信上回复客户：
>
> "You consider how to deal with this problem?"
>
> （你觉得怎么处理这个问题？）

很明显这是非常不专业的表现，会给客户留下不专业的印象。这时客户只能按照自己的理解提出修改意见，但由于对海关和检验检疫不了解，客户提出的方案往往是高成本的。没有系统的解决方案，容易出现客户和卖家相持不下的情况。

而部分不专业的售后客服处理类似问题时，没有从客户的角度去考虑，提出的解决方案也比较简单，不是退货就是退款，这样只会造成客户选择退款，最终导致差评。而完善的售后解决方案有利于避免客户纠纷。

## 三、售后环节预防跨境客户纠纷的策略

### （一）及时回复客户的问题，提高售后客服的工作效率

充足的售后团队人员配置不仅有利于店铺的正常运营，更能及时回复客户问题，有利于避免客户因售后回复不及时产生误会而导致纠纷。

提高售后客服的工作效率，当出现大量客户同一时间询问产品问题时，尽量顾及每个订单、每位客户。售后客服可根据留言内容进行筛选，有序安排回复顺序，严重性订单要先行解决，询问平常性问题的客户，可先发一句：

"Very sorry, now more number of after-sales consultation, after-sales staff's reply will be slow, please just wait a while."

（非常抱歉，现在售后咨询数量比较多，售后人员回复速度会比较缓慢，请亲爱的稍微等待一下。）

诚意的道歉可缓解客户的不安心理，也能得到客户的谅解。如果售后最后仍疏漏某位客户，也要及时道歉并说明具体原因，并示意客户下次购买时有优惠等。

### （二）培训售后客服，提高售后客服沟通技巧

优质的售后服务不仅可以降低退货率，而且还能降低运营成本。提高售后客服的沟通技巧，可以无形中提高店铺的销售额。

> **案例**
>
> 一位俄罗斯女客户在某店铺购买了一条手链，物件较小，客户想要时时关注物流信息。售后客服了解到客户对本土追踪网站的偏好，发现找到客户母语展示的最终信息是最有帮助的。并且速卖通主推俄罗斯市场，所以可回复：
>
> "Dear, you can track your parcel number on this page: http://www.russianpost.ru/tracking20/index."
>
> （亲爱的，您可以在这个网站跟踪您的包裹。）
>
> 这个网站在包裹到达俄罗斯后由当地邮政提供追踪信息。

细心的售后服务不仅能提高客户对店铺及产品的满意度，还能令客户感到自己被重视，能够有效地预防客户提出纠纷。

沟通技巧的提升不仅能避免一些不必要的客户纠纷，还能改善客户的购物体验。在回复订单留言或站内信时，不要出现大段的大写字母。其实，突出重点的方式有很多。例如，在回复信中分段描述、在每段开头用关键词标注，并正确排版。可采用"提供证据—证据来源网址—信息解读—解决方案—结束语"的逻辑顺序来进行说明。这一方式可以给卖家的客户增加阅读的趣味感，减少厌烦情绪，缓解阅读疲劳。并且这一方式不仅节省时间，而且还可以给客户留下客服人员思路清晰并且具备专业素养的形象，有利于获得客户的信任。

### （三）积极倾听客户需求，提出合理的解决方案

作为售后客服一定要在承担责任的同时，迅速提出解决方案，这样既可以平息客户的怒气，还可以体现认真负责的企业形象，又能防止订单售后处理失败，导致退货或退款，乃至差评，因此不能使用单一的解决方案。售后客服快速的反应可以降低处理问题的难度。

为客户提供解决方案时，售后客服应尽量一次提供两个或两个以上的解决方案，这样有利于客户选择，体现以客户为本的理念，为客户提供专属服务，让客户感受到应有的尊重，同时减少客户的失落感。在推介方案时，可以主推一个方案，尽力说明主推方案的益处，然后加上备选方案，并且承诺如果重发会提供实用小礼物，再购买会给予折扣，这样可以防止客户向平台提出纠纷或差评。

> **案例**
>
> 遭遇客户催单，客服应首先安抚客户的情绪，耐心地劝导客户继续等候：
>
> "Dear, don't worry! Now the shipping time has only 11 days, it is still in normal procedures, we will keep watching your post status."

（亲爱的，不用担心，现在邮程只过了 11 天，它仍在正常范围内，卖家会关注您的包裹的状态的。）

同时，提供其他方案：

"Dear, if you have not received your parcel in 25 days, and you do not want to wait any longer，please contact us, we will refund your money and cancel the delivery."

（亲爱的，如果在 25 天里你仍没有收到包裹，并且您不想再等了，请通知卖家，卖家会为您退款并取消投递。）

多种完善的售后解决方案可以安抚客户不安的情绪，也能提高客户对店铺的信任。

 **案例解析**

### 一、案例背景

2017 年 7 月 4 日，一位巴西女客户在速卖通平台上购买了 2 件绑带式塑身美体内衣，并在订单留言处附上了个人税号。售后客服考虑到巴西海关非常严格，清关手续烦琐，为了不耽误客户的收货时间，便发站内信再三确认："个人税号是否如实，包裹清关时能否安排有进口许可资质的进口商安排进口清关事宜？"但是，5 天的等待仍未收到客户的回复，而平台的发货期限为 7 天。所以，卖家选择了中邮挂号小包进行发货，面单上提供客户税号，并通知客户已发货的信息。除快递类物流，其余物流方式到达巴西的基本等待时间为 2.5~3 个月。9 月 26 日，产品已完成清关。9 月 29 日客户收到包裹。10 月 1 日晚，客户咨询售后，塑身衣如何穿戴。当时正值中国的国庆假日，售后客服均已放假休息。客户等待 2 天一直没有客服回复，认为客服工作效率低且不负责任，以及物流时间过长，从而向平台提出货不对板纠纷。

### 二、操作步骤

（1）10 月 6 日，售后客服正式上班后，发现平台纠纷和客户留言。第一时间发站内信给客户，诚恳道歉，解释当前正处于中国的法定假日，员工处于休假期。

（2）解释清楚内衣的穿戴方式，以及这么长时间一直没有回复客户的原因，希望客户能够撤销平台纠纷并给出相应补救措施：

① 客户在本店下一次购买时可享受 5%的优惠。

② 客户下一次购买产品时可获得一件精美小礼物。

### 三、案例总结

售后客服在客户下完单后，要跟客户确认发什么快递，以及客户是否满意此物流方式。因为速卖通面对全球买家，各国之间存在文化差异和时间差异，遇上特定节假日时，可在店铺首页海报与产品详情页明确标注：由于节假日放假，客服在此期间休息，给您造成不便请谅解，同时祝您节日快乐！一些非英文母语国家不能透彻理解产品详情页说明，所以需要在详情页上另加产品详细操作图，让客户更容易明白。售后客服要多与客户交流，从而有效避免纠纷的产生。

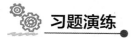 **习题演练**

### 一、单选题

1．敦煌平台规定，买卖双方在纠纷协调阶段时，卖方应在（　　　）天内响应买家协议，积极解决问题，避免纠纷升级。

A．3　　　　　　　　B．5　　　　　　　　C．7　　　　　　　　D．10

2．敦煌平台规定，物流纠纷率是指近（　　　）天内，使用邮政挂号类小包发货产生的未收到货和虚假运单号纠纷订单占比。

A．7　　　　　　　　B．14　　　　　　　　C．30　　　　　　　　D．90

3．敦煌平台规定，商户责任纠纷率是指近（　　　）天内，被平台最终判定为商户责任的纠纷订单占比。商户责任纠纷率每天更新一次，将影响商户评级、商户处罚。

A．7　　　　　　　　B．14　　　　　　　　C．30　　　　　　　　D．90

4．卖家在上传产品图片时应真实反映产品的实际情况，避免后期客户提出货不对板纠纷。速卖通平台本身对产品的主图上传就有一定的要求，其图片的像素需要大于（　　　）。

A．800×800　　　　B．600×600　　　　C．600×800　　　　D．900×900

5．速卖通售后宝中订单产生的"货不对板"类纠纷，由（　　　）介入核实处理。

A．买家　　　　　　B．卖家　　　　　　C．平台　　　　　　D．买卖双方

### 二、判断题

1．（　　　）因产品描述与实际不一致引起的纠纷需要卖家承担责任。

2．（　　　）ETD即卖家承诺的运输周期。

3．（　　　）卖家应在产品页面说明色差问题，如果没有说明，则属于卖家责任。

4．（　　　）若买家出现鞋子尺码纠纷，速卖通平台将依据买家收到鞋子尺码标签与产品详情页尺码表进行比对。

5．（　　　）买家若对发货期提出纠纷，速卖通平台的依据是下单后的 5 个自然日。

6．（　　　）巴西客人收货的心理预期是 60 天，一旦超过 60 天，便很难向其解释。那么如果包裹在运输途中，要积极跟进物流信息。一般客户在 60~90 天之后会开始投诉，因此最好对每一个还没有收到货的客户主动延长收货时间。

7．（　　　）一旦买家投诉卖家销售的产品为虚拟产品，订单将被取消，并将全额退款给买家。

8．（　　　）纠纷率为近 90 天内，（商户账户的平台升级纠纷数量＋协议纠纷中平台介入纠纷数量＋网关纠纷数量＋售后升级纠纷数量）/商户账户确认订单数量。

### 三、简答题

1．对于敦煌网各项纠纷率指标过高的商户，根据其严重程度，可能会受到哪些处罚？

2．卖家在买家咨询时如何规避跨境客户纠纷？

3．卖家在发货前如何规避跨境客户纠纷？

4．卖家在发货后如何规避跨境客户纠纷？

 **实践操作**

请分析敦煌网卖家处理纠纷的详细过程，总结卖家成功安抚买家的技巧，并分析该如何预防类似的纠纷。

# 情景十

# 跨境客户流失管理与挽回

## 子情景一　跨境客户流失概述

### 学习目标

**知识目标**

● 能描述跨境客户流失的概念、特点及分类。

**能力目标**

● 能科学地对流失的跨境客户进行分类。

**素质目标**

● 认识到跨境客户流失对企业的严重影响，养成防止跨境客户流失的职业素养。

### 项目背景

　　在跨境电商迅速发展的同时，各跨境电商企业对有限客户资源的争夺变得更加激烈，一系列的问题也逐渐显现，尤以客户流失现象最为严重。在有限的网络市场资源中，随着市场竞争的进一步加剧，防止跨境客户流失的形势将会更加严峻。因此，跨境电商企业需要研究客户流失情况，分析客户流失原因，并采取相应措施降低客户流失率，才能在激烈的行业竞争中脱颖而出，成为跨境电子商务领域的胜利者。浙江英卡顿网络科技有限公司的跨境客服专员 Allen 在吴经理的要求下，开始整理店铺内客户流失的信息，并将流失的客户进行分类。

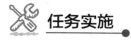

### 任务实施

　　步骤 1：在整理跨境客户流失信息前弄清楚跨境客户流失的概念。

步骤 2：了解跨境客户流失的特点。

步骤 3：根据不同角度，对跨境客户流失进行分类。

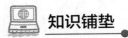 知识铺垫

### 一、跨境客户流失的概念

在成功获取新客户之后，企业需要根据客户终身价值的大小和构成，确定与客户建立何种类型的关系，然后提供相应的产品和服务，保持客户，防止客户流失。如果留不住有价值的客户，前期的获取客户所发生的费用与支出就无法弥补，企业就无法实施升级销售和交叉销售等客户开发活动，客户忠诚的培养也不能延续。要想弄清楚客户流失的概念，我们得先了解与客户流失相对的客户保持的概念。

客户保持看似简单，但不容易界定其概念。如何确定一个客户已经被保持了呢？从一般情况来说，如果客户在一定时期内持续地购买企业的产品和服务，就可以视为这个客户被成功保留。但这个概念里的"一定时期"到底应该是多久呢？以一个会计年度（12 个月）作为"一定时期"的界定显然是不合理的，因为服务或产品的用途、性能、结构等因素会影响客户的再购买次数和间隔时间。很多产品的平均购买周期（购买周期是指客户两次购买行为之间相隔的时间）都超过了 12 个月，有的长达数年，所以企业要根据不同服务或产品的性质，在了解客户购买周期的基础上确定"一定时期"这一指标的合理界限，不能一概而论。例如，婴幼儿用品一般购买周期都不会太长，而对于购买周期比较长的产品，如小家电可能会有一年或更久才会有购买需求，原则上，"一定时期"应该大于客户的购买周期。

客户流失和客户保持刚好相对应，可译为"lost customer"，从表面上可以理解为失去的客户。具体来说，客户流失就是客户为企业带来的价值流减少的状态，它不仅包括客户与企业完全中断业务关系，而且还包括客户逐步减少对企业的产品或服务的消费，或者减少购买数量，转而投向该企业竞争对手所提供的产品及服务。所以，只要一个客户为企业带来的价值处于减少状态，就可以认定该客户处于正在流失状态。客户流失可以是与企业发生一次交易的新客户的流失，也可以是与企业长期交易的老客户的流失，还可以是中间客户（代理商、经销商、批发商和零售商）的流失，甚至是最终客户流失。通常老客户的流失率小于新客户，中间客户的流失率小于最终客户的流失率。

### 二、跨境客户流失的特点

跨境客户流失即跨境客户因某些原因而离开当前为其所提供产品或服务的跨境电子商务企业，它是一种非契约关系情景下的客户流失。其主要特点如下。

（1）企业与跨境客户之间的关系建立标志是客户的首次购买行为，往后该客户的购买行为则很难进行判定。在非契约关系下，我们很难判定跨境客户是继续选择同一购物网站还是转向别的购物网站。因此，企业与跨境客户关系即便发生了终止也很难被企业提前观

察或意识到。

（2）由于跨境电商跨越了地域和时间限制，因此消费者的购物选择面更广，客户的稳定性较差，流失率较高。因为客户在满意或不满意的情况下都可能会自愿终止与企业的关系，把购买的目光转移到其他相关企业上。对于消费者来说，相比于实体店购物，通过跨境电商渠道购物的购买成本更低，购买选择更多。转向其他商家几乎没有转换成本，这使得跨境客户流失率偏高。

### 三、跨境客户流失分类

#### （一）从流失的最终结果来看，跨境客户流失可分为完全流失和部分流失

完全流失是指由于某些原因，客户不再到该店铺购买商品或服务，改到其他店铺进行消费，在一段时间内交易次数为零，这种流失也叫作零次消费流失或显性流失。

部分流失主要是指客户在购买本企业产品和服务的同时也购买竞争对手的产品和服务，从而在企业根据产品的周期规定的某个时间段内客户的交易相对减少，在本店铺的消费额逐渐降低，客户的价值由高变为低。简而言之，部分流失就是客户在数量上逐步减少购买企业的产品或服务，或者购买行为从高价值产品或服务逐渐转向低价值产品或服务，购买金额逐步减少。

#### （二）按客户流失原因，跨境客户流失可分为自然消亡类客户流失、需求变化类客户流失、趋利流失类客户流失和失望流失类客户流失

（1）自然消亡类客户流失。例如，客户因破产、身故、移民或迁徙等，无法再享受企业的产品或服务，或者客户目前所处的地理位置位于企业产品和服务的覆盖范围之外。

（2）需求变化类客户流失。客户自身的需求发生了变化，导致对产品与服务不再需要。需求变化类客户的大量出现，往往是伴随着科技进步和社会习俗的变化而产生的。

（3）趋利流失类客户流失。因为跨境电商企业竞争对手的营销活动诱惑，客户终止与该店铺的客户关系，而转变为企业竞争对手的客户。

（4）失望流失类客户流失。因对该跨境电商企业的产品或服务不满意，客户终止与该企业的客户关系。客户因失望而流失的具体原因可能是多方面的。例如，该跨境电商企业的产品或服务价格偏高，或者客户感到该企业的产品主要性能不足，或者该企业的服务不足（如不回答客户问题、随意回答客户问题、回答客户问题时与客户争执、把产品或服务缺陷的责任归于客户误操作等），以及未能处理好投诉（处理得不及时或不恰当）、消极的服务接触（职员不能尽力满足客户需求）、伦理道德问题（客户认为跨境电商企业有违法违规、越权等问题）等都有可能造成客户失望，从而不再到该跨境电商企业消费。

#### （三）根据客户流失的时间长短，跨境客户流失可分为缓慢流失型客户和突然流失型客户

一般来说，缓慢流失型客户流失前是有一定征兆的，如购买频率降低、购买量减少、

购买产品的单位价值降低、对跨境店铺的抱怨增多等，而企业一般对客户的这种相对缓慢的改变缺乏敏感性，往往忽略了客户心理上的变化，最后导致客户行动上的"背叛"。跨境电商企业应该实时关注此类客户的行为，定期对客户的各项数据进行统计分析，及时发现问题，随时修正客户服务方案。而突然流失型客户流失是没有提供任何信号给企业的，是由于某些突发事件所引发的客户流失。

### （四）根据跨境客户流失的主动性，跨境客户流失可分为主动流失客户和被动流失客户

（1）主动流失客户是指客户主动地不再选择该跨境电商企业进行交易，而是选择了其他跨境店铺的产品和服务。主动流失主要是由于客户自身的原因，如生活习惯和方式发生了变化。例如，客户以前喜欢吃辣的，现在由于胃病不能吃辣的食品，所以就不再购买此类食品。

客户主动流失也有可能是因为客户对该卖家的产品或服务不是很满意。客户主动离开卖家店铺的原因类型有如下几种。

① 价格流失型。价格流失型主要是指客户转向提供低廉价格的产品和服务的竞争对手，此时赢回流失客户的途径就是提供比竞争对手价格更低的产品或服务。

② 产品流失型。产品流失型是指客户转向提供高质量产品的竞争者，或者发现公司提供的产品是假冒伪劣产品因而离开店铺。这种流失逆转的可能性要小得多。因为价格原因流失的客户我们可以再"买"回来，但是如果客户认为竞争对手的产品质量更好，把他们争取过来的最好方法是公司采取举措提高产品的质量，这样成本可能会相对较高。

③ 服务流失型。服务流失型是指客户由于卖家服务恶劣而离开。这其中服务人员的素质和态度起着非常重要的作用。服务人员的失误主要源于服务人员的态度，如对客户漠不关心，不礼貌，反应滞后或缺乏专业的知识和经验技能。另外，售后服务人员对客户的抱怨和投诉没有及时地处理也会导致客户流失。

④ 技术流失型。技术流失型是指客户转向接受其他行业的公司提供的新产品或服务。

⑤ 便利流失型。便利流失型是指客户因现有产品或服务购买的不便性而流失。这里的不便性包括客户因等待服务或收到货的时间、等待预约的时间等太长而感到的不方便的感觉。

（2）被动流失客户是指由于跨境电商企业未能有效地监控到那些具有流失风险的客户，并且没有适时采取措施而造成的客户流失；或者由于客户本身的原因被跨境电商企业排除在交易范围外，这样的客户流失就是被动客户流失。后者一般是由于客户的信用度不佳或客户故意诈骗等原因导致的。

### （五）从时间角度而言，跨境客户流失可分为永久性流失和暂时性流失

永久性流失是指客户终止了与企业的合作关系；暂时性流失是指客户在某一段时间内没有购买行为，但是过了段时间又再次购买该企业的产品或服务了。对于永久性流失客户，企业对其无能为力，这是企业的永久性损失。对于那些暂时性流失客户，企业可以通过一

定的策略，将其挽回。

 **案例解析**

### 一、案例背景

一家速卖通饰品店铺，运营了近 3 年，经过各方努力，店铺的销售业绩比较可观。但最近销售经理发现客户量好像少了很多，销售业绩也有所下滑。销售经理很是着急，急切地想找出原因，那么销售经理应该开展哪些工作呢？

### 二、操作步骤

（1）根据跨境客户的订单信息，找出流失客户，并做好记录。

（2）根据跨境客户流失信息，将客户按照不同流失原因类别进行分类。

（3）根据统计的跨境客户流失原因，找出跨境电商企业存在的问题。

（4）根据造成跨境客户流失的原因及企业存在的问题，做有针对性的改进。

### 三、案例总结

卖家要意识到保留跨境客户的重要性。在成功获取新客户之后，企业需要根据客户终身价值的大小和构成，提供相应的产品和服务，保持客户，防止客户流失。如果客户流失，跨境电商企业就需要研究客户流失情况，分析客户流失原因，并采取相应措施降低客户流失率。只有这样，才能在激烈的行业竞争中脱颖而出。

## 子情景二　重视跨境客户流失的原因

 **学习目标**

**知识目标**

- 能够描述跨境客户流失产生的经济效果。
- 能够对跨境电商新老客户的购物过程进行比较。

**能力目标**

- 能够理解跨境客户流失产生的经济效果。
- 能够理解跨境电商新老客户购物过程的不同。

**素质目标**

- 意识到客户流失对跨境电商企业产生的经济效果，养成时刻防止客户流失的职业素养和职业能力。

## 项目背景

客户是一个公司最宝贵的财富。传统经营管理思想有个误区，其中的企业似乎只关心如何获取新的客户，如何扩大销售额，而忽略了如何保持已有的老客户。其实，老客户才是公司最具吸引力的群体。保持客户并使其增多是一个企业最重要的事情，同时又是一项艰巨的任务。

相比国内买家，海外买家在某个店铺成交之后，一旦拥有良好的购物体验会产生更高的依赖性，很有可能再次购买。同时，速卖通上的买家中有大量的小额批发客户。通过安全的交易保障体系，这些小额批发客户绕过当地的经销商而通过跨境电商直接获得低廉的价格和优质的商品。数据表明，保留一个老客户的维护成本比开发一个新客户的成本低得多。如果我们对成交的客户好好进行管理和维护，使得他们再次购买，使新客户变成老客户，老客户变成重要客户，那么我们也能够做到轻松运管店铺，轻松赚钱。鉴于此，浙江英卡顿网络科技有限公司的跨境客服专员 Allen 在吴经理的要求下，开始分析新老客户在购物上有什么不同，以及降低客户流失率对店铺有哪些好处。

## 任务实施

步骤 1：分别归纳总结新客户的购物流程和老客户的购物流程。

步骤 2：将新老客户的购物流程进行比较分析。

步骤 3：根据保持客户产生的经济效益分析降低流失率对跨境电商的好处。

## 知识铺垫

### 一、客户的两大力量

在知识和智力资本占有举足轻重的地位的行业，处于同一行业的各个公司之间的业绩存在着巨大的差距。导致巨大差距的原因，用常规的市场份额、经营规模、单位成本、服务质量等战略因素已无法解释。那么问题的根源究竟在哪里呢？美国贝恩策略顾问公司通过对几十个行业长达十年的调查，发现了人们从未注意和研究过的因素，正是这个因素足以解释上述现象及其相互间的数量关系，这个因素便是客户保持情况，换言之就是客户流失情况。西方一些领先企业的大量经营实践证明，低的客户流失率是企业经营成功和持续发展的基础和重大动力之一。客户流失率低的公司其利润额始终保持高位，增长速度也快得多。客户流失情况之所以会产生如此大的经济效果，主要源于以下两种力量。

#### （一）客户数量效应

客户数量效应即客户流失情况对企业客户存量的影响。假设有两家公司，一家公司的客户流失率是每年 5%，而另一家公司的客户流失率是每年 10%。即前者的客户保持率为

95%，后者为 90%。再假设两家公司每年的新客户增长率均是 10%，那么第一家公司的客户存量每年将净增 5%，而第二家公司则为零增长。这样持续几年后，前者的客户存量将翻一番，而后者却没有实质性的增长。

### （二）客户保持时间效应

客户保持时间效应主要表现在两方面：一方面是老客户为公司贡献更多的利润，另一方面是公司保持老客户的成本要比获取新客户的成本低得多。

美国市场营销学会客户满意手册的统计数据表明，吸引一个新客户所耗费的成本大概相当于保持一个现有客户的 5 倍，减少客户流失就意味着用更少的成本减少利润的流失。在成熟期的产品市场中，要开拓新客户很不容易。客户的忠诚度是一个企业能够生存发展的最重要的资产之一。在大多数情况下，企业从每位客户那里赚取的利润与其停留的时间成正比。随着客户保持年限的延长，投资回报率会呈现规律性增长。在大多数行业里，长期客户对企业的贡献随时间的延长而增加。因为高度满意的客户随着时间的增加会购买更多的产品或服务，并愿意为物有所值的产品或服务付出额外的费用。同时，拥有忠诚度的客户在已经建立信赖感的前提下的交易行为会为双方节省大量的时间成本、精力、人力，也会因客户有学习的效果而使企业可以花费较少的成本来服务客户，降低了公司的服务成本。而且忠诚的客户也会对该企业进行正面宣传，以便他人参考，他们也会把卖方推荐给其他潜在客户，进而替企业创造新的交易，从而间接地为企业创造更多的收入和利润。而当面临卖方合理的价格调整时，长期客户对价格敏感度较低，不会因一点小利而离开。企业一旦无法留住客户，不仅会失去原有客户的收益，并且需要花费更多的成本去寻求新的客户以取代原有客户，因此将因客户的转换行为而造成企业成本负担加重。而拥有长久且比较忠诚的客户，对企业的运营与收益较为有益。

## 二、跨境电商新老客户购物过程比较

一个跨境电商店铺要通过各类推广活动吸引潜在购买客户的访问，再通过店铺客服的咨询服务将其转化成正式购买客户。每一个客户的产生都要耗费大量的广告成本与人力成本。一旦这个客户成为该店铺的购买客户，如果他的购物体验很好，那么他就极有可能重复购买。下面是我们为客户规划的成长路径：

访问客户→潜在购买客户→购买客户→重复购买客户→忠实客户

很多店铺非常注重开发新客户，所以在广告投放、活动策划等环节投入巨大，而往往忽略了对老客户的维护与挖掘。付出不菲的营销费用，带来的收益增长却只有一天或相当短的时期。那么，如何使这些营销费用持续为卖家贡献效果？如何让这些费用的效果最大化？归根结底，就是如何让客户带来持续的价值。

新客户一般是通过搜索或广告进入店铺。因为第一次购买顾虑比较多，所以进店之后要看产品样式、看信誉、看销售记录、比较产品价格、看客户评价，然后还要询价、砍价、咨询售后服务，最后才成交购买。如果因为我们某一个环节服务不到位或与客户沟通不畅，还很容易产生纠纷。而老客户一般通过收藏或网址直接进入店铺。因为之前有过购买经历，所以对店铺的产品与服务比较放心，老客户会比较看重样式与店内活动，简单咨询或不咨询就直接拍下付款，收货之后产生的纠纷也会比较少，满意度很高。

接下来，将对新客户和老客户的购物行为进行比较。显而易见，老客户比新客户的购物过程更加简化，服务成本更低。

新客户：

看式样、看诚信、看销量、看价格、看评价→咨询、砍价、询问售后→购买→收货验货、完成支付、纠纷较多

老客户：

看样式、对比价格→咨询→购买→收货验货、完成支付、满意度较高

老客户不仅重复购买的开发成本更低，而且他们对店铺的品牌与产品更加认同，黏度很高。很多老客户一次会购买更多的产品，客单价高。并且因为对店铺较为认同，所以与卖家沟通会更加顺畅，即使卖家的服务有不到位的地方，客户也能够理解，对产品的评分也很高。还有很多客户愿意写非常精彩的好评或心得分享，给卖家带来了很好的口碑传播效果。

总之，无论是实体企业还是跨境电商环境下的企业，相对稳定的客户圈对企业而言有着至关重要的作用。它可以使企业少受许多不确定性因素的干扰，使企业能够做出高效的决策。而且稳定的客户群、极低的流失率可以扩大企业的口碑效应，公司在推出新的产品或服务时，这些稳定的客户群更容易接受。跨境电商企业能够保持稳定的客户群，就相当于企业能够保持稳定的利润收入，并且在稳定的基础上能够持续地增长。

 **案例解析**

### 一、案例背景

某速卖通店铺非常注重开发新客户，在广告投放、活动策划等环节投入了巨大的营销费用。但卖家发现有些客户在购买时，顾虑特别多，从最初交流到最终购买要花很长时间，增加了成本不说，有时弄得业务人员特别心累。当然，也有部分客户购买时很爽快，简单地咨询后就会下单。业务经理要求业务员分析一下这两类客户的不同，并找出能够降低营运成本的办法。

### 二、操作步骤

（1）按照每次购买产品的时间长短，将客户进行分类。

（2）找出步骤1中分类客户的共同特性：是初次购买？还是再次购买的回头客？

（3）分别将初次购买和再次购买的客户购买流程进行梳理。

（4）根据新老客户购买流程的不同，找出能够帮助企业降低成本、促进客户购买的办法。

### 三、案例总结

如何使广告投放、活动策划等营销费用效用最大化，并使这些费用持续为卖家贡献效果？归根结底，就是思考如何让客户带来持续的价值。然而，有些跨境电商企业往往忽略了对老客户的维护与挖掘，将精力放在寻找新客户上。这样的后果就是店铺需要不断地投入广告费用、增加营销成本和营运成本。企业应该意识到保留客户的重要性，尽量降低客户流失率。只有这样，才能稳定客户群，降低企业的营运和营销成本。

## 子情景三　跨境客户流失率

 **学习目标**

**知识目标**

- 了解跨境客户流失的评估指标。
- 掌握跨境客户流失率的计算。
- 掌握跨境客户流失的成本核算。

**能力目标**

- 能够描述客户流失的评估指标有哪些。
- 能够掌握客户流失率的计算原理和计算方法。
- 能够计算跨境客户流失的成本损失。

**素质目标**

- 能够意识到跨境客户流失会对企业造成巨大的损失，养成防止客户流失的职业素养和职业意识。

 **项目背景**

开发新客户对企业来说非常重要，但在产品供大于求、竞争激烈的市场上，新市场的开拓毕竟有限，成本亦很高。于是，保持老客户的忠诚、防止客户流失成为企业营销的一大重点。在激烈的市场竞争中能够脱颖而出的企业都有一个共同点，那就是客户流失率比较低。那么企业该如何评估客户流失呢?一般可以通过计算一系列指标来体现，而客户流失率就是反映客户流失情况的主要指标。浙江英卡顿网络科技有限公司的跨境客服专员Allen在吴经理的要求下，开始统计店铺的客户流失率，以便了解店铺内新老客户的占比情况。

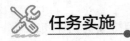

**任务实施**

步骤1：统计店铺当前的客户数量。

步骤2：统计流失客户的数量。

步骤3：根据客户流失率计算原理计算流失率。

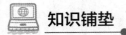

**知识铺垫**

## 一、跨境客户流失的评估

### （一）跨境客户流失率的概念

跨境客户流失率衡量的是在指定时间段内跨境电商店铺失去客户的比率，是客户的流失数量与全部消费产品或服务的客户的数量的比例。它是客户流失的定量表述，是判断客户流失的主要指标，直接反映了企业经营与管理的现状。

我们可以通过客户最近一次消费距离当前的时间来鉴定客户是否流失，因此要分析客户流失就需要知道每个客户最后一次消费的时间。一般在公司的客户管理系统数据库中会有相应的客户购买信息，所以建议在储存客户基础信息的同时记录客户的最近一次购买时间，这样就能准确地计算客户最近一次购买距离当前的间隔时间，进而区分该客户是否流失。在获取数据时要区别产品或服务的购买周期问题。同时，需要注意的是客户的流失可能并不是永久的，也许客户在一段时间内对店铺确实没有任何需求，那么他会离开店铺一段比较长的时间；或者流失客户也会因为跨境店铺的某次营销或质量的改善而重新回来。

在确定了客户是否流失之后，我们就需要弄清楚流失客户的数量。店铺总流失客户数的计算比较简单，以超过产品或服务一个购买周期没有再次购买产品或服务即认定该客户流失，那么总流失客户数就是所有"当前时间点–客户最近一次购买的时间点>一个购买周期"的客户数量。但是单纯的总流失客户数量对于分析是没有意义的，因为大部分情况下这个数值是一直递增的，因此我们需要计算总流失客户数占总客户数的比例（客户流失率），以及新增流失客户数，并观察它们的变化趋势，从而分析客户流失情况。

### （二）跨境客户流失率的计算

跨境客户流失率有绝对客户流失率和相对客户流失率之分，绝对客户流失率衡量的是客户流失的数量比例趋势。而相对客户流失率考虑了流失客户对公司销售额的贡献程度，更能够反映流失客户对公司的影响。因而客户流失率有两种计算方法：

绝对客户流失率=流失的客户数量/全部客户数量×100%

相对客户流失率=流失的客户数量/全部客户数量×流失客户的相对购买额×100%

其中：

流失客户的相对购买额=流失客户的平均购买额/全部客户的平均购买额

### 案例

一家公司的客户数量从500减少到475，则它流失的客户数量为25，则：

绝对客户流失率=25/500×100%=5%

若流失的25位客户的平均购买额与全部客户的平均购买额相比是3，也就是说相对购买额为3，那么：

相对客户流失率=25/500×3×100%=15%

下面以案例说明如何计算客户流失率。

### 案例

据内部资料统计，某跨境电商企业2013年有业务往来的客户数量为320个，到了2017年，这些老客户只有60个还在与该跨境电商企业合作。这些客户每年与该企业还有业务往来的数量如表10-1所示。

表10-1　某跨境电商企业2013—2017年原有客户数量

|  | 2013年 | 2014年 | 2015年 | 2016年 | 2017年 |
|---|---|---|---|---|---|
| 原有客户数量（个） | 320 | 210 | 150 | 90 | 60 |
| 每年原有绝对客户流失率 | — | 34.38% | 28.57% | 40% | 33.33% |
| 5年原有绝对客户总流失率 | 81.25% | | | | |

假设，只考虑原有客户的流失（含完全流失和部分流失），不考虑新增客户数量，则原有绝对客户流失率应为：

$$原有绝对客户流失率=\frac{第N年原有客户总数-第M年原有客户总数}{第N年原有客户总数}×100\%$$

根据原有绝对客户流失率公式依次计算如下。

2014年的原有客户绝对流失率为：（320–210）/320×100%=34.38%。

2015年的原有客户绝对流失率为：（210–150）/210×100%=28.57%。

以此类推，得出2016年和2017年的原有客户绝对流失率分别为40%和33.33%。

而该跨境电商企业5年间的原有绝对客户总流失率为:（320–60）/320×100%=81.25%。

根据计算得知，原有绝对客户流失率每年在33%~40%，而5年间的原有绝对客户流失率高达81%之多，这意味着经过5年后，该企业的原有客户只有不到20%保留了下来，其他大部分客户基本都流失了。

如果要计算相对客户流失率，就需要先计算流失客户的相对购买额（流失客户的平均购买额/全部客户的平均购买额），然后再用流失的客户数量与全部客户数量的比值乘以流失客户的相对购买额。

例如，该跨境电商企业 2013—2017 年的客户数量及相对购买额如表 10-2 所示。

表 10-2　某跨境电商企业 2013—2017 年原有客户流失情况

| | 2013 年 | 2014 年 | 2015 年 | 2016 年 | 2017 年 |
|---|---|---|---|---|---|
| 原有客户数量（个） | 320 | 210 | 150 | 90 | 60 |
| 原有客户流失数量（个） | — | 110 | 60 | 60 | 30 |
| 年度流失客户的相对购买额 | — | 1.2 | 1.4 | 1.3 | 1.1 |
| 5 年流失客户的相对购买额 | 1.21 | | | | |
| 年度相对客户流失率 | — | 41.25% | 40% | 52% | 36.66% |
| 5 年相对客户流失率 | 98.31% | | | | |

根据相对客户流失率公式依次计算如下。

2014 年的相对客户流失率为：110/320 × 1.2 × 100%=41.25%。

2015 年的相对客户流失率为：60/210 × 1.4 × 100%=40%。

以此类推，得出 2016 年和 2017 年的相对客户流失率分别为 52%和 36.66%。

而该跨境电商企业 5 年间的相对客户流失率为：( 320–60 )/320×1.21×100%= 98.31%。

根据计算得知，相对客户流失率每年在 36%~52%，而 5 年间的相对客户流失率高达 98%之多，这意味着经过 5 年后，该企业的原有客户基本上已经不能为该企业的销售额带来贡献了。

### （三）其他评估客户流失情况的指标

除客户流失率外，客户保持率、客户推荐率也能够反映客户流失情况。

#### 1．客户保持率

客户保持率是客户保持的定量表述。客户保持是指企业维持已建立的客户关系，使客户不断重复购买产品或服务的过程。客户保持率也是判断客户流失的重要指标，与客户流失率完全相反，客户保持率高，则客户流失率低。它反映了客户忠诚的程度，也是企业经营与管理业绩的一个重要体现。

客户保持率=客户保持数/消费人数 × 100%=1−客户流失率

#### 2．客户推荐率

客户推荐率是指客户消费产品或服务后介绍他人消费的比例。需要注意的是客户流失率与客户推荐率成反比。

跨境电商企业还可以通过市场预测统计部门获得的市场指标来评估客户流失情况，如市场占有率、市场增长率、市场规模等，通常客户流失率与上述指标成反比。跨境电商企业还可以通过营业部门和财务部门获得的销售收入、净利润、投资收益率等收入利润指标来评估客户流失情况，以及借助行业协会所开展的各类诸如排名、达标、评比等活动或权威部门和人士所发布的统计资料判定企业的竞争力指标，从而评估客户流失情况。

### 二、跨境客户流失成本计算

**案例**

一位妇女每星期都会固定在一家杂货店购买日常用品，在持续购买了 3 年后，有一次店内的一位服务员对她态度不好，于是她换到其他杂货店买东西。12 年后，她再度来到这家杂货店，并且决定告诉老板为何她不再到店里购物。老板很专心地倾听，并且向她道歉。等到这位妇女走后，他拿来计算器计算杂货店的损失。假设这位妇女每周都到店内花 25 美元，那么 12 年她将花费 1.56 万美元。只因为 12 年前的一个小疏忽，导致他的杂货店少做了 1.56 万美元的生意！

计算整个企业总的客户流失率可以反映企业客户流失情况，或者说客户保持工作的总体绩效，但不能揭示出客户流失或保持的真实情况和内在结构。企业如果单凭总体客户保持率来衡量客户保持工作的效果，往往会出现较大的偏差。因为客户在购买量、服务成本和购买行为方面存在差异，客户或客户群体之间的贡献价值也有所区别。例如，甲企业 2015 年和 2016 年的客户流失率都是 10%，但 2015 年流失的 10% 的客户属于高价值客户，他们的消费总额占据整个企业销售总额的 30%，或者他们的贡献利润占企业净利润的 50%；而 2016 年流失的 10% 的客户属于低价值客户，他们的消费总额只占据整个企业销售总额的 5%，或者他们的贡献利润占企业净利润的 3%。很明显，尽管两年的总体客户流失率是一样的，但实际上 2015 年的情况要比 2016 年严重得多，说明企业经过一系列的调整和努力，经营状况已经得到了极大的改善。所以，为了让客户流失率得到更加准确的反映，我们还需要计算企业的"基于销售额的客户流失率"或"基于利润的客户流失率"。

**案例**

假设一家跨境电商公司有 6 400 个客户，由于服务的质量问题，2017 年流失了 20% 的客户，也就是有 1 280 个（6 400×20%）客户流失。平均每流失一个客户，营业收入就损失 4 000 元，相当于公司一共损失了 5 120 000 元（1 280×4 000）的营业收入。假如公司的盈利率为 10%，那这一年公司就损失了 512 000 元（5 120 000×10%）的利润。而且随着时间的推移，公司的损失会更大。

或许面对单个客户的流失，很多企业会不以为然，而一旦看到这个惊人的数字，不由会从心底重视起来。除此之外，客户流失还会有潜在成本的损失。据统计，获取一个新客户的成本是保留一个老客户的成本的 5 倍，而且一个不满意的客户平均要影响 5 个人，以此类推，企业每失去一个客户，其实就意味着失去了一系列的客户，其口碑效应的影响无可估量，也就是说客户流失的成本是巨大的。为有效地防止客户流失，就要让员工真正从心底认识到客户流失问题的严重性，在日常的工作中加以防范。

### 案例解析

#### 一、案例背景

某经营休闲鞋服的速卖通跨境电商店铺，特别注重客户的开发，也有着不错的销量。与此同时，客户流失现象也特别严重。跨境客服专员小明发现有很多客户只有一次购买记录，而且距离一个购买周期已经很长时间了。经计算，该店铺去年的客户数量为 3 200 个，而这些客户留下来的只有 1 500 个，客户流失率接近 50%。经理要求小明预估流失这些客户给企业带来的损失。

#### 二、操作步骤

（1）计算客户流失数量（原有客户数量–留下来的客户数量）。

（2）根据公司销售额计算平均一个客户给公司带来的营业收入。

（3）用客户流失数量乘以平均一个客户给公司带来的营业收入即估算出因客户流失企业营业额的损失。

（4）为了更近一步计算给公司带来的利润损失，小明先计算出了公司的盈利率，然后用损失的营业额乘以盈利率即得出了流失客户给企业带来的损失。

#### 三、案例总结

客户流失即意味着这些客户不再为企业创造价值、带来销售收入，更不能带来利润，对企业的可持续发展非常不利。企业应该意识到客户流失问题的严重性，尽量降低客户流失率。只有这样，才能稳定客户群，使企业稳步发展。

## 子情景四　跨境客户流失的原因

 学习目标

**知识目标**

- 了解跨境客户的特点。
- 了解跨境客户流失的内外部原因。

**能力目标**

- 能够描述跨境客户的特点。
- 能够描述跨境客户流失的内外部原因。

**素质目标**

● 在工作中尽量避免做出会使客户流失的行为，养成良好的职业素养。

##  项目背景

一些跨境销售人员常说："不久前与客户的关系还好好的，一会儿'风向'就变了，客户跑了，真不明白。"客户流失已成为很多企业所面临的问题，它们大多也都知道失去一个老客户将带来巨大损失，需要企业至少再开发 10 个新客户才能弥补。但当问及企业客户为什么流失时，很多销售人员总是一脸迷茫，而谈到如何防范时，他们更是不知所措。

互联网和电子商务行业的发展对跨境电商行业来说，既是机遇，又是挑战。面对新的机遇和挑战，要抓住发展的战略期，从而迎接挑战。在竞争日益激烈的电子商务行业，如何正确了解并及时把握住当前电子商务环境下客户的行为特征及规律，从而紧紧抓住老客户，同时发展新客户；如何有效识别潜在的流失客户，分析流失原因，进而采取相应措施留住价值大的老客户，尽量减少损失，实现利益最大化和企业的发展，是每个跨境电商企业都要认真思考的问题。而在分析客户流失的原因之前，我们也需要了解跨境客户的特点。浙江英卡顿网络科技有限公司的跨境客服专员 Allen 在吴经理的要求下，开始分析店铺内客户流失的原因。

## 任务实施

步骤 1：根据统计的客户流失分类情况找出其共同特征，明确客户是在哪个环节流失的。

步骤 2：分析客户流失的原因，并形成文字报告。

## 知识铺垫

### 一、跨境客户的特点

与传统商务模式下的客户相比，由于跨境在线客户所处的特殊消费环境和具有的特殊消费方式，使其呈现出许多有别于传统客户的新特点，主要体现在以下几个方面。

（1）跨境客户进行在线消费不受地域限制和消费时间的影响。随着全球网络覆盖率的不断提高，跨境在线客户和跨境电商之间实现了"零距离"的互动。伴随跨境电商发展而日益发达的物流系统更使跨境在线客户得到了前所未有的便捷的消费体验。跨境在线客户可以足不出户享受到异国的产品和服务。

（2）产品和服务的范围更大。由于网络突破了以往消费地域和消费时间的限制，使跨境在线客户在同一时间有机会对更多不同跨境店铺的同一产品进行考量。客户对产品和服务的选择空间更大，从而导致跨境在线客户对企业忠诚的实效不断减小，流动性增大，客户流失率增大。

（3）在线购物互动性强。一方面，跨境在线客户与商家互动的机会增加。跨境电商企业通过互联网发布产品信息，可以对产品进行宣传。一些电子商务网站具备的社区特性和社会化商务模式，也增加了跨境在线客户与卖家之间进行互动的机会。另一方面，在线客户之间相互影响的效应更为明显。通过互联网传递网络口碑信息使得商家影响力的传播极为迅速，在线客户也更容易相互影响，快速地聚集成独特的网上团购客户群。

（4）在线客户需求具有更强的时效性。在瞬息万变的网络环境中，互联网使得信息更新速度不断加快，跨境在线客户的需求也会随着所接受信息的变化而发生变化，这要求跨境电商能够更加快速地做出响应。

（5）个性化需求强烈。网购市场产品和服务的丰富化、多样化和全球化促使消费者不再惧怕商家的挑战，而是制定自己的消费准则。跨境在线客户在选择产品和服务时更多地取决于个人偏好，其需求就更加多样化和个性化。

## 二、跨境客户流失的原因分析

客户流失对于每一个企业来说都不可避免。跨境在线客户新特点的出现，使得在线客户流失的原因也变得多种多样。通过分析客户流失原因，有利于我们采取相应策略来降低有价值客户的流失率，真正地提高成本收益比。通常，影响跨境客户流失的因素有：①企业自身原因（产品质量、服务质量、员工流失、市场营销手段不当，如产品定位或定价不合理及企业缺乏创新等）；②竞争对手的争夺；③客户因素（被竞争对手吸引、需求发生变化、恶意离开及客观原因）；④服务细节疏忽导致客户对产品或服务不满意；⑤系统智能化、网页技术、网页设计与布局不够吸引客户；⑥售后服务（物流配送、售后服务方面及退货政策等）；⑦企业管理不善及诚信问题；⑧市场波动；等等。这些都有可能造成客户流失。

仔细观察上述影响客户流失的因素，就会发现除了市场竞争及客户主观原因而导致客户流失外，其他导致客户流失的因素主要都归结于企业自身的原因，是可以控制的部分。因此，跨境电商企业可以通过找出客户流失的原因，分析企业自身存在的问题并改进，来减少客户流失情况的出现。

导致跨境客户流失的最关键因素，一般表现在以下几个方面。

### （一）跨境客户流失的内部原因分析

#### 1．员工跳槽

在跨境电商企业平时的业务往来中，由跨境电商企业的营销人员直接与客户联系，如果跨境电商企业缺乏对客户信息和客户关系的规范管理，就会造成客户只认销售人员、不认企业的现象。一旦销售人员跳槽到竞争对手企业，客户就很容易在销售人员的鼓动下被带到竞争对手那里，从而带来相应客户的流失，与此同时带来的是竞争对手实力的增强。

#### 2．服务差使客户不满意

员工是企业的名片，每个员工的言行都直接或间接地影响着客户的思维和情感，从而对客户的购买行为产生推动或阻碍作用。在跨境电商企业日常的工作中，通常以销售人员为核心开展工作，其他部门提供服务和支持。如果企业各部门间缺乏必要的沟通机制，员工在工作中没有"营销的观念"，认为自己的工作与销售无关，不会影响到公司的经营业绩，那么员工的服务意识就会淡薄，会让客户在购物过程中产生不满情绪，不再继续到店铺消费。例如，员工较为傲慢，客户提出的问题不能得到及时解决，咨询无人理睬，投诉没人处理，服务人员工作效率低下，没有及时发货，销售过程中售前态度和售后态度相差很大，成功地收到订单后就不再当别人是客户等，都会直接导致客户不满意，进而导致客户不会再次购买企业的产品或服务。当客户对跨境企业服务质量感到不满且问题得不到解决的时候，客户就会转而投向竞争对手。这部分客户对企业造成的负面影响很大，而且这些客户回归的可能性很小，挽回这些客户需要投入大量的精力和物力。

### 3. 诚信问题

一旦客户认为跨境电商企业有诚信问题出现，往往会选择离开，不再光顾店铺。

有些跨境电商企业为了笼络客户，夸大宣传和承诺，将客户的期望抬得过高，但是很多时候由于超出企业的能力范围而无法兑现承诺，客户很可能会更加失望。例如，有时候为了使自己的产品看起来比较吸引眼球，卖家会在图片处理时或多或少地添加一些产品本身没有的效果。这样会给客户一个美好的心理预期，从而提高了客户对商品的期望值。然而，一旦客户收到的实物与图片差别很大，就会非常失望。此时，卖家要积极主动向买家解释，并提供原有的图片。如果只是因为小部分修图处理造成的色差，合理的解释还是能赢得客户的信任的。其实，卖家在上传产品图片时，可以展示多角度的细节图，尽量让买家对产品有真实、全面的视觉印象。不然，会给客户留下不诚信的印象，使其从此不再光顾店铺。

如果企业将期望定得太低，则无法对客户产生足够的吸引力。因此，跨境电商企业一定要尊崇如下两个基本原则。

第一，做到才能说到，说到一定做到。首先要了解企业的能力与客户的需求，然后实事求是地给出承诺。

第二，一旦做出承诺，就一定要确保承诺得到履行，通过加强对执行环节的监控等手段为客户提供符合或超出承诺的服务。客户可能对产品和服务的多个属性都有一定的期望，如产品质量、服务反应速度、价格稳定性、服务人员素质等，这些属性对客户而言不可能是同等重要的，只要在客户认为非常重要的属性上表现优异，就能够抓住客户的心，长期地保持该客户。例如，戴尔公司发现客户在网上购买电脑时，特别在意订单处理的速度与准确性、价格优惠程度、产品服务质量和网站界面友好程度等属性，因此戴尔公司便根据自身的能力，集中精力在订单处理、产品质量和售后服务这三个方面进行改善，深得目标客户的喜爱。

### 4. 质量不稳定

由于企业产品质量不稳定，导致客户利益受损，这是经常能够看到的，相关的案例也特别多。

## 案例

凭借厂家的高返利政策，某跨境电商企业与国外某经销商 A 达成了交易，首批货很快在 A 所在地试销成功。但由于产品质量不太稳定，第二批货部分指标不合格。但面对与该客户近 10 万元的交易，该跨境电商企业一心想保住自己的利益，就隐瞒了实情。结果遭到了国外经销商 A 的投诉和索赔，并最终断绝了与该跨境电商企业的合作关系。

### 5．企业缺乏对员工的培训

某些跨境电商企业没有系统的员工培训计划，很多时候都是进行最简单的岗前培训，或者让老员工带新员工，导致员工不能完整、全面地获得相关的知识和技能，对企业的文化了解不深，以及缺乏对物流市场或竞争对手的了解，工作混乱，员工工作技能的提高基本依赖个人的学习和积累。如果没有针对性的知识或服务技能培训，销售或客户服务人员在遇到突发事件时不知如何处理，接到客户投诉时也束手无策，经常听之任之甚至置之不理，很容易造成客户流失。同时，缺乏对员工系统的培训，会使员工失去对企业的归属感，极大地影响员工的积极性，也会影响客户继续与公司合作的态度，造成客户流失。

### 6．缺乏创新

如果跨境电商缺乏创新，客户就可能"移情别恋"。任何产品都有自己的生命周期，随着市场的成熟及产品价格透明度的提高，产品带给客户的利益空间往往越来越小。在 B2B、B2C 的商业关系中，若跨境电商企业不能及时进行创新，当竞争对手推出功能更多和质量更高的产品和服务时，客户就会转移。特别是随着产品生命周期的行将结束，产品带给客户的利益空间也会越来越小。这时候，如果企业不能够在技术和质量上及时创新，就会丧失对客户的吸引力，客户也就会另寻他路，使用其他产品，毕竟利益才是维系企业与客户之间关系的最佳杠杆。

### 7．价格

产品的价格往往是客户最为关注的因素。同样的商品，大部分人都会选择价格相对低的店铺进行消费。

### 8．客户关系

如果企业不注意维持和客户的关系，不注重客户关系的有效管理，势必会加重客户的流失。因此，企业应对客户关系管理给予充分的重视，认真分析客户流失的原因并着手改善和解决。

### 9．企业自身业务衰退或倒闭

任何企业在发展中都会遭受震荡，企业的波动期往往是客户流失的高频段位。如果企业资金出现暂时的紧张，如出现意外的灾害等，会让市场出现波动，这时候嗅觉灵敏的客户也许就会出现"倒戈"。

### （二）跨境客户流失的外部原因分析

#### 1. 竞争对手夺走客户

任何一个行业的客户毕竟都是有限的，特别是优秀的客户，更是弥足珍贵。而任何一个品牌或产品肯定都有软肋，竞争对手往往最容易抓到你的软肋，一有机会，就会乘虚而入，进而造成客户流失。同时，为了能够迅速在市场上获得有利地位，竞争对手往往会不惜代价，采取优惠、特价、折扣等措施来吸引客户，将原先属于本企业的客户挖走。

#### 2. 客户忠诚度水平低

客户忠诚是实现客户不断重复购买的保证，客户忠诚度低也是跨境电商企业容易流失客户的一个原因。通常，忠诚的客户不容易流失。对于比较忠诚的客户我们要加以重视，不能因为管理或服务不到位而失去这些客户。

忠诚类的客户对价格不敏感，愿意为企业的优质产品和服务支付较高的价格，愿意为企业做有利的口头宣传。他们一般不易受到竞争对手的影响，较少花费时间和精力收集其他企业的信息，不会因其他企业的促销措施而改购其他企业的产品和服务。例如，忠诚度高的客户在预订酒店客房时很少询问房价，相比于忠诚度低的用户更容易使用企业的其他服务（洗衣等）。忠诚的客户还会为酒店做正面的口头宣传，向朋友和同事推荐。

那么，我们该如何判断客户是否属于忠诚类型，从而判定他们是否容易流失呢？可以用下列标准衡量。

（1）重复购买次数。在一定时期内，客户对某一品牌的服务或产品的重复购买次数越多，说明对这一品牌的忠诚度越高，这类客户就不容易流失。

（2）购买挑选时间。客户购买商品都要经过挑选这一过程，但是由于信赖程度的差异，对不同服务或产品客户挑选的时间是不同的。根据购买挑选时间的长短，可以确定客户的品牌忠诚度。通常来说，客户挑选的时间愈短，说明他对该品牌的忠诚度愈高；反之，则说明他对该品牌的忠诚度愈低。在利用客户购买挑选时间测定品牌忠诚度时，也要考虑服务或产品的属性。个别属性的服务或产品，客户几乎对品牌不太介意，而对于化妆品、酒、烟、计算机、汽车等产品，品牌在客户做出购买决策时则起着举足轻重的作用。

（3）对价格的敏感程度。客户对价格都是非常重视的，但这并不意味着客户对服务或产品价格变动的敏感程度相同。事实表明，对于喜爱和信赖的服务或产品，客户对其价格变动的承受能力强，即敏感度低；而对于不喜爱和不信赖的服务或产品，客户对其价格变动的承受能力弱，即敏感度高。

（4）对竞争品牌的产品的态度。根据客户对竞争品牌的产品的态度，可以从反面角度来判断其对某一产品忠诚度的高低。如果客户对竞争品牌的产品有兴趣并抱有好感，那么就表明他对本品牌产品的忠诚度较低；而如果客户对竞争品牌的产品不感兴趣，或者没有好感，就可以推断他对本品牌产品的忠诚度较高。一般来说，对某种产品或服务忠诚度高的客户会不自觉地排斥其他品牌的产品或服务。

（5）对产品质量的承受能力。任何服务或产品都有可能出现由各种原因造成的质量问题。如果客户对该品牌服务或产品的忠诚度较高，当服务或产品出现质量问题时，他们会采取宽容、谅解和协商解决的态度，不会由此而失去对它的偏好；而如果客户的品牌忠诚度较低，服务或产品出现质量问题时，他们会深深感到自己的正当权益被侵犯了，可能产生很大的反感，甚至通过法律方式进行索赔。

### 3．客户记不住店铺的名称

这种情况在电商网上经常可以看到。有时，客户为了购买某一东西，便随便选择了一家店铺进行购买，但并没有记住该店铺的名称，等到下次再购买时，便再次随便选择一家店铺进行购买。

 **案例解析**

### 一、案例背景

某速卖通跨境电商运营了 3 年之久，非常注重开发新客户，在广告投放、活动策划等环节投入了巨大的营销费用。虽然这带来了不少新客户，但老客户流失现象也特别严重。业务经理要求业务人员分析客户流失的原因，以便后续制定相应的对策。

### 二、操作步骤

（1）根据流失客户特点，将流失的跨境客户分为不同类别。

（2）深入分析流失客户的特点，包括流失频率、流失环节、流失时间等。

（3）对比有长久业务往来和已流失的跨境客户特点、购买特点、购买频率和金额，找出差异点。

（4）根据步骤（2）中分析的流失特点及步骤（3）中找出的差异点，从公司内部及外部环境上找出导致客户流失的原因，为后续制定相应的防止跨境客户流失的对策做铺垫。

### 三、案例总结

在竞争日趋激烈的电子商务行业，客户拥有量决定了一个企业能否长久发展。跨境电商不能一味地寻求新客户，不重视保留老客户，而是需要在寻求新客户的同时，分析已有客户的特点和心理，然后根据客户的特点，从企业内部和外部环境寻求有可能导致客户流失的原因，后续再制定出相应的对策来留住老客户。

## 子情景五　跨境客户的流失与挽回

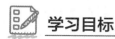 **学习目标**

### 知识目标

- 了解防止跨境客户流失的措施。
- 了解制定防止跨境客户流失策略的原则。

### 能力目标

- 能够根据不同类型的流失客户及流失原因制定防止跨境客户流失的措施。

### 素质目标

- 养成时刻防止跨境客户流失的职业素养及职业能力。

### 项目背景

　　随着网络市场竞争愈发激烈，很多企业已经意识到发展一个新客户所花费的成本要远远高于留住一个老客户，因此老客户成为各大企业极力想要保持的重要资源。然而，客户的流失是每个企业都要面对的问题，采用什么样的方法对在线客户的流失进行预测、识别，以及采取怎样的策略尽量挽回有价值的客户，成为每个跨境电商企业都需要认真思考的问题。浙江英卡顿网络科技有限公司的跨境客服专员 Allen 在吴经理的要求下，开始制定措施防止客户流失。

### 任务实施

　　步骤 1：对比跨境客户流失的原因，将造成客户流失的最主要的一些原因列为重点整改的内容。

　　步骤 2：根据客户流失原因，结合跨境电商企业自身情况，制定出切实可行的防止客户流失的措施。

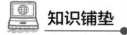 **知识铺垫**

### 一、防止跨境客户流失的措施

如果跨境电商企业想要留住客户，有效地控制店铺客户流失，通常可以采取以下措施。

## （一）提高店铺产品的价格竞争力

产品价格，无疑是关乎跨境电商企业生死存亡的问题。跨境店铺可为异国客户呈现直观的商品及服务，这使得交易和服务可以突破时间和空间限制，客户随时随地能够精心挑选和货比三家，所以店铺更应关注产品价格，需要结合多方面因素制定所售产品的价格。

通常客户都有追求物美价廉的消费心理，如果卖家制定的价格不够诱人，将很快被互联网所淘汰。过低的价格，尽管有时能够吸引客户，但从长远来看，利用低价销售，将减少店铺盈利，会使店铺后续的产品及服务质量降低。而且过低的价格将使客户对产品的质量产生怀疑，因此基于此吸引来的客户很容易流失。因此，跨境电商企业在制定有竞争力的价格之前，必须对市场进行分析，以市场为导向，结合店铺经营成本，建立合适的价格机制。同时，可以通过明确产品价格优惠权限，通过产品和服务差异化转移店铺客户对价格的敏感度。

## （二）增强店铺品牌效应

与在传统卖场中购物一样，跨境客户在网购时更多的还是购买品牌商品。因此跨境店铺也应意识到产品品牌的重要性，实行品牌经营，树立品牌意识，将品牌建设列入工作范畴。当跨境客户认可了店铺的品牌理念后，就不会随意地转移到其他同类商品店铺进行消费了。店铺品牌的建设要结合消费者的需求，不拘泥于理论，这样才能设计出更为合理的网站结构。通过数据调查表明，从男女在网站购买品牌商品的类别来看，女性的选择会涉及很多类别，而男性主要是对体育商品进行品牌消费，更多地关注实用性商品。对此，跨境电商营销可以针对男女不同的特点，引导客户消费，在店铺中分别设置男性区和女性区。在不同区设置不同的品牌空间，就是一个很好的营销理念。

## （三）加强产品质量管理

质量是产品实体价值的体现，好的质量能够增加产品的价值。通用电气公司董事长小约翰·韦尔奇说过："质量是通用维护客户忠诚度最好的保证，是通用对付竞争者的最有力的武器，是通用保持增长和盈利的唯一途径。"客户关注企业的产品，并不代表客户就对企业满意和忠诚，必须要促进客户达成消费和重复消费，才能锁定客户，进而提高客户的忠诚度。在市场同质化竞争日趋激烈的情况下，企业必须重视产品的质量，创新采用多种技术和手段，来提高产品的科技含量，以新颖、高质的产品立足于市场。优胜劣汰是市场经济发展的必然结果，也是市场经济主体参与市场竞争、实现健康良性发展的内在要求。

在跨境电子商务模式下，客户可以轻易地货比多家，根据销量排序、信用排序、综合排序等多种方式，来选择质量更好、服务更优的电商和产品。如果电商的产品质量不高，客户在消费一次后，就可能不会再继续关注，而是继续探寻质量更好的电商和产品，久而久之，产品质量不高的电商的关注度就会越来越低，产品销量就会越来越少，导致企业经营管理最终走向失败。而产品质量高的电商则客户满意度和忠诚度越来越高，产品销量越来越多，企业效益就能实现良性循环。因此，产品的质量对于跨境电商企业来说至关重要，是企业的生命，直接影响企业的生存。跨境电商企业只有在产品的质量上下功夫以保证产品的耐用性、可靠性、精确性等价值属性，才能在市场竞争中取得优势，才能为产品的销售及品牌的推广创造一个良好的运作基础。质量是"根"，品牌是"叶"，"根深"才能"叶茂"，唯有此才能真正吸引客户、留住客户。否则产品在质量上令客户不满意，客户就不会长久地给企业带来荣誉和财富。另外，电商在网上提供的商品应当与实际提供的商品是一致的。而不能以次充好，以彼代此。如果不一致，客户就会感觉电商信用不好，会有受骗上当的感觉，也就无从谈及再次购买了。

### （四）建立良好的跨境客户信息管理系统，加强跨境客户关系管理

很多营销人员跳槽能带走客户，很大的原因就是企业对客户情况不了解，缺乏与客户的沟通和联系。跨境电商企业只有详细地收集客户资料，建立客户档案，进行归类管理并适时把握客户需求，才能真正实现"管理"客户的目的。当客户数量累积到一定程度时，跨境电商企业可以引进新型的客户关系管理软件。市场上流行的 CRM 给企业提供了了解客户和掌握客户资料的条件，它主要是使用通信和互联网技术实现对客户的统一管理，建立客户档案，注明其名称、地址、资金实力、经营范围、信用情况、销售记录、库存情况等。

跨境电商企业可以根据完善的客户资料做到对客户的情况了然于心。通过客户管理系统，跨境电商企业可以利用信息科学技术实现市场营销、销售、服务等活动的自动化，使企业能更高效地为客户提供满意、周到的服务，以提高客户满意度、忠诚度。通过对数据进行整理，可以定期联系客户，定期沟通，提升企业的服务。同时，通过提高现有客户的满意度，可以达到挖掘客户潜在价值的目的，从而赢得更多高价值的客户。企业可以通过建立客户关系管理系统来保持和赢得更多的客户，提高企业的竞争力，从而提高企业利润，防止客户流失。

通过客户管理系统，跨境电商企业可以根据客户金字塔理论，考虑客户为企业贡献利润的大小，将客户从高到低分为 VIP 客户、主要客户、普通客户和小客户，从而确定需要重点维护的客户群体。例如，考虑把给企业创造价值最多的 1%的客户划为 VIP 客户，把贡献介于 VIP 客户和普通客户的 4%左右的客户定为主要客户，把为企业提供一定数量的盈利的客户划为普通客户，而其他对企业贡献度低的定为小客户。跨境电商企业应该保证 VIP 客户、主要客户和普通客户优先占有绝大部分的企业资源。尤其对 VIP 客户，可以专门为其提供优先条件，最大限度地实现对其的保留。还可以给不同等级的客户设定不同的优惠政策，如积分兑换、折扣。这样不仅满足了细分客户的需求，也满足了客户情感的需求，尤其当优质客户获得了相对优质的服务时更会增加其对公司的满意度，从而防止客户流失。

我们还可以通过客户管理系统判断客户的价值。终身价值高、战略重要性高、管理难度低的客户是跨境电商企业重点保持的对象，而其他的客户群体可以采取有选择地保留的策略。根据其价值变化的趋势来调整保持的力度及方法，从而做到有针对性地保持客户，

防止客户流失。

### （五）实行差异化、个性化营销策略

跨境电商市场发展到今天，多数产品无论在数量上还是质量上都极为丰富，跨境客户能够以个人心理愿望为基础挑选和购买商品或服务。现代跨境客户往往富有想象力，渴望变化，喜欢创新，有强烈的好奇心，对个性化提出了更高的要求。他们所选择的已不仅仅是商品的实用价值，更要与众不同，充分体现个体的自身价值，这已经成为他们消费的首要标准。在跨境客户对不同领域的创新倾向和行为有明显差异的情况下，跨境店铺要想吸引客户，保持客户的兴趣，防止客户流失，就必须差异化对待客户，为他们提供个性化的服务。跨境电商企业要对不同的客户进行分析，了解他们的需求，从而为他们量身定制个性化的信息、产品及服务。如果客户需求量比较大、需求业务种类繁多，跨境电商企业就必须能够提供多样化的解决方案以满足他们的需求。

### （六）提高服务质量

在跨境电子商务快速发展的今天，企业比的不仅仅是价格，还有产品的质量和服务。高质量的产品和优质的服务是跨境电商赖以生存、持续发展的根本。店铺的服务态度、服务质量的高低将直接影响客户对店铺的印象。这就需要跨境电商企业帮助员工树立"客户至上"的意识，认识到维系客户的重要性。只有认识到了客户的重要性，才能真正为客户着想，使客户满意。同时，还要培养员工的服务意识，在企业建立"无客户流失"文化，并将其渗透到员工的观念上，贯彻到员工的行动中。

跨境电商的售前、售中和售后服务，一定要有亲和力、及时。客服一定要耐心、细致地解答客户的疑问，将产品的优势和特点及使用感受借助图文并茂的在线交流方式，尽可能详尽地传达给客户，以打动客户。这样，不仅能给客户带来"上帝"的感觉，而且也会增加客户对产品的好感，从而促进客户的消费。在消费达成后，售后客服要及时发货。发货的效率非常重要，因而电商选择合适的物流，也是非常重要的。因为送货是否及时，同样也会影响到客户是否会再次购买。如果在售后环节发生客户抱怨，甚至投诉的问题，售后客服一定要坚持从客户角度出发，换位思考地积极协助解决。企业的优质服务能让客户在愉快的心情下完成购物。跨境电商的优质服务应当是主动而热情的服务，在整个消费过程中，客户自始至终都能获得美好的消费体验，从而吸引客户、保留客户，防止客户流失。

---

**案例**

当买家光顾你的店铺、询问产品信息时，要亲切、自然地表达出你的热情。这里给出一个优秀卖家的客服回复模板，供参考。

Hello, my dear friend. Thank you for your visiting to my store, you can find the products you need from my store. If there is not what you need, you can tell us, and we can help you to find the source, please feel free to buy anything. Thanks again.

发货之后提醒买家已经发货，如下模板供参考。

Dear fried, your package has been send out, the tracking NO. is ×××× via DHL, please keep an eye on it, hope you love our hair and wish to do more business with you in the future. Good luck!

当完成交易时，表示感谢，并希望他能够再次购买，如下模板供参考。

Thank you for your purchase. I have prepared you some gifts, which will be sent to you along with the goods. Sincerely hope you like it. I will give you a discount if you like to purchase other products.

### （七）倾听跨境客户的意见和建议

客户与企业间是一种平等的交易关系，跨境电商企业应尊重客户，认真地对待客户提出的各种意见及抱怨，并真正重视起来，才能得到有效的改进。在客户抱怨时，跨境电商企业营销人员要认真对待，及时调查客户的反映是否属实，迅速将解决方法及结果反馈给客户，并提请其监督，让客户觉得自己得到了重视，企业对自己的意见有所考虑，以增加其合作的忠诚度，防止流失。

同时，客户意见是企业创新的源泉。通过客户意见的反馈，跨境电商企业可以得到有效的信息，把其融入企业各项工作的改进之中，这样一方面可以使老客户知晓企业的经营意图，另一方面可以有效调整企业的营销策略以适应客户需求的变化，并据此进行创新，促进企业更好的发展，为客户创造更多的价值。客户反馈的信息不仅包括企业的一些政策，如新制定的对客户的奖励政策、返利的变化、促销活动的开展、广告的发放等，而且还包括产品的相关信息，如新产品的开发、产品价格的变动等。

### （八）加强与跨境客户的沟通

如果客户是属于经销商性质的，跨境电商企业还可以向客户灌输长远合作的重要性及好处，并对其短期行为进行成本分析，指出短期行为不仅会给跨境企业带来很多的不利，而且还给客户本身带来了资源和成本的浪费。而双方合作的目的是追求双赢。长期合作可以保证产品销售的稳定，获得持续的利润，以及更大程度的支持。同时，企业还可以向老客户充分阐述自己企业的美好远景，使老客户认识到自己跟随企业能够获得长期的利益，从而不会被短期的高额利润所迷惑，转而投奔竞争对手。

### （九）进行跨境客户满意度调查

研究表明，客户每四次购买中会有一次不满意，而只有5%的不满意客户会抱怨，大多数客户会少买或转向其他企业。所以，跨境电商企业不能以抱怨水平来衡量客户满意度，而是应该通过定期调查，直接测定客户满意状况。测定的方法是在现有的跨境客户中随机抽取样本，向其发送问卷咨询，以了解客户对公司业绩各方面的印象。企业还可以通过电话或邮件的形式向最近的买主询问他们的满意度情况。测试可以分为高度满意、一般满意、无意见、有些不满意、极不满意。一般而言，客户越是满意，再次购买的可能性就越高。跨境电商企业只有了解了客户存在的不满意才能更好地改进，从而赢得客户的满意，防止老客户的流失。

### （十）与跨境客户建立感情联系

感情是维系客户关系的主要方式，节日的真诚问候、过生日时的一句真诚祝福，都会使客户深为感动。交易的结束并不意味着客户关系的结束，在售后企业还需与客户保持联系，以确保关系持续下去。维系客户关系是企业工作的目的。

### （十一）提高跨境客户转移成本、降低机会成本

转移成本是指客户结束与现有企业的关系、建立新的替代关系的成本（包括经济与非经济成本）。当客户的转移成本较高时，其忠诚度会更高，具体体现为客户将长期与企业保持联系，并持续从企业购买产品或服务；反之，如果客户转移成本低，则客户忠诚度低，企业将更容易流失客户。提高转移成本将降低客户搜索其他跨境电商的努力，限制客户的购买决策过程。因此，转移成本是跨境电商及客户都需要考虑到的一个问题。作为客户自己来说，如果轻易地重新转换目标店铺，投入的时间、精力以及对原有店铺会员来说的一系列优厚政策将会丧失殆尽。当和一个企业的客户关系持续时间越长时，客户的转移成本也越高，这将使客户的忠诚度提高。跨境电商可以基于此采取一些会员优惠、积分兑换礼品、售后服务延长等活动来增加客户的转移成本，使客户不愿意更换店铺。然而，在现在激烈的市场竞争中，竞争对手往往试图削弱客户对转移成本的感知，如竞争对手可以为原企业的客户直接提供客户在原企业所获得的折扣，或者采用主动推销、免费送货等方式来增加客户对本企业产品的认知。

跨境电商企业要慎用通过提高客户转换成本来防止客户流失，不然会给客户一种被动、不乐意的感觉。有的时候这种感觉越强，客户重新考虑商家的意愿则更大，甚至会把这种不满传递给周围的人群，这无疑将大大增加企业获取新客户的难度。

机会成本同样也是跨境客户即店铺本身需要考虑到的另一个问题。机会成本可以理解为选择一种方式时所牺牲掉的选择其他所有方式能够带来的益处。跨境客户选择网上购物意味着其放弃了实体商店购物，而在实体商店购物中享有的各种益处就构成了客户此次购物的机会成本，如可以直接接触产品，清楚地知道产品的质量、提供的一系列的优惠活动等。所以，减少客户购物的机会成本也是降低客户流失率必须考虑的因素。跨境电商企业可以为客户提供丰富的店铺链接、对客户提供更多的关怀，深入了解客户需求，为其提出有高客户价值的问题解决方案，让客户能够在购前、购中、购后都能感到满意，降低客户的机会成本，从而减少客户流失。

### （十二）加深跨境客户对店铺的印象

有时客户记不住店铺名称，便随便选择一家店铺购买商品，为防止这类客户流失，跨境电商企业就要在如下几个方面努力。第一，提高产品网页的设计水平。独具特色的网站设计风格能给客户带来良好的个性化第一印象；网站内容的丰富程度和图文的生动形象，不仅能吸引客户，也能让其在浏览和欣赏的过程中体验到消费的乐趣。第二，创新产品宣

传推广策略，以独具创意的方式，吸引客户参与消费。例如，使用网络流行语言、定期举办活动，根据节假日集中开展促销活动，如"双十一""双十二"等。第三，提供便捷的在线自助服务，使客户能自行解决可能出现的问题，而不必非要等待客服的回复。另外，跨境电商企业可以针对客户类型给予客户 VIP 身份并给予特殊的优惠政策，通过不断变化的促销方案回馈老客户。企业可以根据客户类型提供丰富有效的产品资讯、专业知识等以提升客户黏度，以及通过不定期的短信、邮件回访让客户加深印象，使客户在情感上更加忠诚于企业，从而多次回购，防止客户流失。

## 二、制定防止跨境客户流失策略的原则

客户发生流失的原因复杂多样，若要减少客户流失，企业需要结合自身特点、客户定位群体等进行具体分析。一般企业在制定控制客户流失的策略时，都要考虑其策略的可信性、可靠性及可操作性，对于跨境电商来说，这些原则同样适用。但跨境电商企业在制定控制客户流失的策略的时候，还应考虑其本身具有的特性，并且结合其与一般企业的相似性及差异性。通常，跨境电商在制定控制客户流失的策略时需要考虑以下几个原则。

### （一）实用性

制定任何策略都不是凭空想象出来的，都必须能够具体实践操作、具有使用价值。如果跨境电商制定出来的防止客户流失的策略不具有实用性，最终也将起不到任何效果。

### （二）时效性

由于互联网技术的高速发展，市场相关信息逐渐透明化，使得客户的要求也随之越来越高。跨境电商企业如果不能及时了解客户的需求，就可能被客户所抛弃。跨境电商企业必须及时准确地掌握客户动向，对流失客户采用的策略必须能够达到立竿见影的效果，否则其控制策略就没有起到应有的作用。

### （三）整体性

有些跨境电商企业制定的控制客户流失的策略是着眼于短期市场发生的一些变化而采取的临时控制措施，虽然这些策略考虑到了时效性，但大多数这样的措施在考虑时由于匆忙，考虑到的因素不全面，制定出的策略没有从整体出发。为避免出现相互重叠、矛盾的局面，制定的控制策略相互之间需要整体协调，在考虑时效性的同时，也要全局考虑策略的整体性。

### （四）针对性

在对跨境店铺流失客户进行分析的时候，要进行有针对性的深入分析，因为影响这些客户流失的因素各不相同。在制定防止客户流失的策略时应注意分清主要因素及次要因素，找出那些对客户流失起决定作用的关键因素，并根据关键因素制定出合适的控制策略。

### 三、防止跨境客户流失策略的应用

降低客户流失率对跨境电商企业而言是非常重要的。只有长期留住客户，才有可能获得客户的终身价值，使得企业可以在更长的时间内分摊获取该客户的成本，有更多的机会与客户接触，从而培养客户的个人感情和品牌忠诚，进而使客户购买更多的产品，降低交易成本并为企业带来利润。

客户流失管理既是一门艺术，又是一门科学，它需要企业不断地去创造、传递和沟通优质的客户价值，这样才能最终获得、保持和增加客户，提高企业的核心竞争力，使企业拥有立足于市场的资本。如果跨境电商企业不能给客户提供优质的产品和服务，就不会建立较高的客户忠诚度，客户就不可能会为企业创造丰厚的效益并与企业建立牢固的关系。因此，跨境电商企业应实施全面质量管理，在产品价格和质量、服务质量、客户满意度等方面形成优势。此外，还要建立客户档案，加强客户关系管理，加强与客户的沟通，加深客户对店铺的印象，倾听客户的意见和建议，实行差异化、个性化营销并与客户建立感情联系。同时，跨境电商企业还可以通过提高跨境客户的转移成本、降低机会成本来保留客户，防止客户流失。

但在客户保持活动中，由于客户流失的原因不同，客户挽留的成功概率不同，客户挽留的价值也不同。跨境电商企业应根据客户流失的具体原因选定挽留客户群。趋利流失的客户和失望流失的客户有可能挽留成功，因此适于选为挽留对象，其中，挽留的重点应选择失望流失的客户。因自然消亡原因或需求变化原因造成的客户流失，一般来说，企业的挽留策略是无效的，因此不适合选为挽留对象。但对有实力的企业来说，如果流失的客户群对企业的生存和发展非常关键，也可以通过扩展业务范围或研发创新产品等方法加以挽留。

同时，跨境电商企业要知道客户流失是不可避免的，而且适度的客户流失有时更加有利于企业的良性发展，因为客户的价值不是固定不变的，而且客户的需求也会随着各种因素的变化而变化，企业需要做的不是消除客户流失，而是确保流失率控制在较低水平。当客户的确不再对企业的产品和服务有客观需求，或蜕变为低价值客户，或挽留成本严重超过利润贡献，主动放弃该客户会提高企业的整体盈利水平，方便企业集中资源更好地服务于有价值的客户。所以，在提高客户保持率的同时，跨境电商企业要监测客户对企业利润的影响，不要因盲目地保持客户而损害了企业的长期盈利能力。

### 案例解析

#### 一、案例背景

某速卖通跨境电商在运营过程中非常注重客户的开发和维护，除了开发新客户外，每隔一段时间客户经理就会要求业务人员分析客户流失情况，分析客户流失的原因，并制定相应的对策。

## 二、操作步骤

（1）确定和衡量企业的跨境客户流失率。

（2）找出导致跨境客户流失的原因，并找出可以改进的地方。

（3）估算当企业失去这些不该失去的跨境客户时所导致的利润损失。

（4）计算为降低跨境客户流失率，保持客户所需要的费用。如果这些费用低于因失去客户而损失的利润，企业就应该花这笔钱去保持客户。

## 三、案例总结

越来越多的跨境电商企业意识到保留老客户对企业发展的重要性，在了解到有可能导致客户流失的原因后，跨境电商企业需要从企业内部因素和外部因素着手，制定出相应的具有实用性、时效性、整体性和针对性的防止客户流失策略，从而牢牢抓住老客户。当然，在制定策略时，企业需比较特定客户能为企业带来的利润及企业为保有该客户所需花费的成本，进而决定是否要挽回该客户，从而实现企业利益的最大化及可持续发展。

 习题演练

## 一、单选题

1．对于客户流失的情况，下列说法错误的是（　　　）。

A．客户流失情况产生的经济效果可分为客户数量效应和客户保持时间效应两种力量

B．客户流失会产生较大的经济效果

C．客户一旦流失，公司需要花费更多的时间和金钱去开拓新客户

D．客户流失后，企业可以开发新客户，对企业的发展没有影响

2．下列对跨境电商新老客户的表述中，错误的是（　　　）。

A．新客户一般通过搜索或广告进入网店

B．通常新客户购买顾虑比较多

C．新客户的购物过程比老客户更加简化

D．老客户一般通过收藏或网址直接进入网店

3．下列对客户流失率的表述中，错误的是（　　　）。

A．客户流失率有绝对客户流失率和相对客户流失率之分

B．相对客户流失率衡量的是客户流失的数量比例趋势

C．相对客户流失率考虑了流失客户对公司销售额的贡献程度，更能够反映流失客户对公司的影响

D．绝对客户流失率=流失的客户数量/全部客户数量×100%

4．下列说法中错误的是（　　　）。

A．客户保持率也是判断客户流失的重要指标

B．客户保持率与客户流失率完全相反，客户保持率高，则客户流失率低

C．客户流失率与客户推荐率成正比

D．客户保持率=1−客户流失率

5．提高店铺产品价格竞争力是跨境电商预防客户流失需要考虑的一个重要方面，下列对产品价格的说法中错误的是（　　　）。

A．产品价格是关乎跨境电商企业生死存亡的问题

B．店铺需要结合多方面因素制定所售产品的价格

C．通常客户都有追求物美价廉的消费心理

D．跨境电商企业应制定诱人的低价，满足客户物美价廉的消费心理

6．提高跨境客户转移成本、降低机会成本能够帮助企业防止客户流失，下列对机会成本和转移成本的说法中错误的是（　　　）。

A．转移成本是指客户结束与现有企业的关系、建立新的替代关系的成本

B．当客户的转移成本较高时，其忠诚度会更高，通常将持续从企业购买产品或服务

C．如果客户转移成本较高，企业将更容易流失客户

D．跨境电商可采取会员优惠、积分兑换礼品、售后服务延长等活动来增加客户的转移成本

7．客户服务是影响客户流失的原因之一，下列对客户服务的说法中错误的是（　　　）。

A．跨境电商企业之间仅比较产品的价格和质量，客户服务不重要

B．高质量的产品和优质的服务是跨境电商赖以生存、持续发展的根本

C．店铺的服务态度、服务质量的高低将直接影响客户对店铺的印象

D．跨境电商的售前、售中和售后服务都要有亲和力、及时

8．产品质量是企业关注的重点，下列说法中错误的是（　　　）。

A．如果电商的产品质量不高，客户在消费一次后，就可能不会再继续关注

B．产品的质量对于跨境电商企业来说至关重要，直接影响客户流失情况

C．跨境电商企业在网上提供的商品应当与实际提供的商品一致，不能以次充好，不然客户就容易流失

D．为了吸引客户，跨境电商可以在网页上设计精美的产品图片，和实际是否有出入没关系

## 二、多选题

1．按客户流失原因，跨境客户流失可以分为（　　　）。

A．自然消亡类　　　　　　　　　　B．需求变化类

C．趋利流失类　　　　　　　　　　D．失望流失类

2．客户主动离开卖家店铺的原因类型有（　　　）。

A．价格流失型　　　　　　　　　　B．产品流失型

C．服务流失型　　　　　　　　　　D．技术流失型

3．客户流失率衡量的是（　　　）。

A．在指定时间段内跨境电商失去客户的比率

B．客户的流失数量与全部消费产品或服务的客户的数量的比例

C．它是客户流失的定量表述，是判断客户流失的主要指标

D．客户流失率直接反映了企业经营与管理的现状

4．跨境在线客户的特点，主要体现在（　　　）。

A．跨境客户进行在线消费不受地域限制和消费时间的影响

B．产品和服务的范围更大

C．在线购物互动性弱

D．个性化需求不强

5．通常，影响跨境客户流失的因素有（　　　）。

A．企业产品质量、服务质量不高

B．竞争对手争夺

C．服务细节疏忽导致客户对产品或服务不满意

D．物流配送、售后服务方面及退货政策等都有可能造成客户流失

6．客户流失的外部原因有（　　　）。

A．竞争对手夺走客户　　　　　　　　B．客户忠诚度水平低

C．客户记不住店铺名称　　　　　　　D．产品质量不稳定

7．制定防止客户流失的策略时，应注重的原则有（　　　）。

A．针对性　　　　　　　　　　　　　B．整体性

C．时效性　　　　　　　　　　　　　D．实用性

8．为防止客户记不住店铺名称而造成的客户流失，跨境电商企业可以（　　　）。

A．设计内容丰富、图文生动的网站，吸引客户

B．推广创新产品，吸引客户参与消费

C．定期举办活动，根据节假日集中开展促销活动

D．用不断变化的促销方案回馈老客户，使客户在情感上更加忠诚于企业，多次回购，防止客户流失。

## 三、判断题

1．（　　　）客户流失和客户保持是两个相对立的概念。

2．（　　　）客户流失仅包括客户与企业完全中断业务关系。

3．（　　　）跨境电商行业的客户流失率比较高。

4．（　　　）老客户能够为公司贡献更多的利润，但企业保持老客户的成本要比获取新客户的成本高得多。

5．（　　　）流失客户可能会因为跨境店铺的某次营销或质量的改善而重新回来。

6．（　　　）总流失客户数就是所有"当前时间点-客户最近一次购买的时间点>一个购买周期"的客户数量。

7.（　　　）企业的诚信问题会导致客户流失。

8.（　　　）跨境电商销售人员的服务质量不会导致客户流失。

9.（　　　）客户的忠诚度水平越低就越容易流失。

10.（　　　）产品的价格和质量是造成客户流失的唯一原因。

11.（　　　）跨境电商企业可以通过客户管理系统，利用信息科学技术，实现市场营销、销售、服务等活动的自动化，使企业能更高效地为客户提供满意、周到的服务，以提高客户满意度、忠诚度。

12.（　　　）制定防止客户流失策略需要遵从实用性、时效性、整体性及针对性的原则。

13.（　　　）虽然客户流失的原因不同，但挽留的成功概率相同。

14.（　　　）趋利流失的客户和失望流失的客户有可能挽留成功。

15.（　　　）因自然消亡原因或需求变化原因造成的客户流失，一般来说，企业的挽留策略是无效的，因此不适合选为挽留对象。

## 四、简答题

1. 试用自己的语言来解释客户流失的含义。

2. 客户流失有哪些类别？

3. 你认为防止客户流失、保持客户的作用主要体现在哪些方面？

4. 客户流失的原因主要有哪些？

5. 如何防范客户流失？

6. 制定客户流失策略时要遵循哪些原则？

# 参考文献

[1] 苏朝晖. 客户关系管理——建立、维护与挽救[M]. 北京：人民邮电出版社，2016.

[2] 苏朝晖. 客户关系管理——理念、技术与策略[M]. 北京：机械工业出版社，2015.

[3] 大卫·S. 威廉姆斯. 大数据时代的市场营销——关联式客户关系管理[M]. 北京：电子工业出版社，2015.

[4] 洪冬星. 客户服务管理体系设计全案[M]. 北京：人民邮电出版社，2016.

[5] 速卖通大学. 跨境电商客服——阿里巴巴速卖通宝典[M]. 北京：电子工业出版社，2016.

[6] 柯丽敏，王怀周. 跨境电商基础、策略与实战[M]. 北京：电子工业出版社，2016.

[7] 丁晖. 跨境电商多平台运营实战基础[M]. 北京：电子工业出版社，2017.

[8] 速卖通大学. 跨境电商运营与管理——阿里巴巴速卖通宝典[M]. 北京：电子工业出版社，2017.

[9] 严行芳. 跨境电商业务一本通[M]. 北京：人民邮电出版社，2016.

[10] 井然哲. 跨境电商运营与案例[M]. 北京：电子工业出版社，2016.

# 反侵权盗版声明

　　电子工业出版社依法对本作品享有专有出版权。任何未经权利人书面许可，复制、销售或通过信息网络传播本作品的行为；歪曲、篡改、剽窃本作品的行为，均违反《中华人民共和国著作权法》，其行为人应承担相应的民事责任和行政责任，构成犯罪的，将被依法追究刑事责任。

　　为了维护市场秩序，保护权利人的合法权益，我社将依法查处和打击侵权盗版的单位和个人。欢迎社会各界人士积极举报侵权盗版行为，本社将奖励举报有功人员，并保证举报人的信息不被泄露。

举报电话：（010）88254396；（010）88258888

传　　真：（010）88254397

E-mail：　dbqq@phei.com.cn

通信地址：北京市万寿路 173 信箱

　　　　　电子工业出版社总编办公室

邮　　编：100036